丹阳教育家研究丛书

马相伯教育奖励促进会 编著

直与青云齐

——丹阳五大教育家的故事

苏州大学出版社
Soochow University Press

图书在版编目(CIP)数据

直与青云齐：丹阳五大教育家的故事 / 马相伯教育奖励促进会编著. —苏州：苏州大学出版社，2016.7
（丹阳教育家研究丛书）
ISBN 978-7-5672-1571-9

Ⅰ.①直… Ⅱ.①马… Ⅲ.①教育家—生平事迹—丹阳市 Ⅳ.①K825.46

中国版本图书馆 CIP 数据核字(2016)第 156270 号

直与青云齐
——丹阳五大教育家的故事
马相伯教育奖励促进会　编著
责任编辑　李　敏　苏　秦

苏州大学出版社出版发行
（地址：苏州市十梓街1号　邮编：215006）
镇江中山印务有限公司印装
（地址：丹阳市朝阳路1—3号　邮编：212309）

开本 700 mm×1 000 mm　1/16　印张 21.75　字数 315 千
2016 年 7 月第 1 版　2016 年 7 月第 1 次印刷
ISBN 978-7-5672-1571-9　定价：55.00 元

苏州大学版图书若有印装错误，本社负责调换
苏州大学出版社营销部　电话：0512-65225020
苏州大学出版社网址　http：//www.sudapress.com

丹阳教育家研究丛书编委会

编　委　成尚荣　李　霖　石文辉
　　　　　陈留庚　戎年中　邹立忠
　　　　　诸华平　赵辛辰　蔡建良
　　　　　王国胜

统　稿　笪红梅　董洪宝　张东明
　　　　　唐志辉

为人类之灵光(序一)

成尚荣

写序,是要看资格的,这是规矩。为教育家研究成果写序,更要讲资格。显然,为丹阳五大教育家的言论集、故事集写序,我是完全不够格的。丹阳五大教育家是教师的典范和楷模,是中国的教育家,是载入中国教育史的大师、大家,是永远值得我们学习与追随的。于是,我把写序当作一种学习和传承教育家精神与思想的责任和使命。

马相伯、吕凤子、吕叔湘、匡亚明、戴伯韬,丹阳诞生的教育家,给丹阳,给江苏,给中国教育,留下了非常丰厚的遗产。他们的思想、理念博大精深,在中国教育史上写下了一页页光辉的篇章。丹阳"马相伯教育奖励促进会"在教育局的领导下,在学校的大力支持和通力合作下,或编或著的这几本书,本身就是五大教育家精神与思想的聚焦与凝练,闪烁着耀目的光辉。编者、著者把教育家的精神与思想集中在书名上——"为人类之灵光""直与青云齐""开示门径"。"为人类之灵光",体现他们崇高的理想、伟大的抱负、宽阔的胸怀、高尚的心灵,闪烁着为民族、为祖国、为人类奉献的核心价值观,给我们以无限的正能量。为人类之灵光,其教育家本人就闪烁着人类之灵光。当灵光与灵光相遇的时候,才会有教育、有民族、有人类灵光的迸发、示现。"直与青云齐",闪烁着的是中华优秀传统的文化之光,是教育家修己、立人、至善的至高境界。修身、齐家、治国、平天下,做人之根本,"古之欲明明德于天下者,先治其国;欲治其国者,先齐其家;欲齐其家者,先修其身;欲修其身者,先正其心;欲正其心者,先诚其意……"从修己到立人,从立人到至善,这是立己达人的路径,给我们为人的使命与智慧,何其辽阔宏大,又何其细致入微。"开示门径",闪烁着教育改革与发展实践的智慧之光,打开大门,复又打开,不断走向开放。只有开门,才能看到更美丽的风景和更美好的未来。但是,开门为的是寻找前行的路径,发现教育研究与实验的规律,而此"门"须向自己示明路径,须向大家示明路径,唯有如此,大家才能共同前进。

今天,我们读着他们的话语、故事,教育家不正在与我们对话,为我们开示门径吗?我们看到了吗?体悟到了吗?明晓了吗?

"要把中国唤醒""正则""立定脚跟处世,放开眼孔读书""人学与做人""科学的教育与教育的科学",分别是五位教育家的思想精粹,它们给我们以人生的深切感悟和教育变革的真切启迪。"要把中国唤醒",在今天就是要确立中国梦,首先要把自己的灵魂唤醒,把社会良知唤醒,把民族自尊、自信唤醒。"正则",为人之正气,为人之规范,如今的学校亟需正则,正则成了学校之标识、文化之符号,继而转化为师生员工的精神面貌和行动指南。"立定脚跟处世,放开眼孔读书",将读书与处世自然地联系起来。"立定脚跟处世"是读书目的,是价值定位;"放开眼孔读书"才明白如何做人,如何处世,如何为社会做贡献。"人学与做人",从另一个角度深度提炼了教育与做人的关系。教育是关于人的学问,教育学是人学,是未来的伦理学,是教人学会做人的学问,不仅教学生学会做人,并且教自己学会做人。所以,教育不以人为中心,不以人为本,怎么可能是真正的教育呢?"科学的教育与教育的科学",则是强调教育的科学性,强调教育的专业性,强调遵循与把握教育规律。

读了五大教育家,我深受启迪。同时又生发进一步的思考:丹阳为什么会出五大教育家?一个县级市,竟然先后涌现五位教育家,这成为"丹阳现象"。丹阳现象不仅是教育现象,更是文化现象。丹阳是块神奇的土地,在这块文化的土壤中深藏着许多文化密码。今天是揭开这些文化密码的时候了,让文化密码进入教育,进入课程、教材、教学,进入校园生活,镌刻进学生的文化基因,成长为学生的文化基质。我们不是要求现在的学生都成为教育家,这是不可能的,也是没必要的,而是用教育家的精神与思想培育今天的教师和学生,让丹阳的校长像教育家那样去创校办学,丹阳的教师像教育家那样去教书育人。丹阳之所以设立这么一个重大课题来研究,旨在薪火相传,创造更辉煌的丹阳教育。

丹阳教育局自觉地肩负起这样的使命,他们充溢着理想的激情。课题研究已取得长足的进步,成果很多。第三本书《开示门径》就是研究成果集,我们很是为之高兴。其实,丹阳教育家一直在成长,名师不断在涌现。如大家熟知的江苏教育厅的"二袁",袁金华、袁云亭,还有在全国小学语文界产生重要影响的孙双金等。问题是我们还没有深入剖析,准确把握其中的奥秘。其实,教育家不是催生出来的,而是自然生长起来的。我们不能心急,但一定要积极;我们不能刻意去追求,但一定要刻苦努力。丹阳关于本土教育家的研究以及这批研究成果,正是要营造独特的文化氛围,为校长、教师搭建一个高平台。我们坚信,丹阳会承前启后,会涌现更多的优秀教师、名师,还会诞生更多的教育家。

这就是我的读后感,权作序吧。其最为核心的意思是:这是我阅读教育家的开始。我愿意继续读下去,为人类之灵光。

(成尚荣,2003—2006届国家督学,原江苏省教科所所长,教育部基础教育课程改革专家工作委员会委员)

开示门径(序二)

韦立忠

时代,呼唤教育家办学。那么,教育家在哪里呢?丹阳本土有没有教育家?前辈教育家是怎样办学的?为什么如此这般地办学呢?他们精彩的教育人生究竟是如何成就的?受此启示,面对当前的教育形势,当代教育人应如何突围,该坚守什么,要怎样创新,响亮回应"教育家办学"的时代呼唤呢?

怀着这样的憧憬,带着这样的追求,丹阳"马相伯教育奖励促进会"以《丹阳教育家教育思想实践与发展研究》课题为抓手,带领一班有志于此的同志,以最虔诚、最朴实的笔触,采用"照着说"和"接着说"的逻辑方式,努力展现前辈教育家的风采,不断呈现教书育人的规律,不断解答时代的命题。我们高兴地看到继《与太阳的对话》之后,"丹阳教育家研究丛书"又逐步丰厚,这就是《为人类之灵光》《直与青云齐》《开示门径》三本书的加入。

"丹阳教育家研究丛书"的研究对象目前主要包括马相伯、吕凤子、吕叔湘、匡亚明、戴伯韬五位丹阳籍教育家。这些教育家是国内外公认的著名教育大家,他们属于中国,更属于丹阳,他们与丹阳教育有着千丝万缕、血浓于水的关系;他们值得我们敬仰、面对与聆听,值得我们思考、继承与发展。

作为丛书的单本,三本书各有叙述的侧重。

教育家的意义在于启蒙。《为人类之光》收集的是丹阳本土教育家的经典语录,并赋予当下时代的解读与注脚。风尘散去,穿越时空,当历史的音声再度响起,我们触摸到历史的温度,感受到大师的情怀,体认到教育家的思想,不由地产生聆听的渴望、参与对话的冲动和追随的自

觉——立身、立功、立言,"要把中国唤醒!"

教育家的价值在于垂范。《直与青云齐》讲述的是前辈教育家的生平故事,正是这些朴实无华的小故事,展现了教育家的人生风貌、思想历程、成长足迹;正是在这些生动凝练的文字里,我们前辈教育家的人生形象愈加丰满:既崇高伟岸,又如沐春风,仰之弥高,钻之弥坚;正是通过这些生活故事的品读与传颂,我们充分理解和十分向往前辈教育家身体力行的非凡人生。

最好的继承是发展。《开示门径》记录的是研究者追随大师的点滴足迹,展现的是当代丹阳教育者继承大师精神,成就大师未竟事业的不懈努力。办学愿景的描绘,办园文化的凝练,校本课程的开发,教学行为的变革,教育意义的重构,专业发展的路径,如此等等,无不体现着对前辈教育家精神思想的传承,无不体现着解决现实教育问题的创新,满满的正能量! 自由的新路径!

捧着这套"丹阳教育家研究丛书",心情澎湃,为丹阳教育的丰厚底蕴而自豪,为现代教育的历史担当而自醒。公平效率,优质均衡,一路走来,丹阳教育取得了令人瞩目的成就,形成了"以本土教育家思想引领教师专业发展,以活力课堂提升教育生态质量,以多元发展理念成就学校内涵创新发展"的丹阳教育发展经验。展望未来,我们也面临许多机遇和挑战,高位运行的丹阳教育要突破发展瓶颈,要激发活力,要修炼定力,要积聚实力,依靠什么? 依靠教育家办学!

教育是对未来的定义,历史是对过去的钩沉。丹阳教育家研究丛书,是对前辈教育家的追忆,更是对当代教育的献礼,为依靠教育家办学开示门径。

开示门径,人人都可以成为教育家。何谓教育家? 教育家不是一种荣誉,而是一种高贵的人格,一面思想的旗帜,一种对教育实践"开示门径"的影响力。丹阳五大教育家有血有肉有情感,如同我们一样,都是活生生的平凡人,却又有思想有胆魄有灵魂,有着我们向往却还没有企及的精神境界。人人都可以成为教育家,其实是在说,我们都可以通过修身养性、尊异成异、尊己成己,以大师为榜样,塑造我们的人格,做一个高贵的脱离低级趣味的人；我们都可以通过信仰、思辨、阅读、写作，构建我们自己的哲学观、思想价值体系，从教育思想发展的长河里汲取营养，并注入我们思想的新鲜活水；我们都可以在行动中研究，在研究中行动，在教育教学的实际过程中，运用教育思想的力量，弘扬大师的精神魅力，为学生的成长、学校的发展、教育的进步施加我们绵薄而不可或缺的专业影响！人人都可以成为教育家，其实是在说，我们需要仰望星空，我们更要脚踏实地、勇往直前，因为，如果站得足够高，我们会发现，我们脚下的大地，原本是星空的一部分！

开示门径，我们要像教育家那样办学。教育家是怎样办学的？丹阳教育家思想研究指导者、江苏教科院研究员、教育家研究专家孙孔懿先生在《论教育家》一书中做了精辟概括：以追问揭示本质，以怀疑催动创新，以幻想召唤现实，以结论指导实践。我们要悦纳教育的日常，但拒绝职业的平庸；我们要勾画学生成长的图景，更要探究教育的规律；我们要稳定日常管理的秩序，更需要建立体现发展特色的学校章程。像教育家那样办学，我们都是信仰者，梦想者；我们都是学习者，思想者；我们都是行动者，创造者！如此，我们的梦想就能成真，我们的目标终将达成：丹阳教育的园地里，学生积极向上的生长力，教师基于专业的影响力，校长价值重塑的领导力，共同构建我们真、善、美的成长乐园与精神领地。

到那时，也许有人会问，是丹阳教育孕育了教育家，还是教育家缔造了丹阳教育？我们不妨反问：陶工与陶壶，谁正在被创造？

阅读，是一种解读，我们深知，这种解读还会被再解读；写作，是一种创作，我们深知，这种创作还将继续；实践，是一种成长，我们深知，唯有亲近学生才可以焕发教育生命。"开示门径"，我们要在大师的感召下，触摸教育灵魂，践行教育真谛，书写现代教育新的篇章，与大师遥相呼应——居身不使白玉玷，立志直与青云齐！

（韦立忠，丹阳市教育局党委书记、局长）

马相伯——要把中国唤醒

马相伯生平简介

与太阳对话的少年 /3

学堂里的掌声 /6

文理兼备 学贯中西 /8

救济灾民 /10

中国的雄辩家 /12

当以高丽为镜 /14

怒斥袁世凯 /16

赴美借款 /18

归依教育 /20

马相伯与《马氏文通》 /23

教蔡元培学习拉丁文 /26

毁家兴学办震旦 /28

与校长共进退 /30

于右任追随马相伯 /32

文武双全 振兴中华 /34

星期天的演说 /37

浇铸复旦精神 /39

手脑并用 /41

巨人间的握手——马相伯与张謇 /43

卖字救国 /46

写诗题跋激将军 /48

惟公马首是瞻 /50

你恨爷爷吗 /53

要把中国唤醒 /55

情系桑梓 善举流芳 /57

吕凤子——正 则

吕凤子生平简介

秀才考学堂 /63

不想做官,只想办教育 /65

毁家捐资 一办正则 /67

正则校歌 /70

挥毫当剑舞 发奋画一松 /72

正则绣 /75

拒画与赠画 /77

指点徐悲鸿 /80

学校就是你的家 /82

此情唯有落花知 /85

爱国爱民 /87

教子有方 /89

不要动我的书 /92

流亡璧山 二办正则 /95

堪笑书生心胆怯 /98

作画筹资 /100

总统的感谢信 /103

四阿罗汉 /105

先生印象　/107

不要抱着我的画法不放　/109

润物细无声　/111

光复还乡　三办正则　/114

一枚珍贵的印章　/119

老王笑　/122

高尔泰忆正则　/124

吕叔湘——立定脚跟处世　放开眼孔读书

吕叔湘生平简介

年少好学　/129

"存诚能贱"励一生　/132

一专多能　博学百科　/134

旧婚姻新恋爱　/136

两度工作　成就校名　/138

跨洋过江　亲人团聚　/141

风雨故人来——与叶圣陶亦师亦友　/143

主编《现代汉语词典》　/145

别把婴儿和洗澡水一块儿泼出去　/148

思想得用语言表达　/151

"五七干校"的岁月　/153

阳光招生　/155

"文革"后语文界的一声惊雷　/158

一台录音机和一个新领域　/160

不要拿10亿人的共同语言开玩笑　/163

校勘《苏轼诗集》成遗笔　/165

扶植后学张伯江　/167

对副主编言传身教 /169

编辑把关负责制 /171

《咬文嚼字》主编谈吕叔湘咬文嚼字 /174

倡导"注音识字,提前读写" /176

以文寄情 /178

图书馆"情结" /180

饮水思源回母校　声情并茂话教育 /182

三太爷对我的影响 /186

呦呦乡音　拳拳之心——吕叔湘与丹阳方言 /188

匡亚明——人学与做人

匡亚明生平简介

牛背上的读书娃 /199

从苏州第一师范学校到上海大学 /201

坦然面对生死考验 /203

《大众日报》的首任总编辑 /205

弃政从教　创办吉大 /209

"三顾茅庐"聘贤才 /212

不拘一格降人才 /216

身正为范 /218

匡亚明与金景芳 /220

那块屏风修好了吗 /222

几度披肝沥胆人 /224

"陋室生辉"留佳话 /227

破格重用程千帆 /229

教授治校 /231

顺风车也不能搭 /233

真理标准大讨论 /236

要办一流大学 /239

孔学泰斗 /242

潘群眼中的匡老 /246

拖板车的大学问家 /248

没有困难,还有什么意思 /250

为母校题字 /253

高风亮节 /255

最甜家乡水 /257

戴伯韬——科学的教育与教育的科学

戴伯韬生平简介

这个"小老夫子"不一般 /263

第一次参加反帝爱国斗争 /265

我要去晓庄 /267

别样的入学考试 /270

晓庄取"真经" /272

爱玩科学小把戏 /274

"豆粒跳舞"的把戏 /276

陪伴"打不倒的病号" /278

从《战时教育》到育才学校 /280

临危不惧 /282

一批"季亭"在成长 /284

战时教育 如火如荼 /288

马兰飘香沁心脾 /290

倾心尽力改造旧学校 /293

到群众中去不能摆架子 /296

要听真课,真听课 /298
穿着草鞋上学比较好 /300
不普通的五分硬币 /302
为了主持统编全国教材的这份责任 /304
在"五七干校"的日子里 /309
敢骂迟群是"混蛋" /311
实验是科学之父 /314
情未了 志未酬 /317
难忘的回忆——追忆我的父亲戴伯韬 /320

立志直与青云齐(后记) /325

马相伯——

要把中国唤醒

马相伯生平简介

马相伯先生与孙女马玉章

马相伯(1840—1939年),学名乾良,一字建常,另字志德,江苏丹阳胡桥马家村人,著名教育家、爱国民主人士。1862年入耶稣会,后获神学博士学位。曾任上海徐汇公学校长、清政府驻日使馆参赞。1900年,毁家办学,捐良田3000余亩,并立下字据,规定这些田地用作中西大学建成后的学生助学金。1903年创办震旦学院。1905年创办复旦公学(今复旦大学前身),并两度担任该校校长,蔡元培、梁启超、李叔同、于右任、邵力子等为其学生。后又参与创办辅仁大学。1931年"九一八"事变后,积极参加抗日救亡运动。1937年被任命为国民政府委员。1939年百岁寿诞,国民政府颁发褒奖令,誉之为"民族之英,国家之瑞";中共中央发去贺电,赞其为"国家之光,人类之瑞"。同年11月,客死越南,举国哀悼。

"我是一条狗,只会叫。叫了一百年,还没有把中国叫醒。"出于对国家民族的大爱,"救国不忘读书,读书不忘救国",马相伯选择了兴办教育。这是他百年人生的归宿,也是他一生最华丽的篇章。他留下的最大的精神遗产是人文主义教育思想,其核心是对人的全面发展的重视。他希望培养有修养的、幸福的、善于待人接物、懂得处世为人的人,而不仅仅是有学问、有技能的人。

在办学实践中,马相伯始终贯彻的是一种中西结合的教育思想,提出"崇尚科学、注重文艺、不谈教理";他希望学生手脑并用,求得"真的知识"与"活的学问",从而提高原创力;他倡导有教无类,坚持学生自治;他要求师生思想自由、视野开阔,努力把学习同生活实践结合起来。后人辑有《马相伯集》《马相伯选集》。

与太阳对话的少年

　　1840年,马相伯出生于一个天主教家庭。他的父母都是虔诚的天主教徒,平时父母谈论最多的是关于信仰的话题,家里来来往往的也大多是和父母一样的虔诚的天主教徒。浓浓的宗教氛围潜移默化地影响着年幼的马相伯。在父母的怀里牙牙学语的时候,马相伯就听着父母和他们的朋友们谈论关于天主的事情,幼小的心灵植入了宗教博爱和执着的种子。

　　每次去教堂,马相伯总要跟着父母一起去。年幼的他虽然对于父母和神父所讲的东西一知半解,但还是觉得非常有意思……

　　时光荏苒,小男孩在这个满是爱意的家庭里一天天长大。

　　村里和马相伯同龄的孩子很多,大家总是在一起玩,刚开始他们看见马相伯,总会招呼:"志德,快来,和我们一起打仗,扔泥巴,可好玩了!"每当此时,马相伯总是摇摇头,一板一眼地说:"不,我要去听神父讲故事。"几次之后,孩子们知道马相伯和他们玩不到一起,也就不再找他了。

　　村里人有时也会逗一逗马相伯,半开玩笑地说:"瞧,小大人又在研究大学问了。志德啊,这学问有什么好研究的,多无趣啊,和我家阿牛一起玩去吧。"

　　因此,当别的孩子还在父母怀里撒娇,听着《狼外婆》的时候,年幼的马相伯却早已有滋有味地从父母那接触了天主教《圣经》的故事。

　　那一个个充满爱和智慧的故事让他着迷,尤其是天象运行等新奇事物,总是让他惊叹不已,沉浸其中不能自拔。他梦想着有朝一日自己能真正地去看一回,感受一次。小小脑袋中会闪现出各种各样的稀奇古怪的问题,并试着去寻求答案。

　　父亲是他解决问题的第一位老师,因此他常常追着父亲问着那似乎永远也问不完的"为什么"。更多时候他会去教堂问神父，寻求他想要的答案。看着小小年纪的他如此好问，神父也不厌其烦地一一解答他的所有问题，把自己知道的知识全都告诉他，直到马相伯全部弄明白，不再追问。

有一次全家正吃着饭，马相伯突然放下手中的碗筷，急匆匆地朝屋外走去。全家人吓了一跳，母亲追了出去，喊道："等一下，你干什么去？吃饭呢！"马相伯头也不回地朝她摆摆手："我不吃了，我去找神父问一个问题。"一溜烟，人就不见了。

到了教堂，跑到神父面前的时候，马相伯早已气喘吁吁："神……神父，我想问你……"

见此情景，神父总是不住地点头，暗暗称赞："不错，这个孩子多加培养，将来必会大有成就。"神父意识到这个孩子与众不同，所以有时还会特意就有些问题加深难度引导马相伯去思考。

有一次，中午时分，马相伯和哥哥一起在庭院中玩耍。玩得正起劲的时候，他无意间看到了哥哥的影子。太阳底下，影子在地上拉得很长。

看着地上的影子，马相伯停止玩耍，脑子里迅速闪过一个问题。他抬头看着天空思考着，刺眼的阳光晃着他的眼睛，喃喃道："唔，原来是这样。"

接着他左手叉腰，昂头向日，眯着眼，右手指着太阳，满脸自豪地大声质问它："太阳啊，太阳，人们都说你伟大，了不起，无人能及。可现在我认识你，知道你是太阳，你认识我是谁吗？哈哈哈……所以，我比你伟大啊！"

哥哥被马相伯的举动弄得是丈二和尚摸不着头脑："志德，你干什么呢？"

路过庭院的父亲正好看见这一幕，心里暗叹：没想到志德小小年纪，倒有些志向，若好好栽培，他日必成大器啊！

而马相伯也没有辜负家人的厚望，多年以后的一天，年仅12岁的马相伯辞别父母亲，独自一人踏上了去远方求学的道路。

寒风凛冽，少年马相伯站在船头，脸上露出淡淡的微笑。对这个12

岁的少年来说,虽然前路充满了未知,但看着前方一轮红日冉冉升起,少年的心又坚定了许多。

那年,那个炎阳下敢于指天问日、与太阳对话的孩子,正带着他的理想与志向迎着太阳奔赴远方,去开创属于他的未来。

注:志德,马相伯的原名。
殷燕明根据方豪《马相伯先生事略》(载于朱维铮主编《马相伯传略》)中有关情节改编。

学堂里的掌声

幼时的马相伯对新奇的事情充满兴趣,总要问长问短,非要弄个明白。

他曾跑到外面拼命地追赶月亮,失望而归;也曾登楼开窗,拿根竹竿想去敲月亮;他还向师长提出了许多关于月亮的疑问:月亮是活的吗?月亮生在哪里?到了每月的初三、初四或二十四五日,又要问为什么月亮只剩了半个?还有半个哪里去了?然而,他的这些问题十有八九都遭到师长的训斥,或者是被敷衍过去。

到了九岁,马相伯开始阅读儒家书籍。老师是一个经学家,常常为了一个字引经据典。一次,老师讲一篇八股文时,说这篇八股文曾为嘉庆皇帝所赏识,要以此文为楷模。他好奇地问:"皇帝也懂得做八股文吗?"老师大骂:"胡说!皇帝无所不能,无所不知,何况八股!"他却不服气,被士大夫视为神圣不可侵犯的天子在他眼中也只是一个平常人。

因为在一个天主教家庭里成长,马相伯从小耳濡目染,充满了对教会学校的无限向往。这一天,窗外刚刚泛出一点白色,马相伯按捺不住自己的激动,骨碌一下就下床,洗漱完,收拾好应带的东西,背起行囊,迎着冷风,独自开始了上海之旅。

经熟人的介绍,位于上海徐家汇的圣依纳爵公学(后改名为徐汇公学)同意接收马相伯入学。

办理完住宿,他随着一位神父走进一间教室,只见学生们正端坐着听一位先生讲课。马相伯的到来,顿时吸引了所有人的目光。先生停下讲解,走近神父。听完神父的介绍,先生的目光停驻在相伯的身上,仔细打量了这个高瘦且内敛的孩子,俯下身温柔地问他:"你以前每天读几行字?"虽是初次见面,但马相伯脸上并没有露出明显的生涩,而是不紧不慢恭恭敬敬地回答:"十二行。"先生有点不可思议,诧异地看着他。

下面的学生听闻,有的窃窃私语,有的还显露出不屑的神色……先生随手翻开手中的书,教马相伯读了十二行。教完,先生让他自己开始读背。马相伯拿起书本,并没有高声诵读,只是看了片刻,就放下书背了起来。先生惊奇地发现他背的竟一字不错。先生不敢相信,又教马相伯读了二十四行。马相伯依然只看了一会儿,又流利地背下来。先生此时不得不佩服马相伯的记忆力:"你的记忆力真不错。你还能多背些?"马相伯从容地点了点头。先生又教他读了六七十行,马相伯认真地看了一段时间,然后合起书本,背了起来。先生听完马相伯背的最后一个字,不由伸出大拇指直夸道:"奇才!奇才!"

此时,下面的学生也情不自禁地拍手鼓掌。在热烈的掌声中,马相伯坐到了自己的座位上,开始了在徐家汇天主教堂的学习生涯……

陈虹、顾江红根据黄书光著《国家之光,人类之瑞》中"上海依纳爵公学的中西学磨练"的有关情节改编。

文理兼备　学贯中西

马相伯在徐汇公学求学期间，校长晁德莅神父是意大利人，却精于汉学。国文教师黄伯禄是江苏海门人，早年曾留过学，中西文学造诣都很深厚。虽然马相伯当时只有14岁，但个子比同龄人高了许多，加上他天资聪颖，学习勤奋，所以校长晁德莅对他钟爱有加，甚至另替马相伯、马建忠兄弟俩分别取名为"马斯藏""马斯才"。

马相伯在国文学习中勤学好问，得到黄伯禄的亲身传授，学业突飞猛进。晁德莅校长看到马相伯的国文基础很好，就做出了一个惊人的决定：让14岁的马相伯担任低年级国文和经学的教员。马相伯顿时感到肩上责任重大。作为一名学生，他在学业上依然如饥似渴，孜孜以求；作为一名教员，他诲人不倦，倾其所有。整个学校几乎没有人不知道他的名字，都为他的聪慧和才学深深折服。他既做学生，又当先生，进步更快。晁德莅校长常对人说："我从马建常身上看到了中国人的勤奋和希望。"

马相伯到了18岁时，法文和拉丁文都学得很好，赢得一片赞誉。他继续在校学习，吸取了不少新科学知识，尤其对数学等自然科学特别感兴趣。他在研究了两年中国文学后，开始进修数理、哲学和神学，并学习了西洋数学中的代数、几何。一开始，马相伯将中国算术中的"赤方、王方"等与西方的"开方"对照起来，觉得莫名其妙，就利用课余时间翻阅中国古代算术。为研究数学，他几乎发狂：晚上睡觉时，望着帐顶，许多数学公式隐隐约约出现在上面。最后他带着未解的数学题目入睡了，连梦里也都是数字和公式。马相伯就是这样痴迷数学，功夫不负苦心人，马相伯最后终于成为贯通中西数理的大家。

马相伯除了攻读数理、法文、拉丁文、希腊文、哲学、神学等学科外，还钻研他心爱的天文。他在徐汇公学读了八年书，毕业时获得了奖赏。

清咸丰三年(1853年),马相伯全家从镇江迁到上海定居。1862年5月29日,耶稣会在上海设立神学院,由晁德莅神父主持。学院一开始招收了11个初学修道的学生,其中9人是从徐汇公学毕业生中选拔出来的。马相伯进入徐家汇天主教小修院接受两年的"神修"训练(两年的初学期间,为了证明加入耶稣会和成为神父是自己、教会和上帝的共同选择,必须完成多种测验。其中最艰难的是修业期满时的六项测验:一,长达一个月的避静(Retreat),专门考虑自己的灵性是否充分。二,去医院照顾病人,以测验对人类和社会的爱心。三,不带路费去远方圣堂,以磨练在贫困中生存和传道的能力。四,选一项卑贱的工作,正视自己的仆从地位。五,对儿童和无知的人讲道,测验深入浅出的表达能力。六,传教实习。这六项测验是耶稣会的经典教育)。马相伯进院当修士,每天除听讲关于精神进修和耶稣会历史的课程外,还被派出照顾病人,给垂死的人宣讲天主教教义。

后来,马相伯到大修院学哲学和神学。清同治九年(1870年),获神学博士头衔,加入耶稣会,被授予高级司铎这一神职。同治十三年,调到徐汇公学担任校长兼教务,讲授经史子集,并兼耶稣会编撰,继续研究哲学、数理及天文,译著有《数理大全》等。

吉芬芳、陈虹根据张若谷《我所见闻的马相伯先生》(载于朱维铮主编的《马相伯传略》)中有关情节改编。

救济灾民

连续下了数十天的雨终于停了,泛滥肆虐的大水也逐渐退去,天阴沉沉的,整个徐州城散发出一股难闻的腥味。无家可归的灾民,在呼唤,在哭喊,在急切地寻找失散的家人……人群中一个衣衫褴褛的妇人头发散乱,双眼红肿,抱在怀中的是个黄瘦的孩子,正无力地眨着眼睛……

连日来纷乱凄惨的景象让在徐州一个小镇教堂里工作的马相伯触目惊心,茶饭不思。灾民们失去了田地,失去了家园,失去了亲人。死亡的恐惧正步步向他们逼近。马相伯心急如焚,当即写了一封信给兄长马建勋,要求借白银2000两以救济这些可怜的人,帮助他们度过难关。一个小传教士提醒说:"这事是否应该向耶稣会禀告啊(因为马相伯是耶稣会会士)?"马相伯用手指着外面说:"你看看,已经饿死多少人了?容不得再等了,救灾民于水火,教会应该会理解和支持的。"

再说马建勋,他收到来信,了解到二弟借款的原因后,一口应允。随即派人日夜兼程将白银如数运来。马相伯已与外地粮商联系好,运粮的几艘大船正稳稳地泊在城郊河内。

看到灾民们排成长长的队伍来领取救命粮,马相伯长长地松了一口气。

不久,马相伯接到上海法国耶稣会的通知,要他立刻赴上海议事。马相伯已经预感到借款购粮救灾的事可能已经被教会知道,自己面临着一场考验。他毫不后悔自己的所为,决定同教会展开一场论辩:一来说服教会,二来说不定还可以为灾民争取到更多的救济钱物。哪里想到,马相伯一回到耶稣会,就受到教会负责人的责备,说马相伯无视教会,擅作主张,已经严重违反耶稣会会规(因为耶稣会规定要会士绝对服从)。马相伯和他们争辩:"体恤贫困,就是积善积德,是救人的本分,怎么就成了罪过呢?"骄横的法国传教士根本不听,把马相伯幽禁起来,让他"闭门反省"。门外日夜有人看守,外人不得随意进入。失去自由的马相伯仍牵挂着那些穷苦的灾民,甚至想到如果教会继续这样蛮横不讲理,自己将从此脱离教会。

马建勋听说二弟被教会无辜关押起来,勃然大怒:"用自家的钱救中国人,与这些高鼻黄发的外国人有什么关系?"于是带了数十名手持兵器的士兵向教会问罪。法国传教士理屈词穷,又见对方来势汹汹,惊惶不安,只好把马相伯放出去。

想到自己受到如此不公平的待遇,想到平日里法国传教士对中国人的歧视,想到那些无家可归的灾民,马相伯第一次真切地感受到实现自己人生理想的艰难。他做出了一个重要的决定:脱离教会,从此投身于洋务运动……

徐林鹏根据马玉章《怀念先祖父相伯公》(载于朱维铮主编《马相伯传略》)中有关内容改编。

中国的雄辩家

　　1860年,清政府统治下的中国在第二次鸦片战争中战败,割地赔款让民不聊生的中国雪上加霜。

　　当权的洋务派想学习西方资本主义生产技术,以提高国力,维护摇摇欲坠的统治。他们一方面购买洋枪洋炮,一方面派遣留学生出国考察学习。除了欧美诸国,日本也是学习考察之地。1868年后,日本通过明治维新积极引进西方科学技术并进行推广,培养了大批高科技人才,国富兵强,经济与军事实力远远超过清政府统治下的中国。

　　1881年3月,清政府派使团前往日本考察学习。因为马相伯学贯中西,通晓多国语言,也被选派随黎庶昌出使日本,任神户领事。他考察了日本的政治经济,对日本的维新政策有较深的认识,他知道中国若要强大起来,必须学习和借鉴日本的先进思想和政策。他怀着振兴祖国的热望,认真收集有关资料,准备带回祖国,以供国人参考。

　　有一天,中国公使馆举行宴会,宴请各国使节和日本朝野名流。

　　英国、法国、美国大使和日本大臣坐在一起吹嘘,并不把马相伯一行放在眼里。

　　有个法国大使踱到马相伯面前,不怀好意地看着马相伯,用法语问道:"这位中国领事,你走访了我们西方各国,偷走了很多经验,现在,你们中国是否已经强大起来了呢?"说罢,和周围的人一起大笑起来。

　　周围的谈论声都消失了,所有人都注视着这边。黎庶昌也急躁不安起来,头上冷汗直冒,因为他知道这个问题很难回答。中国局势混乱,民不聊生,如果实事求是地说,更会引来各国的嘲笑,让列强更加觉得中国好欺负;但若夸夸其谈,违背事实,只会更加叫人看不起,成为大家的笑柄。

　　这种特殊的场合,既不能开罪任何人,同时又要体现中国人的气节。

宴会寂静无比,所有在场的中国人都如坐针毡,用期盼的眼光看着马相伯。

只见马相伯沉着地站起身来,拍拍自己的长袍,不卑不亢地用流利的法语娓娓道来:"我在欧洲游历,看到西方政治舞台,五花八门。西方的政治的确比东方清明,西方的社会的确比东方进步,我看到这种情况,不胜赞叹。不由想到西方的洋枪洋炮也是源于中国的火药。现在到东方来,看到东方政治舞台如同一面大镜子,它将西方政治舞台上的东西,一模一样映照出来。我很惊奇,好比学生效法先生,青出于蓝,先生好,学生也好,我恭维先生好呢,还是恭维学生好呢?我实在觉得进退两难!"

这番话避开了直接的问题,既肯定了西方的强大,但也提出了东方各国正在学习,这就如同先生和学生,最终谁强谁弱,不可定论,青出于蓝也有胜于蓝的可能。

在场的人听了马相伯的话都一怔,尤其是那位法国大使,面红耳赤。马相伯走到他面前,向他伸出了友谊之手。顿时,全场掌声如雷,尤其是黎庶昌带领的中国大使馆员工们,他们激动万分,手拍红了也不肯停下。

四座外宾纷纷走到马相伯面前,和他握手致意,称他是天生的雄辩家。

戴静根据张若谷《我所见闻的马相伯先生》(载朱维铮主编《马相伯传略》)中有关内容改编。

当以高丽为镜

清政府与高丽王国保持着良好的关系,两国一直都有人员往来。

1882年,马相伯受命赴高丽帮助办理新政。高丽国王李熙隆重接待马相伯,热情款待,并聘请他做国家政治顾问。

一天,国王带着一些官员来到马相伯住处,咨询有关国家政治改革方面的问题。身为政治顾问,马相伯很负责地提出了两条建议:高丽政府编练新军,组建一支精干骁勇的队伍;现有外交政策和人员必须进行调整。当天晚上,马相伯感到心中还不踏实,毕竟"在人家的地,吃着人家的饭",十分过意不去,就连夜拟写了一份全面改革内政的书面建议。这些建议许多都是总结了日本改革的经验,具有相当高的借鉴价值。第二天,马相伯把自己的建议呈交给国王时,国王看了看说:"好,容我们再商量商量。"这一"商量"就是几个月,马相伯看在眼里,急在心里。他为封建保守的高丽政府而担忧,同时又联想到清政府,心情变得异常复杂起来。

6月份,高丽发生政变。高丽政府不知所措,请求清政府派兵支援。马相伯想在这个危急的时刻帮高丽政府一把。他趁黑夜溜到高丽国王府内,对国王和闵妃说:"现在你们国内大乱,时局存在着许多变数,我建议你趁这混乱期间把太子送到欧美留学。"

闵妃对这个政治顾问的话不是太感兴趣,敷衍地说:"好是好,就是路途遥远,况且,你说这西学学了究竟有何用途?"

"王妃要把目光放远啊,送太子赴欧美,一来可以避开战乱和迫害,更重要的是可以学有所成,将来回国后担当重任啊!"闵妃看了看马相伯:"那好,考虑后再做决定吧。"

马相伯感到很失望,并不仅仅是为自己的真诚建议未被采纳,更是对高丽政府的优柔寡断、腐朽无能而失望。他预感到高丽局势已经无药可救,第二年就回国了。

在回国后不久,马相伯就听到高丽国的消息,原高丽政府被推翻,闵妃、太子等都被迫害致死。马相伯不禁长长叹了口气,心中愈发郁闷。晚上,马相伯辗转反侧,难以入眠。高丽国王的一言一行在他的脑海浮现,毁了高丽政府的那一句"再商量",森严的等级制度,政府官员的腐败昏庸,像一个个鼓点在耳畔敲打……这和自己的国度、自己的政府是多么相似啊!高丽政府从优柔寡断、腐朽无能而走向覆灭,清政府应该拿它来当镜子照一照啊!

过了两天,马相伯去拜见李鸿章,具体分析了高丽政府和中国的相似之处,尤其是无平等民主可言的社会制度,说:"这种情形和我们中国一样,中国是放大了的高丽,高丽就是中国的一个缩影。"

李鸿章听他在说清政府的不是,心中有点不快,瞥了马相伯一眼,干咳了一声,提醒马相伯不要再说下去了。但马相伯是个耿直的人,话不吐不快,他根本没有在意李鸿章的想法,接着说:"我们政府对高丽的政策也要随之而变,或与之脱离关系,或实行干涉,派兵前往,高丽才有挽救的希望。"

李鸿章终于忍不住了,叹息说:"哎,即使我们大清国我都不敢保它有20年的寿命啊,何况是高丽?管不着了。"

马相伯想不到身为清政府重臣的李鸿章竟然说出这样丧气的话,十分失望。挽救高丽,振兴清政府的希望之火顿时熄灭。后来,他以身体不适需要调养为由,摆脱了官场,在家中度过了很长一段时间的田园书斋生活。

注:高丽,今朝鲜。当时国人习惯称朝鲜为高丽。

顾永辉根据马相伯《一日一谈》(载于朱维铮主编《马相伯集》)中有关情节改编。

怒斥袁世凯

马相伯和袁世凯究竟是什么关系？马相伯又是为什么要怒斥袁世凯呢？

年轻时候的袁世凯曾是中国驻高丽总督吴长庆手下的一名小分统，拿着微薄的俸禄，期待着有朝一日能够飞黄腾达，可是一直苦于没有门路。

机缘巧合之下，袁世凯结识了来总督府办事的马相伯。马相伯和吴长庆在很久之前就有交情，现在因为担任朝鲜的政治顾问，来往就又频繁了些。

袁世凯对比他大19岁的马相伯十分恭敬，遇到问题常向他讨教。他想，马相伯坐到这样的位置，肯定深谙官场之道，有机会一定要向他讨教一番。

一天午后，马相伯又到总督府办公，刚进总督府大门，袁世凯就向他讨教飞黄腾达的捷径。

马相伯觉得十分可笑，戏谑道："办法是有的，你只有贿赂宦官，由宦官结纳亲贵，便可越级而升，不要说升官，做督抚也没什么难的。"

袁世凯信以为真，把所有积蓄拿去送给了一个管事的宦官。果然，没过多久，他真的如愿以偿。

几天后，马相伯再次到督抚办公的时候，袁世凯见到他十分高兴，老远就喊："马顾问，真是要好好谢谢你啊！"

马相伯一头雾水，满脸疑惑。袁世凯把马相伯拉到一边，低声说："你忘记了？前几天我不是向您请教吗！多亏您告诉我方法，现在我已经换了一份好差事，您说，我是不是要好好谢谢你！"

马相伯现在才搞清楚怎么回事，心想：我当时不过是说了一句玩笑话，他竟然当真了，而且歪打正着。

"那就恭喜袁老弟了。"马相伯冷笑道。

袁世凯接着又问道:"我还有一事不明,你见事如此透彻,替我筹划又如此奇效,为什么自己不这样做呢?"

马相伯愈发感到厌恶:"我这个人只会讲,不会做,所以终究是穷书生啊。"

贿赂宦官这件事让袁世凯尝到了甜头,他的野心也就越发膨胀。新差事做了不多久,袁世凯再次想通过送礼来换取更高的职位。这次,他又把歪脑筋动到了马相伯身上。

当晚,袁世凯精心准备了一份重礼来到马相伯家。"马顾问,小小意思,不成敬意。小弟现在的情况,您是知道的,有心为国家出力,却无用武之地,还望马顾问能在吴总督的面前多为在下美言几句,在下万分感激啊!"说着袁世凯把礼物往马相伯面前一推。

马相伯是个办事一板一眼的人,看到袁世凯这样做,心想:"这小子,把这套歪门邪道用到我这里来了,今天他算是进错门了。"于是他连忙回绝:"这事万万通融不得,你对国家应多忠诚,做官切忌心急。"

见到马相伯如此坚决,袁世凯心知此路不通:"马顾问不必当真,我说笑而已。"袁世凯厚着脸皮,笑吟吟要离开。

"且慢!"马相伯喊住了他。见马相伯挽留,袁世凯以为他回心转意了,谁知马相伯拿着手上的礼品,递给了袁世凯:"你忘了东西,无功不受禄,这礼品你带回去,我不能接受。"

袁世凯仍不死心:"马顾问,这是我的一点小心意,您不妨留着。"说着就转身走出了大门。

马相伯拎着礼品追了出去,怒斥道:"你再不拿走,我就扔出去了啊!"

袁世凯无奈,只好回头接过礼品,灰头土脸地离开了。

要把中国唤醒

殷燕明、袁丹、郦春燕根据"著名教育家、复旦大学创始人、北京大学校长——马相伯(朱开敏主教之二舅父)"(http://www.tzjhmjq.com)中有关内容改编。

赴美借款

1887年的一天，李鸿章对担任秘书的马相伯说："我想购买机器开矿，只是缺银两，你能不能帮我想想办法？"当时，美国旗昌洋行正联合欧洲许多国家，组成对华商业团体。马相伯和一些美国商人熟识，就说："李中堂，现在有美国资本家愿意借钱给中国振兴实业。"

李鸿章听了，兴奋起来了："可借多少？可借多少？你快说。"

马相伯道："至少有五千万才有发展希望。"

李鸿章听到数字这么大，吃了一惊："有个两千万就行了。"

马相伯连连摇头："不够，不够，至少要二千五百万。"

李鸿章点头道："好，那就二千五百万。"

马相伯和住在天津的美国商人接洽商定，决定中美合资组织官办银行，资本四千万两白银，以两亿两为开发中国，统一币制，发行纸币，整理中央和地方金融，建设铁路，治理黄河和安置电话等企业投资。中国方面以李鸿章为代表，美国方面以钢铁大王范得比为代表，总行设在天津，上海和各省设分行，各项新政经费都由此行出纳。查账权由中美双方分别负责。议定后，李鸿章派马相伯赴美国与美国银行家洽谈。马相伯犹豫片刻说："李大人，还得奏明朝廷。"

李鸿章不悦："难道我一个北洋大臣兼通商大臣，连和洋人商订借款的权力都没有么？你去好了，我会发电报给美国大总统的。"

马相伯乘轮船抵达美国旧金山，美国海关已得到总统电报，对他的行李按外交代表惯例免检。他到达纽约时，美国总统特派侍从武官迎接。美国金融界正盘算输出资本，对中国清廷还有点吃不透。马相伯精通数国语言，英语纯熟，谈吐不凡，折服了高傲的洋人。二十四家银行界巨子纷纷前来和马相伯会晤。

马相伯将大家商定的数字并起来一算，高达五亿两，晓得李鸿章没有魄力答应,而美国人的盛情又不可推却,就同美方商定,以五千万两作为正式借款,以三亿为美方存款,存款以三厘起息。消息传出,其他各国争相加入,马相伯兴致勃勃地将商谈结果电告李鸿章。一时清廷沸腾,顽固派八十一人群起弹劾,百般攻击,慈禧传令军机大臣:"李鸿章与美商订约合股开华美银行,此事流弊甚多,断不可行。现文章论劾,众议沸腾。该督如果有与美商订约之事,着即罢议,迅速复奏,毋再迁延不咎。"

李鸿章只好又发电报给马相伯:"你还是回来吧,朝廷上下一片喧哗,舆论沸腾,矛头都对准你我,说我们丧心病狂,要卖国了。"

马相伯接到电报,心灰意冷,像被迎头泼了一盆冷水,只好空手而归,开办银行的事也只好作罢。无奈之下,他便悄然赴欧,游览英法,考察商务,参观大学去了。

尹卫东根据马相伯《一日一谈》(载于朱维铮主编《马相伯集》)中有关情节改编。

归依教育

1873年,修道院接收了从巴黎派来的修士,马相伯兄弟由原来居住的朝南居室被强制调到北向房间。对此,马家兄弟很是不解和愤慨,以为有伤民族自尊。加上后来发生的徐州"救济灾民"事件,最终使马相伯与教会的关系日益疏远。1876年,马相伯向耶稣会会长提出离会申请,宣布正式脱离教会,来到了上海。之后参与了洋务新政活动,并在政界屡得要差。

有一天,马相伯正在书房内整理欧美考察归来的文稿,忽然,楼下传来匆匆的脚步声,"先生,先生……"马相伯预感到将有什么事情发生,连忙迎下楼来。家人递过来一封信,说:"刚才邮递所送来的,好像是山东那边寄来的。"马相伯急忙接过信件,撕开,取出,读着读着,眼睛湿润了,他一声叹息,立在原地一动不动。原来,信是从妻子山东娘家寄来的,妻子携大儿子不久前回家探亲,海上遇到大风浪,轮船沉没,遭遇海难者身份已经得到确认……

阳光透过南窗投进屋内,叫人一阵炫目。与妻儿相处的日子并不多,儿子见到自己一直都是叫"叔叔",连像模像样的一声"爸爸"都没有叫过。往日一幕幕又在脑海浮现,马相伯不禁泪如雨下。

伤心扰神的事接踵而至。没过几个月,报纸上又传来消息——中日开战。马相伯焦急万分,感觉空气里每天都飘着硝烟味。愁云惨淡的日子里,同窗好友、耶稣会神父沈则恭经常来看望他。教会、生活、家人、国事,两人无话不谈。言谈中,马相伯几次提到老母亲临终前的责备——马相伯的母亲沈氏是一个虔诚的教徒,她对于两个儿子离开耶稣教会一直感到内疚和不安。老人临终时,对马相伯说道:"我的儿子是神父,你既已不是神父,我亦不认你是我的儿子。"

每次说到这一段往事,马相伯都深感愧疚。两个人谈到当时的中国社会,马相伯又流露出一种深深的失望:"哎,若是世人都能够按照自己内心深处的想法去生活,那该多好。古人'穷则独善其身,达则兼济天下'的境界倒也不错……"在一旁的沈则恭听得明白,暗自决定为马相伯重返教会去作一番斡旋。

这天上午,沈则恭兴冲冲地赶来,说教会那边已经答应让马相伯回归教会。

"谢谢!"马相伯紧紧握住老朋友的手,顿了一下后,又郑重其事地说:"还有一事,需要烦劳你呢!"

沈则恭纳闷地看着他,说:"请讲!"

"我决定把膝下的一对子女托付给教会保育。"

沈则恭着急了,刚想劝说,马相伯道:"这些天来,我思前想后,还是决定如此。一来,孩子们可以接受教会的教育,算是顺了老母亲的遗愿;二来,我也可以腾出更多的时间和精力去做点别的事情。"

"好吧,"沈则恭明白马相伯做出这样的决定断然不是一时冲动,"我会帮助你的。"

马相伯信任地点点头,走到书桌前,拿起一张稿纸,对沈则恭说:"欧美诸国,科学繁荣,国力兴旺,皆在于教育使国民奋发可为。我们国家正缺这样的教育,我等都应该为之努力。政府已经选派留学生赴邻国游学,还是大有希望的。"欧美游历归来之后,马相伯就一直觉得心中有一种东西在搅动。

说出这番话之前,马相伯已经决定把名下的所有家产捐献出来,依靠教会的力量创办自己心目中的学校。其时,马相伯拥有继承大哥家产所得的地产,包括松江泗泾的三千亩粮田和上海卢家湾、董家渡等处的地产。

沈则恭听完马相伯的筹划,不禁皱起眉头:"尽数捐献,你以后的生活岂不是失了保障?"

马相伯淡然一笑:"人生在世,非为子孙、为利禄、为尊荣、为寿考计。你看,这是我立下的字据。"

沈则恭拿过字据,"立献据人,谨承先志,愿将名下分得遗产,悉数献于江南司教日后所开中西大学堂收管,专为资助英俊子弟资斧所不及……"读完,他什么也没说,把字据轻轻放在书桌上,默默看着这位老朋友,心中平添了更深的敬意。

几年后,马相伯在沈则恭等人的帮助下,筹办了震旦学院。这所学校是马相伯"用学问和理想去教育年轻人"所跨出的第一步,一经面世,即以独特的办学理念深深地吸引着四方有识之士。马相伯走出痛失妻儿的阴影,走出政治官场的无奈,选择放下一切羁绊,以兴办教育救国于危难,他的精神回归可谓是中国教育的一大幸事,成为日后铸就复旦文化的重要转折点,后人会记着他的名字——马相伯。

茅新龙根据李天纲《信仰与传统》(载于朱维铮主编《马相伯传略》)中有关内容改编。

马相伯与《马氏文通》

《马氏文通》是我国汉语语法的第一部系统性著作,它以古汉语为研究对象,把西方的语法学成功地引进中国,奠定了中国近现代语言学的第一块基石。

马氏文通

《马氏文通》署名作者是马建忠。马建忠是谁?他是马建常(即马相伯)的弟弟,字眉叔。关于这部书的编写,有这样一段故事。

那是1895年的一天。

马相伯听说三弟马建忠也到了上海,便决定动身前去探望他。

此时,马建忠正在居所埋头忙碌,见二哥来了,很是惊喜:"二哥?你来啦……这些日子我一直在整理中国文法。喏,你看。"说着,指了指桌上的一堆文稿。

马相伯看到弟弟状态不错,开心地说:"眉叔,难得你有这份宁静的心。收获一定不小吧?"

马建忠抑制不住内心的激动,顺手拿过纸笔,一笔一画工工整整地写了起来,边写边说道:"我国文法,原来尽在五言七言律诗,丝毫不乱。哥,你看李颀的两联诗句内,名物字、定位字、活动字不都包含其中吗?"

马相伯接过稿纸,吟诵起来:"鸿雁不堪愁里听,云山况是客中过……"他点点头,对马建忠说:"我很赞同你的看法,看来你的研究不久就要开花结果了。"说完,拍了拍马建忠的肩,笑了起来。

得到了二哥的嘉许和鼓励,马建忠信心更足了:"待文稿整理得差不多时,我再去向你询问意见。"

"太好了,那我就敬候佳音了。"

不觉过了几个月,这天阳光明媚,院内的菊花开得正好。马建忠捧

着一沓整齐的书稿来了:"二哥,已然成稿,已然成稿啦!"

马相伯"咚咚咚"迎下楼来,高兴地说:"好啊,真是'有志者事竟成'啊。今日菊香阳光好,你我且在院内斟酌一番。"说着,马相伯让家人搬来桌凳,坐定后,马相伯认真翻阅,不时用笔轻轻地勾画记写:"眉叔啊,依我看,本书中的举例是否过多啦?"

马建忠看了看正在认真翻阅书稿的兄长,一脸疑惑地说:"怎么?例证丰富,才翔实有据啊!"

马相伯摇摇头,说:"我以为不好。你应该考虑读者需要啊。以后,许多青年学子将要面对这本文法用书,繁琐的举例必然费他们的时间,伤他们的脑力啊!"

"那,依二哥之见呢……"

马相伯指着文稿中说:"来来来,你来看,这些例证是要删掉的……这些蛮好的,要保留……这部分呢,要不得……"

不知不觉夜幕降临,兄弟俩匆匆吃过晚饭,又到书房接着探讨忙碌,直到深夜才结束对文稿的修改。兄弟之间这两次的交谈,让马相伯对三弟马建忠有了更多的了解,也让马相伯一直以来沉重的心有了些许轻松。

两个月后的一个早晨,马相伯刚做完晨祷不久,家人来报:梁先生前来拜访。这个"梁先生"就是梁启超,字卓如,正是名噪一时的中国学术界的新秀,平日里与马氏兄弟很有往来。

那么,他为何今天一早来访呢?

原来啊,前些天他在马建忠那里阅读了那些文法书稿,认为其中的例证删得不够彻底,因此今天特来向马相伯请教。

马相伯明白了对方的来意,沉思了片刻,说:"梁先生啊,这是我国首部语法用书,举例过少,读者会产生疑问,并且会失去应有的可信度。"

梁启超皱着眉头辩论道:"哎,文法,重在一个'法'字,例多则繁,乃至喧宾夺主。"

马相伯坚持自己的观点说:"保留下来的这些例证是经过再三推敲的。正是这些例证,使得'法'字有所依附而不空啊……"

就这样，两人你一言我一语，辩论了好一番，还是各持己见，互不相让。这次学术争辩的气氛有点激烈，最后，梁启超说了一声"先生，告辞"，扭头便走。

看着梁启超离开的背影，马相伯深深地吸了一口气，并没有一点怒气。他面露喜色地对家人说："学术研究，崇尚老少无间。这个青年是很有思想的，有一股锐气和力量。唯有如此，中国学术才有不断上进的希望啊。"

之后的一段日子，马相伯、马建忠兄弟俩经常书信往来，对文法书稿中的疑惑进一步交流和探讨。

这一天，差不多要定稿了，马建忠又把书稿拿过来，想最后再听听二哥的意见。马相伯把文稿仔细看了一遍又一遍，说："三弟，内容可以就此定下了。只是，著者姓名还是署你一个人为好。"见弟弟不同意，马相伯笑着说："我充其量只是个帮工，做些增删的小事而已，主体是你，署上我的姓名，你叫我心里怎么安宁？"

看到三弟还要坚持，马相伯灵机一动，指了指书稿封面，笑着说："哎，我的眉叔三弟，你看，书名不是叫'马氏文通'吗？我不是已经包含在其中了嘛！"

马建忠看了看书稿，又抬头望着这位睿智风趣的兄长，二人相视片刻，不禁哈哈大笑。

笑声中，包含着浓浓的兄弟深情；这笑声中，更洋溢着马相伯可亲可敬的谦谦君子之风！

注：本故事发生的时间段大致为1895年至1898年。据《马相伯集》（复旦大学出版社，著者为朱维铮、李天纲等）记载，《马氏文通》一书于1898年脱稿，于1904年由上海商务印书馆出版。

徐林鹏根据黄书光著《国家之光，人类之瑞》中"教育救国与政治信念"的有关内容改编。

教蔡元培学习拉丁文

马相伯回到上海徐家汇,重新过回他的书斋生活,平静安逸。

一天,马相伯一早刚做完晨祷,"笃笃笃"一阵敲门声响起。马相伯有点疑惑,这个时候会是谁来敲门呢?放下手上的笔,打开门一看,门外站着一人,看年纪三十五六的样子。"你找谁?"马相伯问道。那人看门开了,忙问:"请问,马先生是住在这吗?"

"我就是。你有什么事吗?"马相伯又问。

这人就是蔡元培,时任南洋公学特班总教习。

马相伯把蔡元培让进了屋子,坐定后,蔡元培说明了来意:"听闻先生精通多国语言,所以今特来恳请先生,能够教授我拉丁文。"

马相伯笑着道:"蔡先生为什么想学拉丁文,拉丁文在西洋已成为古董,大学而外,各学校都不大注重,中国学者更没有学习的必要。"

蔡元培道:"我还是想学拉丁文,愚以为拉丁文为欧洲各国语文之根本,各国语言多源于拉丁,西洋一切古代文化,如果不通拉丁文,那就无从了解。"

马相伯摇摇头,心里虽对蔡元培的想法比较认同,但想到蔡元培当时在南洋公学任职,只有一大早才有空闲来读拉丁文,时值中年而有繁重职务在身的人,学习外国语,若果要指望它有用,那非要较长时间不可。所以马相伯还是送蔡元培离开,并最终拒绝了蔡元培的请求。

送走了蔡元培,马相伯继续忙自己的事,在他看来,蔡元培也是一时性起,想通了自然会放弃。

谁知道第二天,蔡元培又来了。马相伯把自己的想法告诉了他,并提议蔡元培学习英文,英文更实用。

蔡元培执意要学拉丁文,马相伯最终被感动了,同意教授蔡元培拉丁文。

蔡元培看马相伯终于答应了自己,心里很高兴,紧紧握着马相伯的手说:"先生,我会好好学的。"

蔡元培急切地想要快点学好拉丁文,因为公务繁忙,每天只能利用早晨的时间向马相伯学习。当时蔡元培住在徐家汇南洋公学,而马相伯住在徐家汇土山湾慈母堂。蔡元培每天早晨步行到土山湾跟从马相伯学习拉丁文,往返路途很远。

由于求学心切,头一次,为了不迟到,蔡元培天不亮就出发,风尘仆仆,结果到的时候,天边刚有一丝曙色。他于是就在楼下低声喊门:"马先生,马先生。"

见先生还没有起来,这时候蔡元培就只能等候,丝毫没有感到不悦,颇有程门立雪的虔诚劲头。

有一天,马相伯就对蔡元培说:"你已经人到中年,一个人学没什么用,不如找些比较优秀的青年学生和你一起学,这样更为有益而切于实际。"

蔡元培想想,觉得马相伯的话很有道理,于是就选派了24个学生跟马相伯一起学拉丁文。马相伯起初还是不打算教他们拉丁文,但他们也和蔡元培一样,拿定主意要跟马相伯学习拉丁文。

于是不论寒暑,风雨无阻,徐家汇土山湾的马家,总是热闹非凡,聚集着一群致力于学习拉丁文的年轻人。

蔡元培后来成为近代中国文化界的卓越先驱,其著名的文化思想和学术观点,对中国的历史进程产生重要的影响。蔡元培任北京大学校长时提出的"兼容并包"的学术思想,不仅成为他主持北大教育工作的重要指导思想,同时也是他所坚持的办学原则。

蔡元培勤奋钻研,致力于研究世界各国的教育,最终形成了影响后世的教育思想。而他早年师从马相伯学习拉丁文,更是"放大了眼光",打开了研究西方文化、学习西方教育思想的大门。

殷燕明根据百集大型纪录片《大师》第一集《马相伯》(上海文广传媒集团)中有关情节改编。

毁家兴学办震旦

马相伯60岁像

办一所能与西方大学教育媲美的学校,是马相伯一直想做的事。在他的理想中,那所崭新的学校一定是中国前所未有的,一定是一个自由的天地,学术空气自由,教育主张等皆自由。

那时,仅凭一己之力创办大学,势单力孤,马相伯担心不能长久。因此,他把期望寄予当时处于社会上层的教会团体,希望教会能在师资、教学等方面给予大力支持。拿定主意后,1900年8月,已经年届六旬的马相伯按捺不住兴办教育的激情,把家族遗留的几乎是自己的所有家产——3000多亩田地折兑成钱款后捐出来,作为创办大学的资金,并毅然立下捐献家产的字据。他租用了上海徐家汇在天文台的房屋,挂牌建校,定名为震旦学院。马相伯自任校长,亲自拟定院章,亲自聘请教授,亲自编写《拉丁文通》《致知浅说》等教材,且亲自授课。

得知震旦学院创办的消息,梁启超著文祝贺:"今乃始见我祖国得一完备有条理之私立学校,吾欲狂喜。"

马相伯怀着对未来的美好展望,发出激情洋溢的号召:"欲革命救国,必自研究近代科学始;欲研究近代科学,必自通其语言文字始。有欲通外国语言文字,以研究近代科学而为科学救国者,请归我。"虽然,马相伯身为天主教徒,而且学校是由教会"撑腰"的,但马相伯不允许教师在课堂内谈论宗教。

在许多学生的记忆里,这位老校长是一位宽容而庄严的长者。有一次,在课堂上,有几名学生针对所学知识向这位尊者提出异议后,教室内一下子安静下来,其余学生都不胜惶恐,生怕老师会发怒、怪罪。意想不到的是,这位学识渊博的老师竟发出爽朗的笑声,继而与学生们共同探讨学术、解决疑难。渐渐地,大家都了解了校长的教授风格,学生们或自由讨论,或与教师尽情辩论,学术自由之气在校园内蔚然成风。

自由清新的"震旦气息"、民主宽容的授教风格吸引了一大批学子前来就读。邵力子、李青崖、于右任等,后来都成为中国浩瀚历史星空中的一个个亮点。

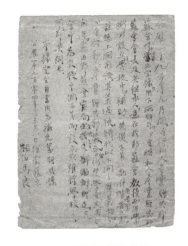

马相伯捐献家产字据

震旦,寓意"东方日出,前途无量"。

震旦,"崇尚科学,注重文艺,不谈教理"。

震旦,如一艘载着马相伯人生理想的航船,迎着近代中国的旭日开始了它的远航。

附捐献家产兴学字据

立献据人,谨承先志,愿将名下分得遗产,悉数献于江南司教日后所开中西大学堂收管,专为资助英俊子弟资斧所不及,并望为西满安德肋献祭,祈求永承罔替。

中外善堂,概由输献。此系主前熟思,遵先志以献者,自献之后,永无反悔;且系先人所遗名下私产,故族中一切人等,毋得过问。其系教中者,自无敢有违善举;其系教外者,则非先父先兄之嗣也,更无得过问。

特此书献存档。时天主降生后一千九百年秋分后一日,即光绪庚子又八月一日。

立献据人江苏江府若瑟马良

计开青娄田亩契据,有绝有押,一并献存。外清册一通、油坊一所。

又,近上海等处地亩数方,其契据俱一并在内。左译文另有添注,合并声明总之。

徐林鹏根据百集大型纪录片《大师》第一集《马相伯》(上海文广传媒集团)中有关情节改编。

与校长共进退

震旦的发展蒸蒸日上，学校的管理制度与教会格格不入，耶稣会顿生嫉妒，便动了掌控这所大学的念头，欲使其成为培养教会信徒的摇篮。1905年的一天上午，马相伯像往常一样走进校园，迎面走来几个法国耶稣会教士，脸上带着不同往日的不屑和得意。往日校园内的琅琅书声也没听到，马相伯预感到将有什么事情要发生，便加快了脚步，走到教学楼前。刚想进教室，两个教士突然出来拦住了他，说："对不起，外人是不能随便进来的……"马相伯听后惊怒："谁是外人？不应该进来的是你们，我是这里的校长，你们懂吗？"

"从今天起，你不再是校长了。我们新校长正在给学生们上第一节课。"

教室里传来法国教士用不熟练的中国话授课的声音。此刻的马相伯极其愤怒。

"这是我们的学校，你们怎么妄加干涉呢！"马相伯义愤填膺，与法国教士争辩，但毫无结果。马相伯陷入了深深的矛盾之中：继续争辩、争取，势必会激怒教会，更会影响学生们的情绪，耽搁他们的学业；放弃吧，而对于倾注几乎所有心血的新学校又心有不甘。身为教徒的马相伯左右为难。经过再三思考权衡利弊，他最终还是选择了离去（马相伯放弃震旦的一个原因是保护被清廷追捕、为了自由又常与传教士发生冲突的进步学生）。

马相伯怕惊动学生，默默地缓步走出校园。到大门口的时候，他忍不住回头看了一眼这个亲切的地方，感慨万千，潸然泪下。回家后，他感到胸口不适，呼吸不畅，便去医院治疗调养。

马校长无辜被辞退，教会无理取而代之，这一消息在震旦校园内炸开了锅。课堂几乎成了学生们与教士激辩的舞台，教学秩序一片混乱，治学空气变得沉闷而凝重。激进的学生再也坐不住了。一天清晨，学生领袖沈步洲把全体学生集中起来，举行了一场特殊的讨论大会。教室后面悬挂着醒目的标语:与马校长共进退。

震旦学院新址(今交通大学上海医学院)

"教会专制!无理无法!"

"摆脱教会,震旦是中国人的!"

"和校长站在一起,可以无震旦,不可无校长……"

学生们纷纷发表自己的意见,宣泄积压在心中的愤懑。会议结束时,沈步洲拿出两份信笺放在讲台两端,一端签"留",一端签"去",听凭大家自己决定。结果,签"去"的一端排起了长长的队伍,几乎所有的学生都选择离开。

签名完毕,沈步洲拿着签名信笺,走上讲台激动地说:"同学们,看,这是大家的自由选择,让我们一起成为马校长的追随者!"

台下传来同学们的欢呼声,这群热血沸腾的青年立即行动起来,有的摘校牌,有的收拾教具,有的整理书籍、标本……

法国教士来了,气急败坏地大喊:"停住,停住……"但一看学生们一张张愤怒的脸,只得耷拉着脑袋站在一旁惊恐地看着学生们陆续愤然离去……

周拥军根据陆永玲《站在两个世界之间》(载于朱维铮主编《马相伯传略》)中有关内容改编。

于右任追随马相伯

马相伯与学生于右任

作为震旦的创始人,马相伯培养了众多社会文化精英,正如颜回是孔子最喜爱的学生一样,于右任是马相伯最为得意的门生。

于右任,何许人也?他在国民政府担任监察院院长长达34年;他长髯飘飘,是近代知名的书法家。

鲜为人知的是,这位国民政府的开国元勋曾是清末陕西三原县的一个孤儿,他寒窗苦读,高中举人,却又因为一本讥讽慈禧和清廷的诗集,差点招来杀身之祸。

在被到处通缉走投无路的情况下,于右任果断选择了一个地方——上海。当时上海是个思想最活跃的城市,但是他不知道《申报》已连日刊登了关于他的通缉令。来到上海,举目无亲,身上只剩下几块大洋。为了先立住脚,他住进了法租界一个小客栈中,并很快剪去了脑后的那根屈辱的长辫子。就在这时,他听说了震旦学院马相伯校长的名字。正巧,有几位震旦学院的学生来访,他们一见如故,学生们告诉他,相伯先生从报上知道了他的事情,很为他的安全担心。前些日子,听说他到了上海,就一直在打听他的下落。

于右任心中一惊,这位素未谋面却又令人敬仰的震旦校长,竟对自己如此关心。当晚,他就踏进了马相伯先生的寓所。他有点激动,也有点惶恐。毕竟,自己现在还是个"通缉犯"啊!

谁知,马相伯见到他后,便和蔼关切地说:"震旦正在招生,你既无处落脚,先来我这里读书,日后再谋求发展,如何?"于右任喃喃地用家乡话回答说:"这太麻烦先生了,不敢当,实在是不敢当啊!"

马相伯很了解他现在的难处,便微笑着说:"学费,你不用担心,住宿费、膳食费都给你免去,你尽管留下来安心读书吧。"

听到老先生这般雪中送炭之言,他万分感激,一时竟说不出话来了。

"你也不必矜持,我这样做也是尽国民一分子的责任嘛,权当为你做东道主了。"

看到面前这位老人处处替他考虑,暖他心田,连日来惊恐逃难、草行露宿、四顾茫然的一幕幕情景在脑海突然浮现,他再也抑制不了心中的那股暖流,"扑通"一声跪倒在地,恭敬地叫了一声:"先生……"

"快快请起",老人赶忙搀扶起于右任,拍拍这个青年人身上的灰尘,笑着说:"西北奇才归我震旦,乃震旦荣耀啊。"

当晚两人促膝谈心,纵论天下事,并谈到作诗和做人。他们都痛感清朝的腐败腐朽和救国救民的迫切。谈到投机处,有时相对而笑,有时感慨万分。不知不觉,已是东方微白。于右任想起马老先生已是一宵未寐,便赶紧收住话题,鞠躬告辞。马相伯见挽留不住,只好相约第二天校园再见。于右任走后,爱才如命的老人再也睡不着了。他决心把这位年轻的反清志士培养成国家的栋梁之材。为了避免当局可能会给学校找麻烦,入学后的于右任化名"刘学裕",用这个名字在学校注册。从此,于右任便成为马相伯的得意门生,开启了他不平凡的一生。

于右任铭记先生的救命之恩、知遇之恩,决心一生作为恩师的拥护者和追随者。马相伯被排挤出震旦时,于右任组织一批追随马相伯的学生将学校的器具、书籍、标本甚至连校牌等都一并带走,准备复校。复旦公学创立后,师资缺乏,马相伯殚精竭虑,于右任因国学根底厚实,常帮助马相伯办理文墨,成了先生的最佳助理和秘书。马相伯离开复旦,不久于右任也为办报离开了学校。马相伯复任复旦公学校长便延聘于右任教授国文。师生二人相互切磋,民族革命思想在复旦渐渐成熟。

无论世事变迁,沧海桑田,于右任一生都在追随马相伯。

得知马相伯于异国溘然长逝,于右任痛心疾首,为之挽联"光荣归上帝,生死护中华"。失去恩师,于右任这一副挽联里包含了多少沉痛、思念和敬佩,我们无法用语言来传达,只能以敬意和理解来体认。

吴培培、田梦琦根据百集大型纪录片《大师》第一集《马相伯》(上海文广传媒集团)中有关情节改编。

文武双全　振兴中华

　　作为中国近代高等教育改革的先驱,马相伯先生当年担任复旦公学校长时的治学佳话不胜枚举。

　　一个阳光明媚的午后,复旦公学二楼办公室里,伴随着学生们午操的口号声,马相伯批改着文章,不住地点头,并用朱笔写上了一个大大的"优"字。他将须称赞道:"嗯,真是妙笔生花,佳句迭出啊!哈哈,好一个郑振华啊!你不愧是老夫的得意门生啊。哈哈哈哈!"他欣慰地握杯走到窗边,又感叹道:"真是长江后浪推前浪,后生可畏,后生可畏啊!"

　　不经意间,他看到几个学生躺在花园的大树下,定睛仔细一看,不禁大呼:"荒唐!真是荒唐!"原来那几个学生是在树下偷懒睡觉,其中就有他刚才夸赞的郑振华。马先生重重地放下杯子,在屋里踱了几步,重新走到书桌前拿起郑振华的文章端详。思索了一会,失望又痛心地叹道:"嗯,如此偷懒,若不加以管束,定会败我校风!"

　　马相伯转身大步下楼,叫人通知睡觉的学生都到八角亭去。待睡眼惺忪的学生们怯怯地走进亭子。马先生负手临湖,朗声问道:"我复旦学子挥汗操场,为的是什么?"学生们不敢作答。先生转身,面色凝重,一字一句说道:"为的是铸就爱国之魂,强健报国之体!而你们,你们几个,竟然如此这般,操练时偷偷睡觉,这是何道理?"学生们羞愧地低下了头。马相伯看着这些学生,指着其中一个叹道:"哎,为师真没想到,在你们几个之中竟然也有你,郑振华!没想到,万万没想到啊!"

　　郑振华嗫嚅着解释:"先生,今日午操,我们实在很疲倦,力不从心,昏昏欲睡。这都因连夜挑灯苦读所致。"马先生听后,面色稍缓,点头道:"原来如此。都说我马相伯视你们为学府高才。不错,你们废寝忘食,勤于学业,才华横溢,堪称人中佼佼。昔日,我为有如此出类拔萃的学生而感到欣慰。"接着他扶着柱子叹道:"哎,如今我却为你们只求学业长进,轻视体魄铸练,怕苦怕累,难负重托而深感不安啊。"他走到台阶处,复又转身说道:"好好想想吧!"说完失望地离开了八角亭。先生走后,一个学生对郑振华说:"振华,你是为了替我们补习外语才拖累了身子,我们让你受委屈了。"其他学生纷纷附和:"是呀,都是我们不好,我们连累你了。"有一个学生提议:"我这就找马先生解释去。"郑振华忙拦住了他:"哎,不用去了,不管怎么说,午操时在大树底下睡觉,这已铸成大错,怎能强词夺理,文过饰非呢?"学生们一个个若有所思地离开了亭子。

当天夜里,其他学生早已休息,只有郑振华还在院子里认真地挥剑操练。马相伯经过时很吃惊,观看良久,点头抚掌而赞。郑振华听了,忙过来向先生行礼:"先生过奖了,学生愧对栽培。"马相伯心疼地拿手帕帮他擦汗,说道:"振华,今日午操之事,老师已知原委。哎,都怪我一时心急,错怪你了。为师给你道歉。"说完便拱手致歉。郑振华忙阻拦:"先生教诲如当头棒喝,学生受益匪浅,不敢忘记。我们肩负救国救民的重任,但是一个满腹诗文却手无缚鸡之力的白面书生是难负这历史重任的。""嗯。"马相伯欣慰地点点头,搂着郑振华的肩膀,娓娓而谈:"但愿你如同南宋诗人辛弃疾,文能挥写文章,武可驰骋疆场,无愧为炎黄子孙,华夏栋梁啊。"他沉吟了一下:"明晨,老师和你们一起去吴淞炮台,凭吊英魂,激励意志!"

第二天清早,伴随着晨风,马相伯和学生们站在吴淞炮台,望向奔涌的长江。马先生说:"同学们,当年陈化成在此血战英军,为国捐躯,气壮山河。如今,虽然硝烟已经散去,但是践踏我祖国大好河山的强盗并未祛除,这救国救民的历史重任已经落在你们肩上。孟子曰'天将降大任于斯人也,必先苦其心志,劳其筋骨,饿其体肤,空乏其身'。是啊,自古欲成大事者,均无坦途可走,没有强魄健体,怎能去迎战困苦,排除万难,达到成功呢?"看着认真聆听教诲的学生们,先生又说道:"今日我等汗撒操场,为的是铸就日后能报效祖国的钢筋铁骨。同学们,振兴中华的千秋大业,不是一人一日可就,真是任重道远,不敢松懈呀。"先生倾身抱拳向学生致意："让我等以此共勉,为之奋斗吧!"学生们以复旦校歌回礼："日月光华,旦复旦兮;日月光华,旦复旦兮!"

马相伯先生用毕生的心血在中国建立了一套现代大学教育的思想体系,创办了著名的复旦公学。这所学校现已发展成为中外闻名的复旦大学,它继承了马先生的办学精神,培养出了一代又一代的青年英才。

许蔼灵、孔建华、夏燕华根据《马相伯集》有关内容改编。

星期天的演说

这是一个普通的星期天。当清晨第一缕阳光照射到校园的时候,沉寂了一个晚上的校园瞬间活跃了起来。

虽说星期天休息,但所有人并未懈怠偷懒,反而特别兴奋,马相伯校长前几天的话犹在耳边:"我们为什么要演讲和辩论?第一,培养个性和提高人文修养;第二,培养我们启发和动员社会民众觉醒的政治才能和社会责任。要爱国和救国,就必须广泛唤醒民众,扩展他们的知识,提高他们的觉悟。而这些必须依靠你们来完成。"一想到这,所有人感觉血都沸腾起来了。

这个星期天是他们的第一次演讲辩论日,马相伯校长也会参加。几天前马相伯校长就已经把演讲辩论的题目给他们定好了:"学"。这几天他们都卯足了劲在准备,到时候好好表现一下。

很快校园门口出现了一个身影,不知是谁喊了一声:"马校长来了。"大家全都热切地望着,有几个学生已经快步迎了上去。只见马相伯身着长衫,脚步稳健地朝学生走来,脸上带着慈祥的笑容。

学生们本来打算在礼堂中进行演讲的,但是马相伯认为礼堂太过正式,太严肃,太压抑,第一次讲演,自由一点,在外面更为开阔。于是就把场地定在了校园的一个小操场。众人来到开阔的场地,准备开始辩论演讲。

虽说之前准备得很充分,也迫切想要展现自己,但毕竟是第一次,大家没有经验,不知道该怎么开始。到了正式演说的时候,众人心里又忐忑起来,不敢开口。

看着大家欲说还休的样子,马相伯笑了,说道:"平时总讲求学报国,大小伙子说话怕什么?"

话音刚落,一个小伙子涨红了脸,举手道:"那我先来。我认为学

就是……"

有人开了头,气氛也带动起来了,场面也就热闹起来。很快,第二个,第三个……演说由一开始的冷场也变得越来越热烈。一个学生说完,马上会有另一个学生起来表示自己不同的观点,甚至还会带动一系列的争论。有时学生的观点并不太成熟,马相伯却没有粗暴地打断他,只是略加思考,便又点头听下去,把探讨辩论的机会让给学生。

时间一分一秒地过去,很快到了中午。马相伯觉着第一次演说能取得这么好的效果,心里很高兴。要结束时,马相伯还对学生的演说提了一些具体的要求。学生都不愿离去,围拢着马相伯说着自己的感受和疑惑。

这样的活动,之后每个星期天都会在校园中开展。学生们在这里不仅感受到了平等和民主的气氛,还锻炼了语言表达能力和思辨能力。

殷燕明根据马相伯《一日一谈》(载于朱维铮主编《马相伯集》)中有关情节改编。

浇铸复旦精神

1905年9月,经过马相伯、严复和学生领袖叶景莱、于右任等人的筹措,复旦公学建立。学校定名为"复旦",既深含"光复震旦"之意,又寄托了创建者对国家未来的愿望。

马相伯在师生的一致拥戴下成为复旦第一任校长。他还自告奋勇担任法文教授。在他的年轻学生的记忆中,先生上课时兀自坐在讲台上,鼻子上架着大大的铜边眼镜,"口说指画,不以为苦"。

马相伯强调做人应诚实率真,顶天立地;读书做学问则要独立自主,强调"要活读才免做蠹虫"。

马相伯于1905年亲手制订的《复旦公学章程》则更为周详细密。就课堂正业而言,章程不仅规定了分斋课程,厘定了学科程度,而且详细列举了包括"上下课堂鸣钟为号,先教员入,后教员出,须有秩序";"教员就

复旦大学旧址

要把中国唤醒

座离座,均起立表敬意"。关于课外活动,马相伯鼓励学生积极参与周末演说会及正常的文体游戏。乃至于对因病请假须校医允单、每晨六时鸣铃即起等生活规范,都作了具体规定。

马相伯担任复旦公学校长的时间并不长。然而就是在创办震旦和复旦的短短几年中,他培养了一批后来被称之为中国文化脊梁的青年才俊,包括于右任、胡敦复、徐季龙、翁文灏、邵力子等。当马相伯晚年写下"还我河山"的字句,对危乱的时局一再发激愤之言时,复旦学生站在街头发传单、演新剧,奔走呼号以唤醒中国,不能不说是由于他的精神品格的影响。马相伯堪称是浇铸复旦精神的第一人!

李登辉担任复旦校长后,马相伯便默默离开了他一手创办的精神家园,北上北京,并受邀执掌北京大学。之后,马相伯又参与创办了北京公教大学,即辅仁大学。

抗日战争期间,马相伯更以百岁高龄勉励学子"宜拳拳于国家民族为己责,砥砺德行,阐扬学艺,建殊勋于朝右,树师表于人伦";并引《诗经·菁菁者莪》中的"既见君子,乐而有仪",表达其殷切期望之情。

马相伯的学生后来不少人也成了大师,如北大校长蔡元培、国民党元老于右任、邵力子、黄炎培等。所以,马相伯不愧是大师中的大师。

王国胜根据朱维铮主编《马相伯集》中有关故事整理。

手脑并用

"师夷长技以自强"的洋务运动失败了。积极投身于洋务运动的马相伯此时没有时间怨天尤人,没有放弃自己的理想与抱负,依然满怀忧国忧民之心。他深知教育是关系到国家与民族未来发展的关键,他要探索另外一条救国的道路——以创办教育来建设和发展国家。

1885年至1887年,马相伯出访欧美,这次出访坚定了他的信念:中国的现代化教育必须综合欧美的特色,像欧洲学府一样重视人文,更要仿效美国高校那样重视科学,尤其要重视学生动手能力的培养。他认为学生必须手脑并用,研究与实验并重,然后才能求得"真的知识"与"活的学问",成为社会的有用人才。

1905年9月,复旦公学开课了。当初在震旦学院求学的部分学生,本就是因为震旦学院过分重视法文教育,在生源增多而英文教师不够的情况下,随意去掉头两班的英文教学,这和他们与欧美有生意往来需要学习英语相矛盾,从而罢课退学的。现在复旦开学,很多人报名学习英文,并且嘲笑学习质学(科学)的学生,认为这些是一些下等人学的东西。算术只要会记账就行了,即使不会算账,家里还有账房先生管账,不学也罢;物理、化学在当时更是英雄无用武之地,学了这些在社会上根本就无法立足。很多学生听了拿不定主意。马相伯先生得知这个情况,非常生气。但转念一想,生气解决不了问题,于是召集学生,阐明了当前的国家形势,并分析了国家存亡与家庭荣衰的关系,最后语重心长道:"欲革命救国,必自研究近代科学始;欲研究近代科学,必自通其语言文学始。语言固然重要,但救国之根本乃科学。"很多学生听了如醍醐灌顶,坚定了学习科学的信念。

科学课程如期开设,马相伯偶然听到学科学的学生唉声叹气道:"哎,老师讲的科学实验真有趣,世界确实是妙不可言的,可惜我们只能

局限于理论,如果有实验器材能够自己动手做做,亲眼见到自己的实验结果就更好了。"马相伯听后,深有感触。他就实验器材的问题和校董事会的一干人商量,最终决定:筹集资金去海外购买一批,另外师生自己能够动手做的就自己做。

在他的倡议和领导下,科学课的导师和学生确定了必须购买的实验器材和自己能够做的实验器材,然后商议绘画实验器材的构图,又一件件挑选实验器材的原料,力求和构图要求的一致,接着师生齐下工厂,根据事先画好的图纸废寝忘食地制作。当时,常常可以看见师生为一个难题久攻不下而愁眉不展,寝食难安;为一个零件的制作安装意见不合而争得面红耳赤,不辍尝试;为一件器材胜利完工而欢呼跳跃,流泪拥抱。在师生们夜以继日的努力下,头疼的实验器材问题终于解决了。师生们个个都很兴奋,急忙投入到实验操作中。从此,实验室的门就再也没有关闭过。

马相伯的"科学为父,人文为母""手脑并用,研究与实验并重"的教学思想深入人心。复旦学子把"以科学救国,以科学建国,以科学创造全人类之福利"作为自己肩负的责任,复旦一时涌现出大批匡时救世的人才。

孔建华根据朱维铮主编《马相伯集》中有关故事整理。

巨人间的握手

——马相伯与张謇

1919年3月25日，马相伯八十岁生日，张謇特制联祝寿："扶风设教，声闻上寿；伏波忘老，矍铄是翁。"这既是对马相伯献身教育事业的高度评价，也饱含了张謇对二人深厚情谊的肯定及认同。

教育兴国安邦

19世纪80年代以来，西方列强对中国虎视眈眈。中法战争！中日甲午战争！八国联军侵华战争！这群无耻的强盗，丧心病狂地掠夺侵占，给中华民族带来了深重的灾难！国家破碎，民不聊生！甲午战争的失败，激起了中国知识分子的拳拳爱国之情。国家的未来在哪里？民族的出路又在何方？

少年强则中国强！只有教育才能兴国安邦！

张謇振臂高呼："马关约成，国势日蹙，私忧窃叹，以为政府不足责，非人民有知识，必不足以自强。知识之本，基于教育。然非先兴实业，则教育无所资以措手。"为这一腔护国佑民的赤胆忠心，张謇毅然放弃了一名科举状元的辉煌前程，投身教育，发展教育。为了筹措教育经费，张謇放下知识分子的清高尊严，当起了地位卑微的商人，创办实业，积累丰厚的利润。同样怀着兴教救国之志的马相伯，从朝鲜回国后，曾经参与李鸿章举办的一些重要洋务事业及活动，然而，甲午战争使他看到洋务派自强求富之梦的破灭。他一度选择了重返教会，寻求个人心灵的慰藉。但耶稣的救世精神最终还是引导他投身教育，以实现他深藏于内心的救世追求。

在投身于新式教育事业中，马相伯与张謇相互支持，结下了深厚的情谊。

1901年，张謇提出了"兴学重教，师范为先"的命题，于次年在家乡南通创设南通师范学校。这一举动不但揭开了江苏省师范教育的序幕，而且首开国内私人创办师范学堂的先河。马相伯非常赞同张謇的这一举动。他不但予以积极关注与舆论支持，而且，在许多重要场合强调师范教育对于提高国民素质以及促进整个教育事业发展的作用。1905年，马相伯在《上江督禀》一文中强调，师范教育在国家的整个事业发展中具有先导性作用。他说："学校之母，又在师范。范方则方，范圆则圆。为范不善，不可为陶冶。故陶冶国民必以师范为基础。"

1903年，马相伯创立震旦学院时，出于师资及学校管理上的考虑，将自己名下的全部家产捐献给天主教会江南司教，实际上是委托天主教耶稣会办学。然而，不久，马相伯就与耶稣会方面在办学理念及管理上发生了严重冲突。马相伯为了捍卫办学的自主权，最终与教会分道扬镳，另创复旦公学，以真正实现教育救国的抱负。其时，因许多设施还留在教会，不能带出，因而，复旦公学的办学条件极为艰苦，经济极度困窘。就在这时，张謇向马相伯及时伸出了援助之手。他为即将面世的复旦公学筹集款项万余元。这一万元筹款，不仅反映了张謇对马相伯事业的支持，而且也表明中国近代教育先驱对各种外国势力践踏和掠夺中国教育主权的反抗。在以后的岁月中，张謇不但担任复旦公学的董事，而且多次为复旦在关键发展阶段出谋划策，关心、帮助复旦的发展。郑孝青日记中就多次记载张謇参观复旦的情况："季直邀赴吴淞观渔业屋界，遂观复旦学校，同行者陈伯潜、王季樵、樊时勋、赵竹君、王旭庄、刘步溪等。在复旦晤马相伯。"

平息两起学潮

1905年，江苏省教育会成立不久，即遇到两起风潮。第一起是1905年12月初，南京各学堂学生为争学堂本地名额之数而发生罢课事件。经马相伯慨切陈词，"诸生等乃相悦以解"，平息了事。第二起是同年底，在日留学生为反对日本政府取缔外国留学生规则而发生的声势浩大的抵制运动。马相伯受两江学务处及江苏省教育会会长张謇之托，奉命赴日处理此事。

在抵达日本之后,经过调查访问,马相伯了解到导致风潮的真正原因是留学生误传所致。随即,马相伯深入学生及日本学校之中,开始了细致的调查、说服与考察工作:第一,深入接触留学生,了解其思想动向,勉励留学生"爱国不忘读书,读书不忘爱国"。正月十四日,马相伯在江苏省留日学生举办的同乡会上发表演说,中国在日留学生8000余人,岁费500万元,花费巨款的目的是培植人才,他反问学生道:"留学归来,现在与将来,其价值果然能值此巨大价值?"他语重心长地劝告大家,在日学习与生活,要讲究实际,不要"徒尚空谈"。其二,马相伯又提出忠告,出国留学,要团结合群,破除国内"省界、府界、县界之见",把主要精力投入学问的研求上,"学问者,宙世之光。光与光相照,但相辉映,无甲乙光界之可分"。马相伯在与日本学界的接触中,发现日本当时为留学生设立的许多专门学校大多"拉杂授课",水平极其低下。"盖此等学校注意在博取华人学者学费,其教育则非精神之教育也。"日本一些所谓友好人士联络、拉拢我国留学生,也别有用心,表面上采取"阴柔手段",实质上包含"并吞"我国之祸心。马相伯在日一个月的考察活动,感触最深的是中国留学日本的盲目与泛滥。许多留学生在没有任何学术基础及外语基础情况下就"漫然游学",结果到日本后,要花费很多时间进入各种补习学校,有的留学生甚至因为无法通过语言关无功而返。

马相伯建议,为提高我国留学教育质量,最好在国内为"通国出洋学生"设立一所高等学校预科,综合数省之人力、财力办好它。在江苏省教育会成立初期,马相伯与张謇便联合学会中的一些骨干以及社会上热心教育人士发起组建中国图书有限公司,编辑出版新式教科书,此举既是为了满足普及教育对课本教材的急切需求,同时也是为了能在某种程度上遏制外国侵略者对我国教育利权之觊觎。

马相伯和张謇同为江苏籍士绅,相交、相知近半个世纪,在倡导和推进新式教育等方面,二人携手并肩,互相支持,开创了教育事业的新局面。

史香兰根据曹从坡等编《张謇全集》有关内容改编。

卖字救国

马相伯书法作品

1931年,"九一八"事变爆发时,马相伯已是91岁高龄,但是他仍然时时刻刻都在为救国而努力着。

有一天,马相伯老先生像往常一样早早起床,家人马上为他递上了当日的报纸。每天他可以从报纸中知道国家的许多消息,所以每日读报已成了他的习惯。读着读着,他的眉头皱了起来,猛然拍案而起,厉声训斥。

家人吓了一跳,不知发生了什么事。只见马相伯满脸愤怒,一边拄着拐杖一边往外走。他在门外站了许久许久,一会儿抬头看看未放亮的天空,一会儿又看看远处的人家,"唉",马相伯长长地叹了一口气,自言自语道:"国民最大的耻辱莫过于亡国啊……"

"听说已经在组织抗日义勇军了啊……您这么大岁数了,腿脚又不好,还是好好歇歇吧,会有好消息的。"家人安慰道。

"不行,我不能坐以待毙。不自救必自亡啊!"

马相伯立刻与冯玉祥将军取得联系。在得知抗日前线钱物严重短缺时,马相伯坚定地说:"待我来想想办法吧!"

回到居所,马相伯向家人提起筹款的事情,家人一筹莫展:"唉,家里也只有先生那块表值点钱了,可是抗日缺那么多钱,当一块表又能起什么作用呢?"

那是一个外国友人送给他留作纪念的一块洋表,他一直很珍惜这块表,如果要当掉这块表,还真有点儿舍不得呢。但一想到艰苦卓绝的抗日前线,想到在前线浴血奋战的战士们,马相伯就狠下了心:"当掉!积少成多,能凑多少是多少!家里还有什么值钱的吗?"

家人无奈地摇了摇头。马相伯沉着脸慢慢踱到书桌前,沉思片刻拿起毛笔,奋笔疾书:"耻莫大于亡国,战虽死亦犹生。"家人一看,眼前一亮!"先生,您可以写字卖钱啊!肯定一抢而空。"

马相伯听罢,精神备感振奋,马上铺开纸写了起来。

"这个寿字30元……"

"这副对联嘛,至少50元……"

家人在旁计算着。一会儿工夫,马相伯便写好了几十张。家人在旁劝说:"先生歇一会儿吧,您的脚还未痊愈,万一恶化了就麻烦了。"马相伯拭了拭头上的汗,说:"前方将士浴血抗日,后方人民也应分秒必争,积极支援啊。不歇了,这些还远远不够啊!"

于是,马相伯每天起早贪黑坚持写字,几天下来,他的腰已经疼得直不起来了,脚已经痛得不能着地了。家人十分心疼,在旁不停地劝说。可是,马相伯救国心切,怎么也听不进去,仍然一张又一张地不停地写着。

一天,几个青年学生慕名而来,一进门,他们便被眼前的情景惊呆了:马相伯先生正由两个家人搀扶着,一只脚站着写字,身上的褂子已经被汗水浸湿了……大家劝他赶快躺下来歇一会儿,马相伯手一摆对大家说:"不歇了,抗战一日不胜利,我一日放心不下啊!"大家看着马老消瘦而憔悴的面孔,眼眶湿润了。他们默默地围在马相伯的身边,无一不为他的身体而担忧。马老笑了笑说:"别担心,我扛得住!"

就这样,马相伯忍着疼痛一张又一张地写着,最后竟然募到10万余元,真是一位名副其实的"爱国老人"啊。

康妍、虞利平根据百集大型纪录片《大师》第一集《马相伯》(上海文广传媒集团)中有关内容改编。

要把中国唤醒

写诗题跋激将军

1932年1月28日,淞沪抗战爆发。

马相伯异常悲愤,发起组织中国民治促成会,同时先后组建江苏国难会、中国国难救济会等民间团体,亲自撰写《国难人民自救建议》,忍着病痛书写大量楹联条幅,义卖筹款支援十九路军。

有一天,马相伯正在书房翻阅报纸,那是一份旧的《申报》。老人的目光被报纸中"自由谈"栏目内的两首小诗吸引住了:

无题

听说日攻马占山,日军未入山海关。
山海关内还有关,关外不如关内欢。
听说日军将入关,日军未上紫金山。
紫金山下满江水,船夫袖手看船翻。

观战

弟弟出阵哥旁观,哥哥出阵弟旁观。
旁观旁观又旁观,江山一去何日还。

马相伯读着读着,心中百感交集。日寇在中国肆意践踏,胡作非为,中国百姓深受其害,中国军队抗战又很不积极。马相伯越想越难受,越想越不安,总想着要做点什么。他在书桌前走过来走过去,目光又停留在报纸的两首诗上。有了!他取出毛笔,磨好墨,以行草书一气呵成写下了这两首诗,并题跋:"焕章(冯玉祥字)将军雄才伟略而谦恭自持,刻苦自励,有汉代大树将军之风。'九·一八'变作,将军力主全国精神团结,以自力谋自助自救,而之志竟未由遂。迩近退居泰山,韬光养晦,然而宇内鼎沸,万方多难,祖生舞剑,马老抚髀,将军其遂能无动于中乎?右录焕章将军素所爱小诗两首,以至吾感,并以激励将军。"写好后,他又仔细读了一遍,随即吩咐家人:"快快拿去装裱好,我要以此作为大礼寄送给冯将军。"

其时,冯玉祥将军正由于形势所迫在泰山隐居读书。这天,他收到了马相伯寄来的特殊礼物,打开一看,愧赧万分,"宇内鼎沸,万方多难,祖生舞剑,马老抚髀……"他重复着诗旁的那几行字字扣心的话,不禁握紧拳头在书桌上重重叩击了一下。

1933年5月,有一条振奋人心的消息从报纸上传播开来:在张家口,有一位将军组织察哈尔民众抗日同盟军,并通电全国,亲任军事委员会主席、总司令部总司令,高高举起了团结抗日的旗帜——那位将军正是冯玉祥。

马相伯题联

诚然,冯玉祥将军毅然高举抗日大旗,离不开他的满腔爱国情怀,但他力排众议,抛开疑虑,发起抗日运动,与马相伯的激励也不无关系。爱国老人马相伯对国家的忧患意识深深感染着这位将军,也得到了这位将军殷殷的爱戴和景仰。当得知马相伯95岁寿辰在南京国际联欢社举行,52岁的冯玉祥身着将军服,特地赶来为马相伯祝贺。马相伯曾因跌过一跤,行走不便,不得不坐在轮椅上,冯玉祥亲自为其推车穿过人群。走过之处,都伴有经久不息的掌声。

史秀霞根据"北国网论坛——马相伯"中有关内容改编。

惟公马首是瞻

"九一八"事件发生后,国民党实行"不抵抗"政策,致使东三省沦陷。国民政府的对日态度激起了全国人民的愤慨,随后各地掀起了抗日救国运动的浪潮。

马相伯与七君子

1936年5月31日,马相伯、宋庆龄、何香凝、沈钧儒、章乃器等在上海宣布成立全国各界救国联合会。作为救国会的成员之一,马相伯公开讽刺蒋介石,并在报纸上指责国民政府为"缩头乌龟"。蒋介石知道后大怒,但碍于马相伯先生的名望,又不能直接把人抓了,于是他想到了先生的学生于右任,吩咐手下人把于右任叫来。于右任刚坐下,蒋介石说道:"近期,上海救国会多次在不同场合发表言论,攻击中央政府,十分嚣张。中央政府对此不能再听之任之,再这样下去会使人心涣散。你的先生年事已高,应该要好好颐养天年,享享清福,就别再管救国会的事了。"于右任听了,沉思了一下说:"先生在上海,叫他别管救国会的事,可能很难。""那就让他离开上海。"于右任为难地说道:"委员长,那我就试试看吧。"

第二天,于右任就动身去上海,见到了先生,并转达了蒋介石的意思。马相伯听后直摇头:"替我感谢委员长的垂青,不过道不同不相为谋,我年岁虽大,但还想着为抗日事业尽份力,若他日蒋委员长高举抗日大旗,鄙人必为他身先士卒。"于右任左右为难之际,想到了大主教于斌。于斌和先生的关系非常好,于右任就如实告诉于主教先生的处境,于斌主教也认为马相伯不宜久留上海,就写信给马相伯:"马神父,我已到南京,现在教会里事务太多,人手不足。不知马神父能否来教会助兄弟一臂之力。"马相伯面对老朋友的请求很难推却,就立即动身去了南京。

马相伯书法作品

这一天,马相伯先生结束了教会的工作回到住所,刚刚坐下准备喝口茶,一个教会的同事疾步走到马相伯先生面前,拿着一份报纸说:"先生,您看,这是今天的报纸,就在您老来南京的前一天晚上国民党的特务把救国会的沈钧儒、章乃器、史良、邹韬奋、李公朴等几位爱国人士抓起来了,而且还封锁了消息,如今都过去两天了,怎么办啊,先生?"马相伯听完勃然大怒,拿起报纸看了起来:"居然逮捕爱国人士,趁我离开上海就动救国会的人。他们都是在救国,在唤醒民众,在支援抗日,怎么就成了扰乱治安企图颠覆政府了呢?救国反而成了罪犯。这件事我一定不

会放任不管,等我想想办法找人从中斡旋一下,看看能不能先把他们救出来。"此时马相伯的脑海中浮现了一个人——南京国民政府副委员长冯玉祥将军,他一向支持抗日事业,并与各地抗日爱国力量有联系,随即写信:"将军,沈钧儒等七人都是忠心爱国的,他们的行为也是人人钦佩敬仰的。正所谓'国家兴亡,匹夫有责',杀一不义,文武不为。现在他们不幸入狱,恳请冯将军能保证他们在狱中的安全。我以自己的项上人头担保,他们是无罪的,恳请冯将军能以天下为重,说服委员长无罪释放七人。"冯玉祥将军接到信后,立即致电蒋介石,拟请释放,以示宽大,但蒋介石却置之不理。这时候全国各地各阶层都爆发了声援"七君子"的活动,要求国民政府"释放七位先生,并立即允许马相伯先生还沪"。马相伯虽人在南京,但心系上海,他看国民政府一直无意释放"七君子",就与宋庆龄掀起入狱运动:既然救国是一种罪,请允许我们同他们一起入狱!

经过一年多的努力,1937年7月31日,国民政府宣布无罪释放"七君子"。"七君子"在他们出狱后的第一件事,就是去南京大方巷拜访马相伯并致谢。沈钧儒在他们的合影下恭敬地写下了六个大字:"惟公马首是瞻。"

殷燕明、薛婷根据马玉章《怀念先祖父相伯公》(载于朱维铮主编《马相伯传略》)中有关内容改编。

你恨爷爷吗

1939年11月4日的晚上,凄风苦雨,山河失色。在越南谅山集镇的一个普通民居内,年迈的马相伯已经流落到此并且病了一年了。异族入侵的打击,故土沦陷的凄楚,异国他乡的漂泊,长久病痛的折磨,使他如风中残烛般随时会熄灭。他深知自己时日不多,回顾自己的一生,对国家他鞠躬尽瘁,倾其所有;但是对家庭,他甚少顾及,颇多遗憾,尤其是对唯一的孙女,他更是深感内疚。

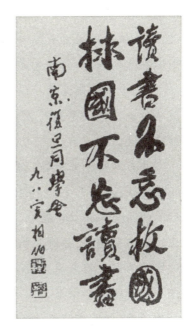

马相伯书法作品

有一件事一直如巨石压在他的心头,挥之不去,内心久久难以平静。他觉得心中的石头如不能搬走,得不到孙女的谅解,他死不瞑目。于是他就把孙女马玉章叫到了床榻边。

马玉章到了爷爷的身边,看到病重的爷爷此时脸色蜡黄,精神萎靡,她不禁难过得落泪。马相伯见到孙女落泪,伸出颤巍巍的手紧紧抓住孙女马玉章的手。他嘴唇抖抖索索,艰难地对马玉章说道:"孩子,我将不久于人世,而今家破人亡,毫无积蓄,只留下你和你的母亲两人孤苦无依,我对不住你们啊。当年我毁家兴校,一心扑在工作上,致使你奶奶带着小叔愤然离开上海回山东老家,不料出吴淞口时两人双双遇难。我心烦之极,把你父亲马君远送到西贡教堂的孤儿院里,使他在外尝尽艰苦,落得终身疾病。后来还是你的堂姑母可怜他,把他接去和自己一起生活,直到帮他娶妻成家。你父亲带着你母亲马邱任到上海谋生,可是他

要把中国唤醒

却在你生下后不久撒手人寰，留下你母亲和不满六个月的你。你母亲恪守妇道，终身守寡，一心伺候我，培育你。可是家族却因我再无继嗣，族人以为我一定还有可观的财产留给你们，引发了家族的纷争。我对不住家庭，更对不起你们，如今你们两个跟着我到处颠沛流离，居无定所，生活无着落，我好惭愧啊！"马玉章听着祖父悲痛地讲述自家家破人亡的经过，听着祖父讲述为了办学而近乎"毁家"的经过，泣不成声，握紧祖父的手不住地摇头，一句话也说不出来。

"更令爷爷惭愧的是没有给你留下一分钱，连你自己该得的也没有留给你。你恨爷爷吗？"马相伯用愧疚的眼光注视着孙女，流下了眼泪，继续说道。

马玉章听了爷爷的话顿时明白了爷爷的意思。因为当初马君远病死的时候，马玉章才六个月。那时马相伯身无分文积蓄，只靠一份政府顾问的薪金勉强维持家计。马相伯的学生于右任、邵力子等人凑了一万块钱送给马相伯，并对马相伯说："先生，九香还小，我们没有大的力量，这钱是给九香将来的生活费跟教育费，请您接受。"可是马相伯后来却把这一万块钱捐给一个姓陆的，创办了启明女校。马相伯现在所说的"你自己的钱，也没有留给你"就是这个意思。

马玉章连连摇头，眼泪滚滚而下。她连忙说："爷爷，你不是常拿范仲淹的'人苟有道义之乐，形骸可外，况居室乎'鼓励自己、教育我吗？你一生为国奔走效劳，倾己所有，无怨无悔；为国捐出生活费与教育费，有何不可？你把我教养成长，我还没有能够孝顺你，怎能恨你怨你呢？你放心吧，我亦无怨无悔。我为自己能为国家出一份力而高兴，你不要再难过了。"

听完孙女的话，马相伯这位一生为国家、为人民、为真理而奔走呼喊的老人，带着对国家、民族的无限眷恋和对亲人的歉意，在异国他乡与世长辞。

孔建华根据百集大型纪录片《大师》第一集《马相伯》（上海文广传媒集团）中有关内容改编。

要把中国唤醒

1937年7月7日卢沟桥事变爆发,时任国民政府高官的于右任对马相伯说:"老师,日寇侵扰,战乱降临,还是先避一避为好啊。"马相伯摇了摇头,接着又叹息了一声,无奈地点点头。在于右任的精心安排下,马相伯先移居桂林。不久后,又打算移居昆明。于是绕道而行,在经过越南谅山时,面对异国的山水,马相伯突然感到身心疲惫不堪,难以支撑,生活的颠沛流离,时局的动荡不安,一直压在他的心头——马相伯病倒了。

因病留居谅山时,有一次,马相伯问左右:"现在我们到哪里了?"当他听说还在谅山时,着急地从病床上费力地坐起来,说:"我们快点走,这里不是我们的国土,我要回国,要回去!"后来,身旁的人只好在他一觉醒来时骗他说:"现在我们已到达滇黔交界处了,回来了。"听完后,马相伯才长长地叹了口气,又念叨起他常说的一句话:"哎,我是一条狗,只会叫。叫了一百年,还没有把中国叫醒。"

1939年4月6日是马相伯百岁寿诞之日,全国各地以各种形式遥祝马相伯百年寿辰。中国共产党电贺寿辞"国家之光,人类之瑞",表示对马相伯的崇高敬意。重庆各界也举行集会庆祝,会场上悬挂着大幅贺联:

当全民族抗战之时,遥祝百龄,与将士同呼万岁;

自新教育发明以来,宏开复旦,论精神独有千秋。

马相伯在越南谅山书赠抗日将士

马相伯先生墓

于右任还率监察院同仁,致电谅山,遥申祝贺,更发表了《百岁青年马相伯》长文,称颂恩师为"民族一元老,精神常少年""此种少年精神,则即先生修己立人成功之源泉,足以形容其整个之人格者也"。

百岁寿碗

马相伯得到消息后,在谅山用颤抖的手写了封信,寄到上海:"国无宁日,民不聊生,老朽何为,流离异域,正愧无德无功,每嫌多寿多辱!"当学生金通尹在大声朗读恩师的亲笔来信时,在场的许多人都被深深感动,都想去探望马相伯先生。

马相伯对前来探望他的人第一句总问:"现在我们打到哪里了?"他无时无刻不在关心着前方的战局,关心着祖国的存亡。10月20日,得知湘北大捷,马相伯兴奋之情不能自已,彻夜无眠。在马相伯临终弥留之际,还始终牵挂着国内战事,口中还一直含糊地念着:"消息!消息!"声音愈来愈低,愈来愈低。当时不离他左右的孙女马玉章失声痛哭:"爷爷……爷爷……你醒醒啊,你醒醒……"

1939年11月4日,马相伯在越南谅山溘然长逝,留下了事业未竟的遗憾:"余年已百龄,遭逢国难,深知救亡图存惟赖团结英才,齐一心志……""我是一条狗,只会叫。叫了一百年,还没有把中国叫醒。"这是马相伯在垂暮之年经常说的一句话,其时的无奈、悲凉和对未来的无限期盼是可以想见的。

徐林鹏根据马玉章《怀念先祖父相伯公》(载朱维铮主编《马相伯传略》)改编。

情系桑梓　善举流芳

浚垦练湖方案

马相伯自十一岁离开家乡后，不久，全家也搬到了上海。此后，一直到去世，他很少有机会再回家乡。但他时常惦念着家乡丹阳和镇江。他对家乡的山水、人物无不怀有深厚的感情。

1905年，南通、苏州、上海等地先后成立了旨在兴办新式教育的民间团体——学会。镇江闻风而动，地方上的一些士绅积极组织学会，以规划、推进本地区的新式教育发展，但在会长人选上一筹莫展。因为担任此职的，一般不仅要富有社会声望，而且要对新式教育确有研究。有人提议请马相伯出来担任，但又担心他谢绝。于是，他们抱着试试看的心理来到上海。当士绅代表向马相伯提出这个请求时，马相伯正在筹建复旦公学，但听说为家乡做事，他不顾年事已高，爽快地答应了。

他对来的人说："为家乡做点事，应该！应该！"

以后，江苏各地学会在上海成立江苏教育总会，马相伯以镇江学会会长身份当选为江苏教育总会评议员。在江苏教育总会会员中，马相伯年龄是最高的，已近七旬。

辛亥革命后，姜祉禅任丹阳县民政长，听说马相伯赴南京参加国民参议院首次代表大会，姜祉禅热情邀请他回家乡视察，并恳请马相伯帮助筹划建设家乡。马相伯借鉴历史上王可庄开凿引河的方法，在两旁纵横各开两道引河。一边浚深河床，一边将挖出的泥土堆成高高的土墩，既可种稻栽桑，也可以防止水淹和旱涸。同时，在引河内蓄养鱼虾菱藕，四围堤岸上种植果木，从而使练湖的环湖风景得到根本的改观。然后在练湖周围修建四闸九涵，随时蓄泄，使整个流域农田均得到灌溉。

姜祉禅很赞成马相伯的这个设想,但当时地方上的人士很少能理解马相伯良苦用心。听说要改造练湖周围的地形,不少人怕坏了风水,因此,群起攻之,聚众请愿,甚至扬言,要烧毁姜祉禅家的房屋。马相伯闻此消息,感叹家乡人思想之保守。不过,马相伯的这个设想并没有付之东流。抗日战争胜利后,丹阳的束云章在马相伯这个设想基础上,提出了一份更为详细和完善的练湖浚垦改造方案。这个方案不仅浚垦了练湖,而且还建设了练湖农场,使练湖成为一个土壤肥沃,宜于种植多种农作物的粮仓。

相伯图书馆始末

马相伯对家乡的文化建设深表关心。晚年,马相伯将乐善堂全部藏书数千卷,无偿捐给了丹阳图书馆。这些数千卷的赠书,其中有不少相当珍贵,例如他自己的手抄本《出使高丽日记》一巨册,还有康有为未刊行的著作数种等。马相伯在捐赠藏书的同时,寄语家乡的人们:一过目成诵是人们的天才。读书得闲,在人们的学力。二兀兀穷年,方知老夫手不释卷的回味。三钻在故纸堆中,要活读才免做蠹鱼。四学海茫茫无梁筏,留心我下的苦功夫,便知有所抉择。五有些书成了海内外的孤本,应该珍惜,更加要勤读。

以上短短五条,可以说是马相伯一生读书心得,很值得后学玩味。

家乡丹阳十分重视马相伯这批宝贵的赠书。这批赠书运到丹阳后,地方官绅和旅沪同乡会商定,决定将原有丹阳图书馆扩建为"相伯图书馆",以表示对马相伯先生的纪念。不幸的是,拟建中的图书馆尚未开工,抗日战争就爆发了。在日本侵略军的狂轰滥炸下,马相伯辛苦一生累积下来的藏书,还未来得及开箱即全部化为灰烬。

抗日战争胜利后,丹阳行政当局准备重建"相伯图书馆"。马相伯的学生及好友于右任、柳亚子、邵力子等人积极倡议,李宗仁也表示给予赞助。但终因计划宏伟,经费筹措无方,而未能实现。

不久,于右任等人决定自行筹资,先创办一所实验学校,一俟经费充裕时,再建一座图书馆。1948年,在马相伯外甥朱志尧的支持下,"相伯农业技术学校"建成。这所农业技术学校专门辟有小农场,作为学生实习场地。该校有马相伯外甥朱志尧和韩景琦等主持董事会。在他们的惨淡经营下,相伯农业技术学校不断扩充,一直到新中国成立后,这所学校才交移给人民政府管理。

马相伯对家乡的地方公益事业也非常热心。1914年,丹阳、丹徒两地遭受旱灾,马相伯闻讯后,立即召集旅京同乡会成员商议,曾两度致信盛宣怀,请求盛宣怀给予解决。在马相伯等人的关心下,家乡丹阳人民顺利地度过了这次旱灾。

马相伯逝世后,地方人士在自发组织的追悼会上,一致追谥马相伯先生为"文敏先生"以表彰这位家乡的游子——近代著名教育家、宗教家和爱国者马相伯先生。

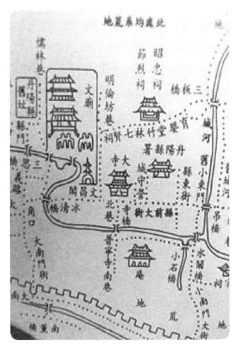
图中"文昌阁"旧址即当年相伯图书馆所在地

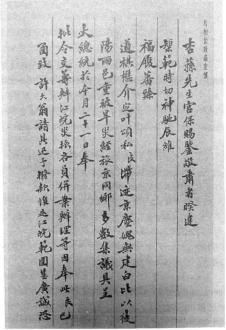
为帮家乡,马相伯致信盛怀宣

编者注：

盛宣怀(1844—1916)，清末官员，官办商人、买办，洋务派代表人物，著名的政治家、企业家和慈善家，被誉为"中国实业之父"和"中国商父"。

朱志尧(1863—1955)，字宠德，号开甲，天主教徒，中国近代著名的企业家。

编者摘自薛玉琴、刘正伟著《百年家族——马相伯》。

吕凤子——正则

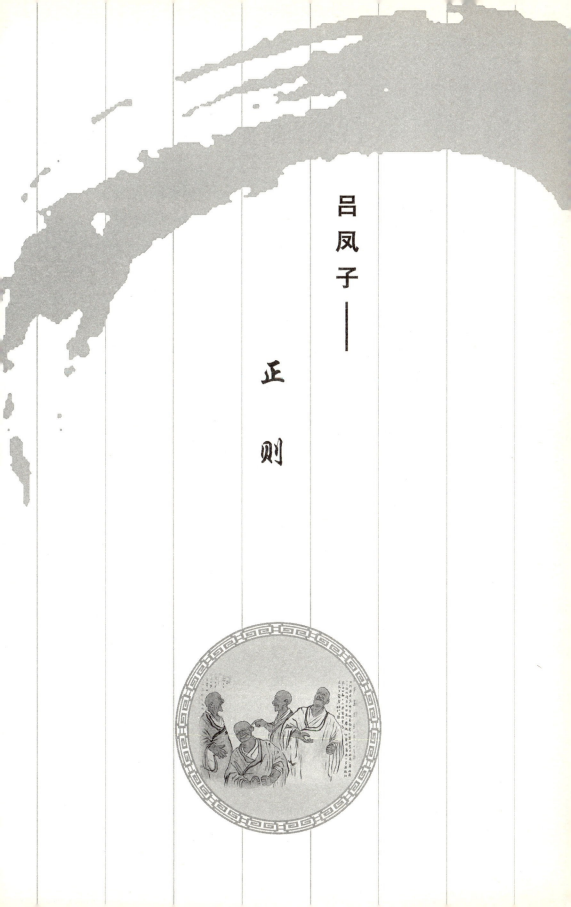

吕凤子生平简介

吕凤子先生自画像

吕凤子(1886—1959年),江苏丹阳人,著名画家,教育家。1907年秋考入李瑞清主办的南京两江师范学堂图画手工科学习,1910年冬毕业。1912年回丹阳创办"正则女校"。抗战爆发,率教职员工西迁四川璧山县创建"正则艺专蜀校"。抗战胜利后,将蜀校校舍全部捐献给了璧山地方政府,返回丹阳重建"正则学校"。历任镇江中学首任校长、国立中央大学艺术科教授、国立艺术专科学校校长、正则艺专校长、江苏师范学院艺术系教授、江苏省美术家协会副主席等职。他擅长绘画仕女、佛像,精工书法,创立"正则画""正则绣""凤体字",是第一位入选《大英百科全书》的中国画家,其专著《中国画法研究》堪称20世纪中国画理论研究的划时代著作。刘海粟、徐悲鸿、张书祈、许辛之等都是他的门生。

《吕凤子传》序言中介绍:"假如他坐吃祖产,也可妻妾成群,一世快活;假如他以画为生,理当笑纳百金,成为巨富;假如他注重名利,早已名噪神州,享誉世界。可他偏要创办'正则',倾家荡产,清贫一生;可他偏要将无穷的爱、无极的美、无尽的仁洒向莘莘学子,留下一段段永远的佳话。"为了自己爱与美交织的理想,他办了40年的学,教了50年的书,画了60年的画,留下了永远的光辉,成就了"永远的凤子,永远的正则"。

他倡导"人生制作即艺术制作",提出"教育的最根本目的就是培育合理儿童",认为"最合理教育云者,即穷异成异、穷己成己之谓",践行"教师要成为美的表现者,要在美的境界中发现道德境界"。

秀才考学堂

1886年7月7日,吕凤子出生于丹阳城内,为吕家长子。自幼天资聪慧,勤奋好学。3岁习书法,经著名书法家殷墨卿指点,很快上路,已有左邻右舍请写对联。4岁入塾启蒙,7岁学唐诗,11岁读《论语》《尚书》《毛诗》《周礼》,无不烂熟于心,且解释得头头是道。

1901年,少年吕凤子参加科举考试,经过五场县试、三场府试和两场院试,吕凤子和韩笔海、荆钟善、胡小石一起中了秀才。15岁的吕凤子与胡小石一时被誉为"江南才子"。少年吕凤子一直有以身报国的志向,所以考入苏州武备学堂学习武术。不久,两江优级师范学堂①创设了中国高等学校中第一个图画手工科,并对外招生。

在两江优级师范学堂入学考试那日,吕凤子一进场,就引起一片哗然。只见他圆圆的面孔,头戴瓜棱小帽,拖着一根油光水滑的辫子,还留着一道刘海发篐儿,身穿雪青纺绸单长衫、宝蓝茜纱夹马褂,锦光簇现,又是花样翻新圆角。几个主考的先生更是伸长了颈根,瞪大了眼睛,肚里直犯咕噜:怎么来了个如此油滑的公子哥儿?吕凤子不管不顾,径直走到自己的座位入了座,顺势提笔,只见笔走如飞,不一会儿就在众人惊诧的目光中交了考卷,提早离开了考场。主考的先生本想看个笑话,以为吕凤子考不出来,胡写一气,草草交卷了,所以对他的考卷并不留心。后来主考的先生们轮流看了,个个点头称赞,吕凤子文章出众,才气横溢。但他们又都放心不下,他文章虽好,品行恐怕靠不住,斟来酌去,最后都主张不取他。主考先生随手用朱笔在卷面上批了"阔少"二字,丢在一边。

---

① 两江师范学堂创立于1906年(清光绪三十二年),是在南京地区创办的一所师范学堂,是中国近代最早设立的师范学校之一。学堂由清末两江总督张之洞创建,初名三江师范学堂(1902—1905年),1906年(清光绪三十二年)5月易名两江师范学堂,李瑞清出任监督,专办优级师范。

吕凤子得到消息,心里十分着急。丹阳姜证禅先生正好来南京办事,看见吕凤子垂头丧气,十分惊讶。问明事由,便安慰他一番。姜证禅先生熟知吕凤子,猛地想起,何不去找李瑞清①先生呢?和他好有个商量。姜证禅和李瑞清早就熟识,友情很深,于是他便带着吕凤子赶到学堂面见李瑞清,仔细地谈了吕凤子的情况,然后说:"李监督,凤子是个外圆内方的好孩子,不可有眼不识'凤雏'啊!"李瑞清从主考先生那里找来吕凤子的卷子读着,不但文笔好,字亦写得极有功夫,不禁啧啧赞赏:"唔,独树一帜,没有一点齐梁浮艳之气,颇具汉魏刚健风骨,真有出山虎的气概,我很久没读到这样的好文章了。"于是,又将吕凤子考问了一番,知道他原是一名前清秀才,情不自禁说道:"此人可造!"吕凤子遂被录取。

吕凤子成为图画手工科第一届学员,他入学后果然品学兼优,蔚为翘楚。和他同班的同学有姜丹书、汪采白、凌文渊、李健、吴溉亭等(后来他们分别成为我国著名画家、教育家或理论家)。1909年,吕凤子毕业时成绩优异,各科成绩均列最优等,并成为李瑞清的入室弟子②。次年,吕凤子留校在南京两江附中任教。

汤英峰根据《与太阳的对话》中"吕凤子篇"整理编写。

---

① 李瑞清(1867—1920年)名文洁,字仲麟,号梅庵、梅痴、阿梅,自称梅花庵道人,喜食蟹,自号李百蟹,入民国署清道人。江西省临川县温圳杨溪村(今属进贤县温圳)人。清末民初诗人、教育家、书画家、文物鉴赏家。中国近现代教育的重要奠基人和改革者,中国现代美术教育的先驱,中国现代高等师范教育的开拓者。

② 入室弟子:过去的师父,往往自己收养徒弟,弟子住到师父家里,由师父贴钱教养,把徒弟当成自己家人,这即最初所说的"入室弟子"。古时有言"一日为师,终身为父","师父"两字由此而来,也表明弟子应当将师父等同于父亲一般孝敬。严格来讲,"入室弟子"有别于一般弟子,属于嫡系,是师父比较亲密且亲授的弟子,常常有单独且严格的拜师手续。

不想做官，只想办教育

吕凤子的父亲吕敏生，字丽泉，清末以经营钱庄为业，曾捐巨资支持孙中山从事革命活动，是一位开明、倾向进步的工商业人士。

有一次吕敏生带吕凤子出门，给他十个手指头上戴了十只金戒指，路遇寒士，便叫他脱一只相赠，等到回家，金戒指全部送光，吕敏生的心情却煞是愉快。从小受到同情弱小、扶弱济贫教育的吕凤子，一生淡泊名利，两袖清风。

民国元年(1912年)，当时的丹阳县政府收到总统府秘书室发来的一份电报，要求转交给吕凤子先生，内容是约吕凤子先生到上海去一趟。凤先生收到总统府的电报又惊又喜，踱着方步，反复思量，心里想：我跟总统府素无往来，到底是谁找我呢？思来想去，没有答案，于是就约了同盟会会员，后来的丹阳县副县长韩苏一起去上海。

到了上海，很快找到了打电报的人，受到了对方的热情接待。接待的人看到凤先生和韩苏风尘仆仆，舟车劳顿，就热情地说："你们先在这儿住下来，找你的人还没有到，你们先在上海玩几天，一切费用由我们这里支付。"无奈之下，凤先生只好在上海闲逛了一天。

吕凤子先生当时正在筹办正则女校，事务繁忙，心急如焚，第二天便再三追问接待的人："请问到底是哪一位先生找我啊？"接待的人看到凤先生着急的神色，就问凤先生说："你们家是不是在上海开过德本堂钱庄？店主人吕敏生是不是你父亲？"凤先生淡淡地说："确有此事，可是家父已经过世多年了，上海的店也被我叔叔卖了。"接待的人说："七八年前，同盟会曾收到一笔数目不小的捐款，这笔钱帮助孙中山先生摆脱了当时的困境，中山先生心里老是记挂着这件事情。现在，我们打听到钱是从德本堂钱庄汇出的，也知道你父亲已经过世，中山先生要约你面谈一次，将为你在政府安排合适的工作。你们在这里先玩几天，中山先

正则

生来了就会找你谈的。"

凤先生这才知道原委，不禁肃然起敬，想不到找他的竟然是中国民主革命的先驱孙中山先生，更想不到中山先生竟然要委任他以官职，一时间百感交集。但是感动之余，凤先生深深地明白：自己生性淡然，对仕途没有追求，一生所愿，惟有办学，况且当初父亲捐款给同盟会并不是贪图升官发财，而是为了民族大义，支持孙中山先生的革命主张。想到这里，凤先生就毅然留了一张条子，告诉中山先生："先父所为，是尽到一个中国人的义务，不想谋图报答，更不想封官荫子。至于我，不想做官，只想办教育。中山先生国事浩繁，万勿为我分心。"随即便和韩苏马不停蹄地赶回丹阳，开始了他的办学兴国生涯。

张云霞根据《与太阳的对话》中"吕凤子篇"整理编写。

毁家捐资　一办正则

自1894年中日甲午战争中国失败后，西方列强就对中国这块肥肉垂涎三尺。19世纪末，西方列强掀起了瓜分中国的狂潮。

但此时国内外矛盾日渐尖锐，清王朝风雨飘摇，朝不保夕；改良派分崩离析，溃不成军；而革命大潮则风起云涌，势不可挡。在反封建礼教的思想影响下，亲眼目击了清政府的腐败无能，百姓的愚昧无知，吕凤子经常夜不能寐，他反复地问自己："救国，路在何方？"偌大的一个中国，为什么一直被西方列强欺压蹂躏？靠己一力，能否真正救国救民？腐败的清王朝丧权辱国，而人民又不觉醒，这才是落后挨打的根源啊！看来，只有改变人们的精神，唤醒他们，中国才有希望。于是，吕凤子决定办学救国。

1912年，吕凤子一直奔走于丹阳社会各界，呼吁建立一所女子学校。可要创建一所学校谈何容易。自此，吕凤子走上了一条奔波路。为了建校，吕凤子拿出了自己所有的积蓄，变卖了可以变卖的物品，还向亲朋好友借了许多钱，但与办一所学校需要的费用相比，还相差很多。那几天，他茶不思，食不想，寝难安。

一天晚上，他思考再三，终于鼓起勇气，忐忑不安地走到母亲房门口。他的两手悄悄地架到了门把上，闭上眼睛，深吸了一口气，轻轻地把门推开了，只见母亲正坐在床沿边，全神贯注地看着手中父亲的相片。吕凤子看得出来，母亲的眼神里充满着的是对父亲无限的思念呀！大概是许久没有这仔细地看过母亲了，吕凤子发现母亲的头上又增添了许多白发。

他轻轻地唤了一声"姆妈"，母亲抬起头满脸疑惑地问道："孩子，这么晚过来，找娘有事儿啊？"吕凤子对母亲作了一个揖，缓缓地来到了母亲身边坐下，握起母亲的手说道："姆妈，我——我有事儿找您商量。"

正则

"怎么啦?孩子,什么事儿啊?跟娘说话怎么还吞吞吐吐的?快说。"母亲着急地问。"我想办所女子学校,让女子也能走出家门,接受教育。可是办学需要很大一笔资金,能借的都借了,实在是不够啊,您能帮帮我吗?"母亲沉思了片刻说道:"咱金坛那边还有些地,这样吧,明天,明天一大早你就托人把它给变卖掉,那些钱就拿去建校吧。"先生一听,连忙摇头:"姆妈,那块地可是父亲辛辛苦苦打拼而来,而且我知道您很是看中那块地方的,让我把那儿变卖了,实在是不妥吧!"母亲笑着拍了拍他的手说:"傻孩子,办学一直是你的理想,为了办大事,别说是一处地产,就算让娘砸锅卖铁,那又怎样?我想,要是你父亲还在世的话,他也一定会支持你的……放手去干吧!只是,娘希望你在干事业的同时也一定要照顾好自己呀,你永远都是娘最牵挂的心头肉啊……"话音没落,吕凤子"扑通"一声跪倒在地,紧紧地靠着母亲。

1912年,丹阳第一所女校——正则女校,在丹阳县城中心的白云街诞生了。自家的三间废屋,稍作装修,就做了校舍,分设小学和妇女补习班。屋舍虽旧,但整洁素雅,从此丹阳的女子终于有学可上了!这是一件多么让人欢欣鼓舞的事啊!这一刻吕凤子感觉到肩上的担子很重,很重,但是他依然信心百倍!

正则女校校舍

他反复地思考推敲,给这个学校起了一个名字,叫"正则"。为何取名"正则"?据凤先生弟子朱九皋回忆,1947年秋季,他在一次校庆会上,曾听凤先生亲自解说:"我们的学校是以屈原的名字做校名的。就是要以屈原的精神和形象——他的思想、人品、才能和成就,作为我校师生共同追求的目标。屈子魂就是我正则的校魂。"1915年吕凤子还亲自作词并谱曲了《正则校歌》。"惟生无尽兮,爱无涯。璀璨如花兮,都如霞。畴发其蒙兮,茁其芽。鼓舞欢欣，生趣充塞，正则正如秋月华。美呀！"校歌倾注了先生对正则教育的无限向往，也鼓舞了师生为实现这样一个美好愿景而努力奋斗。

创建一所学校难，发展一所学校更难。

对于先生来说，当时最大的困难就是学生太少，为了使更多的女子接受教育，他亲自奔走于大街小巷，深入百姓家庭，挨家挨户登门劝导，说服了一个又一个家庭。

1925年，正则女校改名为正则女子职业学校。数年之后，学校发生了翻天覆地的变化。正则从女校开始办起，然后到小学、普通师范科、体育师范科、绘绣科、蚕桑科、艺术专修科，形成了完整的艺术教育体系。从幼儿园一直办到大专艺术科的学校，当时在中国也仅此一家，成为民国教育界一道亮丽的风景线。

潘芳翡根据《吕凤子传》中《创办学校》故事整理编写。

正则

正则校歌

唯生无尽兮爱无涯,
璀璨如花兮都如霞,
畴发其蒙兮茁其芽。
鼓舞欢欣,生气充塞,
正则正如秋月华,美呀!
……

那是1915年的一天,丹阳正则女校校园里回荡着美妙歌声。学校的开学典礼在大操场上举行,全校师生在音乐老师的带领下一遍又一遍地唱着吕凤子先生作词并谱曲的《正则校歌》。

凤先生手书的"正则"二字

唱了校歌之后,吕凤子走上讲台,声音低沉,语气顿挫地讲演:"先生们,同学们,正则校歌刚才都唱了,有不少人问我,校歌的含义是什么,好吧,今天我就给大家简单明了的答复。'唯生无尽兮爱无涯'是说宇宙间一切事相都是力的表现,你是力,我也是力。力的表现永远不会完全相同,你是你,我是我,虽父子兄弟也不会一样无异,这么多的不同就叫生,只好说是爱这样生便这样生,所以说生无尽便是爱无穷。生的现象便是爱的表现,穷其变幻,真是美绝,最容易叫人感觉其美的莫如璀璨的花,绚烂的霞,所以说'璀璨如花兮都如霞'。"他环顾了一下鸦雀无声的操场,用右手拂了一下长衫,继续说:"可是我们为私欲蒙蔽,常不能尽其生,穷其爱,竭力变幻,这就有待于教育。我们现在做的事就是启蒙,这样,爱的芽便可滋长,所以说'畴发其蒙兮茁其芽',我们每个同学能够做到尽量发挥各人不同的个性,尽力的生,自会感到生的趣味和幸福,再不会有人间怨恨和悲哀,我们学校也就成为'鼓舞欢欣,生趣充塞'的处所,正如秋月光华照耀人间,你看美不美?所以说'正则正如秋月华,美呀!'我们要热爱学校,才能把学校办好,要热爱学生,才能把学生教好。好,这就算我对大家新学期的赠言。我的话完了。"

顿时,整个操场上的师生情绪激动起来,不知道谁又领头唱起了正则校歌,大家唱,吕凤子也唱起来,歌声在校园上空回荡。

《正则校歌》是吕凤子先生在1915年作词并谱曲的,歌词是他教育理想的结晶,充分体现了他的教育理想和宗旨:

对师生成长的道德关怀——懂大爱,学大爱;

对教师育人职责的要求——以爱育人;

对办学理想的憧憬——爱与和谐。

从此,正则校歌伴随着吕凤子先生办学的足迹,从丹阳到重庆,从重庆到丹阳,从丹阳到苏州……从幼儿园到小学,从小学到中学,从中学到师范……从民国到新中国的成立,正则校歌唱响了正则魂,唱响了凤先生一生办学救国、办学兴国的梦想……

阳芳根据《吕凤子传》中《正则校歌》故事整理编写。

挥毫当剑舞　发奋画一松

吕凤子先生是一位把灵魂融入艺术的艺术家。他早期的作品常将社会时局题材纳入创作范围,具有强烈的现实主义精神。先生认为绘画具有教育功能和社会意义,画家的创作不能脱离所处的时代、生活和当时的政治背景。绘画要"写神致用",是要以画笔为武器,为发扬爱国民主精神而奋斗到底。《古松》就是其中最具代表性的一幅画。

1919年,"五四"运动爆发。北京一些高校的3000多名学生代表冲破军警阻挠,云集天安门,举行示威游行,局势极度紧张。当时,先生在北京女高师任图画科主任。他一直以进步的思想和开放的学术理念教导学生,把对国家对人民对生活的爱融于笔墨中,表现在图画上。而该校校长是前清举人,名叫方还,他思想守旧,迂腐落后。虽然学生们刚入学时都有逃出封建家庭束缚升入高等学校的一番喜悦,但一年住下来,门禁森严的看守,校长严厉的监督,学监日夜的检查,桐城古文的习作,一切的一切,全然不合这些青年的理想和要求,且引起了学生们的极度反感与苦闷。

大家都说:"与其窒息而死,不如吐气而生。"当校方得知学生要游行的消息,立即闭锁校门,欲制止学生参与这次运动。而愤怒的学生一拥而上,冲开校门,直奔天安门而去。他们打出"誓死力争,还我青岛""拒绝在巴黎和会上签字""抵制日货""外争国权,内惩国贼"等口号,举行示威游行。方校长即行通知教职员工召开紧急会议,把学生游行之责归于教美术的吕凤子先生和教国文的陈中凡老师身上。

吕凤子先生是极力反对政府以及学校对进步学生迫害的。看到学生们为了国家的荣辱存亡而尽自己之力在抗争、在救国,校方却处处阻拦迫害进步学生,先生忍无可忍,在校务会上愤然起立道:"五四以来,学界牺牲极大,青年学生为呼醒国民爱国之心,不惜牺牲学术,从事救国运动。我们亦为国民,对此岂有不满、迫害之理!当今社会愈来愈黑暗,少数强人好杀成性,为虎作伥,这样演变下去,恐怕人类会灭绝吧!"说完不满地看着校方领导。陈中凡先生也提议,是否可以派人把学生劝回来。方校长本来就疑心学生活动是他们鼓动的,现在听到他们的发言,看到他们的表现,更加坚信自己的猜想,对他们的提议不予理睬。先生看到校长的反应,立刻很生气地说"道不同不相谋,合则留不合则去",两位老师愤而退席。

回到校舍,先生感到余愤难消,磨了一砚浓墨,铺开画纸,当晚就作《古松》一幅。画中笔墨刚健老辣,松树枝丫肆张,分明是在吐发胸中的块垒。松叶用篆书

1934年　终南松

笔法,敛豪入纸,苍劲古秀,疏落有致,愤然心情,了然可见。最后,先生还为画题诗句:"发奋一画松,挥毫当舞剑。"这就是《古松》这幅画的由来,它是为反对当时北洋政府镇压五四爱国运动而创作的作品,表达了先生对现实的强烈不满。

1938年　逃荒

正则

除了《古松》这幅作品,先生创作的其他中国画,也一如既往地具有强烈的现实成分,保持着对政治和社会时局题材的关注。不管是仕女图、罗汉图等古代传统题材,还是反映现实生活的现代人物画题材,比如难民题材图和农民题材图,都从中寄托自己对现实社会的深切关注。从他的作品中我们能够看到许许多多"全形以用""离形而在"的活跃的生命状态的存在,并有着深厚的文化内涵和人文积淀。先生这种关注社会现实的创作观点,始终贯穿在他每一时期的创作之中。

王文霞根据《吕凤子传》整理编写。

正则绣

江苏省非物质文化遗产——乱针绣,学名"正则绣",这个被称为"绣出来的西洋画"的美术品种从何而来呢?

15岁的吕凤子考中了秀才,人称"江南才子"。岳母知道后非常高兴,特意送来十几幅精美的绣品表示祝贺。吕凤子的岳母可不得了,是丹阳有名的绣娘。绣品中的花鸟虫鱼,色彩鲜艳,栩栩如生。从小接触民间刺绣的吕凤子见了之后由衷喜爱,但又觉得绣品的精致艳丽中缺乏了灵性和神采。

正则绣　凤先生题

刺绣在中国历经数千年,发展出多种针法,但是归根到底,都是有规律地排比其针,密接其线,通称为"比针绣"。任何工艺美术品都有它的材料美、工艺美,同时又受到材料和工艺的限制。历代绣工虽然在平涂的色彩和规矩的形象上不断做着尝试与探索,但都很难真正有所突破。

难道中国刺绣的艺术境界就止步于此了吗?由此,吕凤子心中产生了强烈的创作欲望。吕凤子不仅接受了西方绘画和工艺设计的系统教育,同时成为中国著名书画家李瑞清的入室弟子。学成之后的吕凤子始终不忘年少时心中的追求。他回到家乡后,就从常州女子师范学堂聘请他的学生杨守玉女士到正则女校教授刺绣和绘画,并亲自参与新品种的研究试验。

终于,吕先生大胆地打破传统刺绣的程式,将西洋油画的色彩原理引进中国刺绣工艺,于1921年创出了一个新的美术品种——乱针绣。

天赋异禀、聪慧灵巧的杨守玉女士成为乱针绣的第一位实践者。在吕先生的指导下，杨守玉进行了数年的潜心研试，绣出了一批作品，并于1930年在正则女校举办的美术展览会上展出了《儿童》《少女》《美女与鹅》《老人像》等作品。画面上真实的形象，生动的气息，顿时在校内和丹阳城引起轰动。之后，吕凤子积极致力于乱针绣的推广和宣传，并集资出版了专辑《正则绣》，书中系统总结了传统刺绣和乱针绣的艺术原理。从此，藏在深闺人不识的乱针绣以其别样全新的姿态走向了世界舞台。

 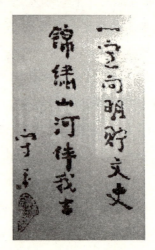

杨守玉像及其书法作品

吕凤子为表彰杨守玉，将绘绣科的教学楼改名为"守玉楼"，并提议将乱针绣命名为"杨绣"。但杨守玉坚决不受，认为自己的成就是在老师的不断指点下取得的，并且经过不断探讨，才于正则学校创造出来，应以吕先生的名字命名。师生几番推让无果，最后终以正则校名命名。从此，世间诞生了一个崭新的美术品种——乱针绣。吕凤子先生在三十年代写了《正则绣》一书，标志着正则绣的确立。书中最后写道："这既不是绣，也不是画，是我们自己创造的美术品，不至于被人笑话吧。"

钱芳根据《吕凤子传》中《正则绣法》故事整理编写。

拒画与赠画

吕凤子认为,"旧社会愈变愈丑恶,又有谁能强人舍美而好丑呢?就因好美恶丑是人们的天性,所以美育才有实施的可能"。这既是他的美育观,也是他的处世观、人生观。他一生爱憎分明,恶丑善美。

1925年11月底,反动军阀孙传芳在南京正式成立"浙、闽、苏、皖、赣"五省联军,自任五省联军总司令兼江苏总司令。孙传芳本身是个大老粗,却要附庸风雅,搜集名人字画,以充斯文。孙传芳手下有位马副官,早年曾向吕凤子索画不得,怀恨在心,发誓要将他收拾服贴。

有一天,孙传芳和马副官路经裱画店,看见店内一幅呼之欲出的仕女图不禁呆了眼,即要购买。店老板满脸挂笑,连连鞠躬:"长官大人,这幅画是顾客来装裱的,小人无权出售,请长官息怒。"

马副官在旁乘机煽风点火:"这幅仕女画是吕凤子画的,司令何不叫他画一幅?""唔,我倒听说过吕凤子善画美人。马副官,你送200块大洋去,叫他画幅漂亮点的美人来。"孙传芳亮着嗓门吩咐道。

马副官驱车赶往丹阳吕宅,得知吕凤子外出不在家,便歪曲事实:"报告司令,吕凤子嫌钱太少,不肯画。别人说吕凤子擅长画仕女,但不易求得。"孙传芳一下子从椅子上蹦起来吼道:"这好办,你拿1000块大洋去,我不怕吕凤子高傲,1000元可以买一个活美人,难道还买不到他一个纸美人吗?"

一肚子坏水的马副官没想到孙传芳如此慷慨,转念一想,我何不叫吕凤子画两幅,自己也顺便捞一幅呢?过了几天,他驱车二度至吕宅,说明来意,出乎他意料的是吕凤子居然一声不吭,将大洋收下了。

两天后,吕凤子把1000大洋退给了孙传芳,并附纸托辞:"为了取悦于个人而画,极不自由,也极不愉快,因此也画不好。大洋璧还,乞恕不恭。孙总司令台鉴,凤子拜!"孙传芳气得七窍生烟,咬得牙齿格格作响,

正则

歇斯底里地骂道："不识抬举的书呆子！"

这就是孙传芳千金求画不得的故事。因为吕凤子不愿与之交往，与之为伍，更不肯屈服于反动军阀的淫威。可是，他却热忱地赠画给毛泽东，祝其健康长寿。

事情的原委是这样的：1940年，吕凤子以正则蜀校最高薪水每月5石米的报酬聘黄齐生为文史教授。黄齐生到正则蜀校后，常去重庆与中共董必武、王若飞（黄齐生外甥）等领导人以及郭沫若、陶行知、黄炎培等民主进步人士接触，把所闻知的南北抗战形势和民主团结运动的新消息、新思想向终年不出校门的凤先生转述，并说要对延安的抗日有所慰问。

凤先生听了很感动："我也在考虑这件事。黄先生，你说用什么慰问好呢？""送点书画如何？"黄齐生提议。"好啊，叫仲谋弟（谢孝思）筹集一下。我也绘几张画聊表心意。"吕凤子说着便作起画来。

于是，由谢孝思征集正则师生书画数百幅汇齐，由黄齐生交重庆八路军办事处，并转交王若飞去延安分赠。广大师生通过参加这个活动，加深了对共产党和毛泽东的认识和感情。

吕凤子亲画罗汉一尊，题《寿者像》赠毛泽东，意谓祝其健康长寿。1944年年底，黄齐生携画赴延安，同行者有其老伴及侄孙黄晓庄、黄晓芬兄妹和正则学生汪承绪等。

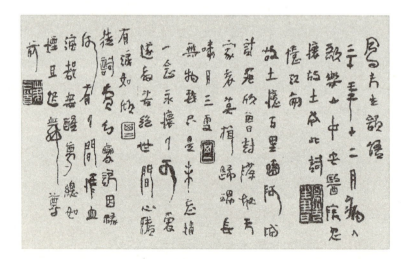

吕凤子书法

黄齐生一行抵达延安后,毛泽东亲自来到黄齐生的住处看望他们。"黄先生,欢迎你来延安。"毛泽东握着黄齐生的手,笑容满面。"毛主席,我给你带来了礼物。"黄齐生一边热情地招呼毛主席入座,一边拿出了吕凤子的作品《寿者像》。"这幅《寿者像》是正则艺专校长吕凤子送给你的。"毛泽东展开画幅,称赞不已:"这尊罗汉神气昂然,刚健婀娜,真是神来之笔。"

　　随后,黄齐生又简要地向毛泽东介绍了吕凤子先生的情况和他在璧山办学的经过。毛泽东仔细地听着,时而点头赞许:"哦,吕凤子先生矢志办学,精神可嘉!他把眼光已投向了抗战胜利之后。是的,整个民族的文化素质提高,需要教育。黄先生,你替我转达问候,我还要叫志熊写一信向吕先生致谢。"两人谈了很久很久。

　　1946年3月,黄齐生返重庆,立即赶到璧山艺专探望吕凤子。两位先生久别重逢,备感亲切。黄齐生拿出一条延安毛毯,交给吕凤子:"凤先生,这是毛主席托我带来送给您的。毛主席对您的画极为赞赏。"吕凤子用手轻轻地抚摸着毛毯,动情地说:"受此厚礼,非常感谢!请黄先生再去延安时代我致谢毛主席。"之后,吕凤子一直把毛毯视为珍宝,不舍得使用。

印琼根据《吕凤子传》中《千金美人》故事整理编写。

正则

指点徐悲鸿

吕凤子先生不愿追求成名成家,却指点了一些成名的大师画家,徐悲鸿就是其中之一。

时光追溯到1912年,丹阳画家吕凤子在上海创办了"神州美学院",这是中国最早的一所美术专科学校。恰巧,当时17岁的徐悲鸿只身在上海滩闯荡。也就是在这一年,经友人的介绍,徐悲鸿结识了吕凤子。吕凤子早年致力于西洋画,精通水彩、油画、素描。徐悲鸿一心想跟着先生学习西画。听说徐悲鸿想学西画,吕凤子对他说:"你想学西画?那好啊,不过你要先学好素描,打下基础。"徐悲鸿当即表明了自己学好西画的决心,表示自己以后要像先生一样报效祖国。听了徐悲鸿的话,先生免费授艺,教徐悲鸿素描。先生比徐悲鸿大9岁,徐悲鸿则尊称先生为老师。

徐悲鸿19岁时父亲病故,家境越来越困难,徐悲鸿害怕自己会失去学习的机会,迷失方向,不知道怎么办才好。吕先生看徐悲鸿是这样努力的一个孩子,和友人一齐慷慨资助,并鼓励他振作起来,一定要努力实现自己的梦想。这使得徐悲鸿又有了信心。

1919年春,徐悲鸿远赴巴黎留学,八年后于1927年回到祖国。吕凤子爱才如玉,推荐他到国立中央大学艺术系任教授。那时"中大"艺术系分中国画、西洋画两个组。国画组由吕凤子及其大弟子张书旗和汪采白、陈之佛、蒋兆和授课,西画组由徐悲鸿、潘玉良执掌教鞭。当时,西洋组不少学生选修吕凤子的课程,这给了徐悲鸿一个启迪:"我的中国画水平不及西洋画,何不趁与凤子先生同事的机会向他学习水墨画和书法,以求绘画艺术的全面发展。"

徐悲鸿拜师心切,谦恭地对吕凤子说:"以前您教过我素描,现在我还要再向您学中国画。"吕凤子抱拳答曰:"你是西画大师,我怎敢收你为弟子?"徐悲鸿诚恳说道:"中国有句古语:'三人行必有吾师。'能者为师,不必推辞。"吕凤子执意不肯称师,徐悲鸿转了个弯说:"那就做个亦师亦友的同道吧!"吕凤子欣然应允。此后每逢散课,吕凤子就给徐悲鸿讲授中国画的精髓与技法,有时还挥毫泼墨作示范。徐悲鸿的中国画画艺大进,他笔下的奔马、人物、翎毛、花卉都受到吕凤子用笔的影响。

然而,这两位大师在亦师亦友的同时,还有一些小插曲。一天,"中大"西画组一学生问吕凤子:"凤先生,听人说徐悲鸿老师是拜在您的门下,您真是了不起啊!"吕凤子连连摆手:"说'及门'可以,说'门下'实在不敢当!"这个学生不肯罢休,吕凤子笑道:"我们做老师的好比育婴室里的奶妈,要吃奶时找到我们,等长大了,就都离开了。所以,认我作老师可以,不认我这个老师也可以。青出于蓝而胜于蓝,这是常有的事。"

徐悲鸿与吕凤子两人性格迥异,某些艺术见解亦相距甚远。徐悲鸿曾私下对人说:"一山难容两虎。"有人将这话传给吕凤子听时,又添油加醋,想挑拨是非。吕凤子听了若有所思地说:"悲鸿先生说这话,也没什么恶意。我们的艺术教育场所应该成为人间爱的源泉,不应成为酝酿人间怨毒的场所。"说得挑唆者面红耳赤。徐悲鸿在先生的宽容、大度面前深感惭愧,内心又增添了几分对先生的敬意。

一天,徐悲鸿讲完课,特地找到吕凤子说:"不久将在法国巴黎举行世界博览会美术展览,凤先生您该寄点作品试试。"凤先生谦虚地说:"不行,不行,水平还达不到世界展呢!"徐悲鸿笑道:"您承历世之传说,开当代之新风,三百年来第一人,非先生您莫属!"吕凤子连忙插话:"三百年来第一人之说实在不妥,不妥!清代乾隆年间的'扬州八怪'还没超过二百年哩。我岂敢忝列其前?"说不服吕凤子,徐悲鸿便瞒着他,悄悄地把"中大"教师休息室内《庐山之云》卸下,寄往巴黎,代吕凤子报名参加。《庐山之云》在巴黎世界博览会美展展出,十个国家的大画家参加评奖,一致投票评定《庐山之云》中国画一等奖。"门生为老师当伯乐"的故事因此在本校艺术系久久流传。

投之以木桃,报之以琼瑶。凤先生在作画和做人上一直影响着徐悲鸿,徐悲鸿与凤先生的师生情谊也在艺术界传为佳话。

徐垒、宋丽萍根据《与太阳的对话》中《与徐悲鸿亦师亦友》故事整理编写。

学校就是你的家

1912年，吕凤子先生捐献家产，创办了丹阳正则女校。到正则女校来求学的学生大多数来自社会底层的贫困家庭，不少都交不起学费，但凤先生爱惜人才，对一些品学兼优的贫困学生予以很大的帮助。

1935年秋季，当时有一个叫张云的学生，小学毕业后，因为家里很穷，妈妈不想让她上学。但她非常想上正则女校，哭着跪在妈妈面前苦苦哀求。妈妈只好出门借钱，好不容易凑齐一学期的费用17元。第二学期，妈妈再也拿不出钱了，她也很懂事，也明白妈妈的难处，也就没有再哀求妈妈。2月5日，又到了开学的日子。临近傍晚，同学们都放学回家了，小张云来到学校门外，想看看熟悉而又热爱的校园。

天渐渐黑了，吕校长一脸疲惫，夹着公文包，匆匆走出校门。

凤先生和学生的合照

这时,他注意到了趴在围墙栅栏边的张云,觉得很奇怪,忙走上去,轻轻地问:"天色已晚,你怎么还不回家呢?"小张云一看是吕校长,一时不知道该怎么办,就把头低了下去。"有心事吗?跟我说说。"听着这么亲切的话,小张云有很多话要说,但又不知怎么说,好不容易从牙缝里迸出一句话:"吕校长,我不能来上学了。""为什么?"吕校长一听,急了。"交不起学费。""那你想上吗?""想,非常想,做梦都想。只是……"小张云说不下去了,眼泪也流了下来。吕校长拍拍她的肩:"不要难过,告诉我,最想学什么?""学养蚕,我喜欢养蚕,我想学更多的本领,长大后教别人养蚕,让他们都过上好日子。"说到自己的喜好,小张云似乎有说不完的话。一旁的吕校长听了,会心地笑了,对她竖起了大拇指:"不错,没想到你小小年纪,竟有这么远大的志向。真是难得!这样吧,明天就来学校报名,学校减免你的费用。"小张云一听,有点不敢相信。"真的?""放心,一定是真的。"她一听,擦擦眼泪笑了,朝吕校长深深地鞠了一躬,连"谢"字都忘了说,就兴奋地跑了。

第二天,妈妈带着女儿张云找到吕校长,拉着他的手千恩万谢。吕校长抚了抚衣袖,说道:"这孩子挺有抱负,好好培养,是可造之材!"转身又对张云说:"孩子,家里有困难,学校一定不会袖手旁观。张云,记住,学校就是你的家啊!"这以后,小张云俨然成了吕校长的女儿,天冷了,吕校长送来温暖的被子;天热了,吕校长送来自己都舍不得垫的凉席;生病了,吕校长亲自掏钱给她看病、买药。有了吕校长的关心,小张云学习的劲头更足了。

一晃70多年过去了,当年的小张云,早已改名为朱竹雯。当年的小姑娘也成了满头银发的老奶奶,成了一位远近闻名的"养蚕能手"。但她仍不忘吕校长当年对她的谆谆教导和无微不至的关心。

在吕校长眼中,学校永远是孩子们的家,他关心每一个孩子的成长,尤其是家境贫寒的孩子,更是倾其所有帮助他们,他希望每个孩子都能学有所成,将来为社会多做贡献。在孩子们的眼中,他是严厉的校长,更是慈祥的父亲。走过春风秋雨,历经世纪沧桑,正则几经变迁,数度重建,数不清的女子在这儿改变了命运,数不清的人才从这儿走向四方。

正则

吕凤子把他一生的爱都奉献给了孩子和学校。正因为有真爱的投入,所以能"畴发其蒙兮茁其芽";因为有博爱的胸襟,所以"鼓舞欢欣,生趣充塞";更因为"生无尽,爱无涯",所以"璀璨如花兮都如霞""正则正如秋月华,美呀"!

秦曼村根据《丹阳日报》中《吕凤子轶事》整理编写。

此情唯有落花知

吕凤子的人物画和山水画都很精致，尤其是他的仕女人物，以古朴的笔墨与秀逸的情趣堪称古今独步，但是他对仕女画却不轻易落笔。

吕先生拒为直系大军阀孙传芳画画所表现出的"威武不能屈，富贵不能淫"的骨气使学生屈义林①对凤先生特别崇拜，于是他暗下决心：一定要求得凤先生的一张仕女画。当时屈义林在中大艺术科西画组学习，与徐悲鸿、潘玉良两位老师比较熟悉，也学习了凤先生的中国画史。凭这一点相识，他鼓起勇气，向凤先生求一张仕女画（课堂是一律不许求画的）。凤先生问了他几句，便微笑着接受了。但是，当屈义林欣赏凤先生给他的画幅时，却发现不是仕女，而是一个中年人，穿着古装，站在高高的悬崖上，眺望茫茫远空。屈义林失望了！但是同学们却争着来看这张画，他干脆就把这幅画挂在书桌旁边。时间久了，他居然渐渐喜欢上这张画了。因为，这张画令他想起了唐代诗人陈子昂的诗句"念天地之悠悠，独怆然而涕下"，他如获至宝而将其收藏。

屈义林还想再向凤先生求仕女图。1934年夏天刚到，临近毕业，屈义林特别装订了一本精美的大幅册页，请凤先生在首页上画上仕女作为纪念。屈义林心想，这回凤先生能够画上仕女画了吧。然而凤先生却画了一个老和尚，面对着一棵老松树。屈义林失望之余，品味着这幅画精炼的笔墨与深远的意境，心想：老师是教导我像高僧一样勤修苦练吧！

---

① 屈义林，1930年毕业于国立成都高师国文部，后入上海美术专科学院钻研绘画。1931年考入南京国立中央大学艺术系三年级西画组，兼修中国画。1934年毕业于艺术系，并受益于徐悲鸿、张大千、蒋兆和诸大师，被徐悲鸿先生称为最得意的两位川籍学生之一，并被悲鸿先生誉为"秀才"。1934年在中央大学创办"黑白画社"，同时主办《时事论坛》，主编《中国日报》国画周刊。抗战时期，曾于成都私立萌唐中学讲授第二班的国文课和中华女中高班的图画课。1945年后历任西南美术专科学校（四川美术学院前身）、重华学院、四川省立教育学院（西南大学）和国立重庆女子师范学院等学校的副教授、教授，重庆民众教育馆馆长。新中国成立后，创办"南州艺院"。1951年任教于鞍山师范学校。1962年返回四川工作。2004年8月31日去世，终年96岁。

1939年　天涯芳草无归路

以后，凭着这本画册，屈义林向许多师友求画，并且都得到了他们的匠心之作。如徐悲鸿先生的《金银眼黑白花猫》、张书旂先生的《菊花小鸡》、赵少昂先生的《风雨鹁鸪》和《秋蝉》、关山月先生的《雪林飞骑》、张大千先生的《青城丈峰》、黄君璧先生的《峨眉金顶》、雷圭无先生的《藏女黑狗》、庞薰琹先生的《两苗女》、费成武先生的《群儿》……绘画风格气象万千，但都格外精彩。这本画册，成了屈义林随身携带、经常展示的珍品。

1937年，日本军侵入丹阳后，凤先生为了躲避灾难来到四川。第二年的秋天，凤先生在四川璧山准备创办正则蜀校。为了准备好建校基金，凤先生在1940年5月到成都举办个人画展。屈义林再次见到他时，感触最深的是凤先生的白发变多，面容更加衰老，因为国家的灾难与创业的艰苦双双压在老人的心上。很巧，当时中央大学的校长罗家伦先生路过成都，听说凤先生办学校很不容易，便开出了一张支票，要屈义林把支票交给凤老先生，并且说："只要一幅画，请你代替我选择吧！"屈义林把事情经过向凤先生说明后，凤先生让屈义林随便选择。屈义林只选择了两幅：一幅交给罗先生，一幅就是自己留下的《此情唯有落花知》。凤先生在这画上加题屈义林的名字，还很风趣地对他说："你要了多年的美人，这回应该到你那里去了！"

凤先生回璧山前，屈义林赠他一首诗："白发忧家国，乡心系蜀吴。广文无价笔，月夜璧山孤。"此后，璧山的朋友就发现凤先生办公室的墙壁上挂着这首诗。一幅画，一首诗，见证了两位大师之间的惺惺相惜和亦师亦友的知己之情。

张蓓蕾根据《与太阳的对话》中《三求仕女图》故事整理编写。

爱国爱民

1937年7月7日,日本帝国主义发动了全面侵华战争,丹阳的爱国青年纷纷参加救亡团体。他们手执三角小旗,唱着救亡歌曲,高呼口号,上街宣传,并演出了街头剧《放下你的鞭子》。往日死气沉沉的丹阳城一下子沸腾起来。

过了一个多月,战火蔓延到了沪宁铁路沿线,伤兵陆续向丹阳运来。丹阳的医院很小,待遇极差。救亡团体立即开始募捐,募集棉被、棉衣,慰问伤兵,并为伤兵洗血衣,送茶水。他们从伤兵的口中得知了前线将士壮烈抗敌等实情,于是走上街头宣传。当地的国民党县党部和政府,害怕群众运动,竟悍然下令解散救亡团体,更激起了爱国青年的强烈义愤。

9月1日,学校开学了。他们坚决要求半天上课,半天参加救亡活动。当局给学校施加压力,强迫吕凤子校长不准学生参加救亡活动。学校通知参加救亡活动的学生去开会。学生们揣测着,不知会发生什么事情。有位同学说:"免费生不要去参加开会,去了学校会压制你们的。我们不怕,我们要顶住任何压迫。"

时间不长,开会的同学回来了,笑着说:"吕校长的办法好,叫我们不要戴校徽去参加救亡活动,谅解学校的难处。"正说着,吕校长派人叫朱竹雯①去个别谈话,同学们担心地说:"你要当心,不要屈服。"朱竹雯点了点头,快步走向校长室。

正则

吕校长慢条斯理地问朱竹雯说:"你有没有参加青年救亡团的工作?"她理直气壮地回答说:"参加了!"吕校长露出慈祥的笑容,点了点头,深沉地说:"国家民族已危在旦夕,参加救亡活动不是坏事,只是政

---

① 朱竹雯,管文蔚夫人,中共党员、新四军老战士,原江苏省丝绸总公司顾问。

府压迫学校不准学生去参加。希望你们不要佩挂校徽出去,下课后把校徽放在课桌里,临走时互相提醒一下,好吗?"朱竹雯能理解吕校长的难处,答应了。吕校长是爱国的,他那样做实际上是对学生们爱国救亡活动的支持。他为了不让当局无理封闭学校,让学生们采取合法斗争的办法,用心良苦。从此,吕校长更成为学生们尊敬的老师。

11月初,日军无情地向丹阳县城逼近。学校紧急通知全体师生开会。吕校长心情十分沉重地宣布:丹阳即将沦陷,从明日起,学校停课。有条件的老师、同学迅速向后方转移;没有条件的,也要准备离开县城,到乡下避难。不论是到哪里,都切不能坐当亡国奴,要参加抗日活动。整个礼堂站着300多人,鸦雀无声,聆听着吕校长的讲话,有的人忍不住哭泣起来。会后,大家依依不舍地离开了学校,耳边还久久地回响着吕校长勉励大家积极参加抗战,绝不能当亡国奴的教诲。

傅玉兰根据《丹阳日报》中《吕凤子轶事》整理编写。

教子有方

凉风送爽,皓月当空。在这样宁静的夜晚,吕凤子先生身穿长衫,带领着家人打起了太极,已经发福的妻子动作滑稽笨拙,引得孩子们笑得东倒西歪,这就是凤先生一家闲暇时间的幸福生活。孩子们感受着凤先生的慈父情怀,沉浸在父母关爱的幸福之中。在凤先生身上,慈父与严师并存。他爱孩子不是毫无原则的,孩子们十几岁时,就被送到远离父母的地方去读书,即便是对女孩子也不会特别溺爱。

吕凤子和他的孩子

女儿无咎从小就喜欢画画,很想长大也像父亲一样成为一名画家。一次在凤先生作画时,无咎积极地帮着磨墨,看他作画。吕凤子一面作画,一面对女儿说:"你书读得多了,学校也进了,但想做一个真正的好画家,可不是一件容易的事,一定要有耐心和毅力,要多读、多看、多写。要读得透,看得透,写得如自己的意。作画要有创造意志,观察体会领悟周围的事物,对大自然也要随时去实地写生。要用自己的感触来作画。做一个画家,要懂得自尊、自重和自信,才能跳出前人的样本,学而善变,切忌墨守成规，一成不变地去抄袭。"凤先生对待孩子的学业是这样，在生活中，他也总是以身作则、身体力行地为孩子们做出榜样。1937年12月，丹阳沦陷，动乱之中，正则女校无法正常教学，凤先生决定前往重庆，择地再办正则。12月14日凌晨，凤先生带领妻子、女儿无咎、小儿子去疾和学校中的部分老师，夹在溃退下来的军队和逃难同胞的行列中徒步西行。一路上众人缺吃少穿、挨饿受冻，不少人萌生退意，但凤先生再办正则的决心毫不动摇。他不时心平气和地安慰老的，鼓励小的。凤先生的坚定给了大家继续前行的勇气。一行人刚到安徽就遇到敌机轰炸，当贴着"红膏药"的敌机在头顶上呼啸盘旋投掷炸弹时，凤先生张开双臂，用自己的身体掩护着伏在地上的儿女们。无咎躺在父亲坚实的怀抱里，感受着父亲传递过来的温暖，只觉得喉间哽咽，心头窒息，伟大的父爱让她热泪盈眶。

为防大家走散后没有钱买东西吃，凤先生请妻子在每个人的衣领、鞋底、腰带等等，只要是能想到的地方都用针线缝了些钱。一路跌跌撞撞，好不容易走到了河边，已经是暮色茫茫，寒气砭人肌骨。凤先生拖着疲惫的身躯四处寻找船只，磨破了嘴皮，说尽了好话，终于雇来了三只拉粪的木船。安顿好众人，已经年过半百的凤先生却还是停不下来，时不时地走上岸，和年轻人一起挽绳背纤。父亲的举动孩子们都看在了眼里。在过芜湖赴九江的途中，一天深夜，小船遭遇了堵截，许多荷枪实弹的士兵呼喝着跨上他们的小船，在小小的船身里到处翻查，并命令大家全部接受搜身。眼看士兵们凶神恶煞的样子，凤先生用眼色制止了年轻教师流露出来的冲动，淡定地站在船头，高举马灯，嘱咐大家小心经过跳板。父亲的沉着冷静深深地感染了无咎，当士兵们就要搜到她和弟弟的时候，无咎鼓起勇气，高声说道："你们不要为难我弟弟，他还小，要搜就搜我吧！"说完就将脚上的鞋子踢了过去，还解开了身上的衣裳。一旁的凤先生心头一紧，握紧双拳，随时准备挺身而出解救孩子们。好在士兵只是草草地搜索了一下，没搜出任何东西，凤先生才长长地舒了一口气。兵痞们将一行人洗劫一空后扬长而去。凤先生赶紧检查大家有没有受伤。看着空荡荡的小船,大家沮丧地围坐在一起,沉默不语,空气显得格外凝重,就连小船也像被冻住了一样不再摇晃。凤先生心里也是异常焦急,但脸上仍然露着笑容,语气坚定地安慰大家:"大家不要着急,一定会有办法的!"这时,无咎大声说道:"父亲,我和弟弟身上藏的钱都还在呢!"一时间,所有暗淡的目光都亮了起来,希望之火重新燃起!是凤先生的关爱与鼓励,培养了无咎的爱心和勇气;是凤先生的沉着与坚定,激发了无咎的机智和勇敢。凤先生的一言一行就是最好的教育方法,他的榜样的力量,伟大而坚强!

陈迎根据《吕凤子传》中《慈父严师》故事整理编写。

不要动我的书

1937年丹阳沦陷后，吕凤子无奈之下，携带家眷及部分教师，历尽千辛万苦，逃难至四川到达重庆，准备继续办学。在逃难途中，凤先生所带的简单家当唯有几箱书籍得以保存。这些书跟着他跋山涉水、历经艰险。在爱书如命的凤先生心中，它们贵如珍宝。

当璧山中学校长钟芳铭得知凤先生要继续办学时，积极欢迎并协助他在城内租赁天上宫为校址，又在距离县城东郊两百米远的陈家大院里租了一些房子，作为大家的宿舍。凤先生看着不大的院落，尽管条件差强人意，但也收拾得干净利落。他感慨道："我的那些书终于有地方安放了！"

对于四川当地人来说，凡是外来人口均是下江人。而璧山地处偏僻地带，土地贫瘠，老百姓生活十分艰难，当地人都认为逃难来的下江人身边总是有钱的。果不其然，凤先生一家刚住下来，就被人盯上了。在那个地方能见到太阳是件很奢侈的事。有一天出太阳了，凤先生的妻子急忙把床上的棉胎捧到室外去晒，但是只有一盏茶的功夫，两条棉胎就不翼而飞了。凤先生一家四处寻找，始终找不到，询问房东，房东摊开手摇摇头说："这里的地方歹徒非常猖獗，像这样的小失窃现象经常有，你们就别指望能找到了。"凤先生听了，打趣地说："他们对书籍应该不感兴趣吧！"

打那以后，凤先生一家就非常注意了，白天晾晒衣物一定会有人看守。但是让他们没想到的是丢棉胎还只是个引子，几天之后发生的事情差点危及他们的生命。

那日深夜，月黑星稀，四周静谧，偶尔传出几声狗吠。凤先生的妻儿都已进入梦乡，凤先生忙完了公务也刚刚入睡。就在这时，陈家大院闯进了二十几个蒙面歹徒，他们手持利刃，见房就进，见物就抢，翻箱倒柜，到处狼藉一片。凤先生在屋内听到动静,翻身坐起,大声问道:"是谁?"歹徒们听了,立即踹开房门一拥而入,几个壮汉冲向凤先生,不由分说,把还没来得及穿鞋子的凤先生捆绑了起来,并用尖刀对准了他的咽喉。其他歹徒在屋内一阵乱翻,把仅有的财物掳掠一空。歹徒们在屋中实在翻不出什么值钱的东西,泄愤似的把凤先生的书籍扔得到处都是。这些书可都是凤先生的珍宝啊,竟然被歹徒们如此糟蹋,凤先生心疼万分,怎奈他双手被缚,只有不停地跺着脚大声喊道:"不要动我的书,不要动我的书,其他的东西你们都拿走吧!"歹徒们见他如此坚强,竟然迁怒于他,不由分说押着凤先生夺门而出,不分东南西北,只往后山逃去。

凤先生赤着脚,深一脚浅一脚地被歹徒们拖拽着前行,心中不免慨叹:"难道我吕凤子今日就要命亡于此?可惜我的学校刚刚成立,我的教育救国梦就要断送在这批歹徒手中了。"转而又想:"不行,我不能这么悲观,歹徒只是抢钱物,不一定会要了我的命,等停顿下来,我一定要晓之以理动之以情,说服他们放了我。"

思忖间,突然听到了枪声,原来是房东家鸣枪报了警,城内驻军也开始鸣枪示警。一时间人喧狗叫,呼儿唤女,家家户户灯火通明,检查有无钱物失窃。驻军和一些年轻力壮的小伙子们,高举着火把,一路追赶过来。凤先生夹在歹徒中间,双手被缚,后背顶着尖刀,一路被推搡着前行,言语不得。跟跟跄跄走出去两百多米的时候,只见后面火光一片,喧嚷之声越来越近,眼看驻军就要把歹徒们包围了。歹徒见状,丢下凤先生携带钱物落荒而逃,凤先生这才幸免于难。

混乱中,凤先生听到有人呼唤自己的名字,原来家人发现凤先生被掳,焦急万分,跟着驻军后面也追赶了过来。家人好不容易找到了凤先生,帮他松了绑。此时,凤先生被绑了半夜,双手麻木得快失去知觉,由于赤着双脚,脚底也被石子瓦砾割出许多口子,鲜血直流。家人见状,心疼得眼泪直淌,不停地检查他身上还有没有其他地方受伤。凤先生顾不得疼痛,急切地问:"我的书都还在吧?"在得到家人肯定的答复后,凤先生淡定了许多,心中想着"终于又能继续去做自己事情了",一边揉着手安慰家人:"没事没事,大难不死,也算是我的福气。"他转眼看着远去的歹徒，仰天哀叹道："没有国，哪有家？国破家亡，此恨难消！有些人不参加抗战，却乘人之危抢劫，令人痛恨啊！"教育救国的思想在他心中日益炽烈！

此后，凤先生把家搬到了江津城里，他的藏书也越来越多，这些书对学生是开放的，对志同道合的朋友是开放的。在他的心里，希望再也不用说"不要动我的书"这句话！

韦云华根据《吕凤子传》整理编写。

流亡璧山　二办正则

在重庆璧山县城的文庙里供奉着两位大师级的人物,一位是伟大的教育家孔子,还有一位是近代著名画家、教育家吕凤子先生。

四川璧山正则校舍

令人震撼的是,什么力量让璧山人如此礼遇吕凤子先生?璧山人又为什么将吕凤子先生尊为"圣人"呢?

1937年,日寇攻陷丹阳。凤先生在悲愤中上完最后一课,率领师生和家属向四川撤退。一路上,日出蹒跚而行,日没席地而歇,觅得民间三条粪船,逆流而上。某夜泊九江途中,财物被乱兵洗劫一空,幸亏到汉口得到亲友和抗日团体的救济,才得以过宜昌到重庆。

时任重庆璧山中学校长钟芳铭,经友人介绍认识了凤先生,就邀请凤先生暂去璧山任教。"非常感谢芳铭兄抬爱!不过,我还是想继续办我的正则学校。"吕凤子先生说。当钟芳铭得知凤先生要继续办学时,连连称道:"欢迎,欢迎!"并协助凤先生在璧山城内租赁天上宫为校址。

正则

安顿下来之后,凤先生以数十幅正则绣和《出污泥而不染》《拜石图》《庐山云》《维摩诘》《凤先生仕女画册》等名画办画展的收入,以及学界人士鼎力支持的千余元和为罗斯福总统画像所得的2000元美金为办学经费,终于于1938年春在璧山县城天上宫办起了学校,校名为"私立江苏正则职业学校蜀校",简称"正则蜀校"。学校分设职校和中学部。职校设初级桑蚕科、农科、高级建筑科,还兼办了江苏省旅川临时中学璧山分校。之后,凤先生又拟将职校专科部扩大为正则艺术专科学校,这一构想得到陈雪樵①的赞助和当时县征收处主任伍朝杰的支持。经县长彭心明的同意,划出县城南门外文风桥一带约10余亩公地新建校舍。

1942年6月,经教育部批准立案,正式成立正则艺术专科学校,吕凤子出任校长。此时,文风桥和天上宫均成为正则艺专的校舍。艺专设立三年制、五年制绘绣专科和三年制、二年制绘画劳作师范专科及"正则绣"专修科。"正则绣"这一美术作品从此传入四川。在璧山办学九年多,在校学生不断增加,最多时达千余人。1945年,在陈雪樵的帮助下,又以数倍公地交换了10亩私田扩校。

正则艺专在璧山经过九年多的苦心经营,自建教学用房146间,加上原有校舍共223间。除教室、宿舍外,还有美术馆、图书室、大礼堂和音乐、劳作专用教室以及土工室、石膏工和铸石室、运动场等。学校依山傍水,教学环境优美:门前清溪流水,是一个绝妙的游泳池;校后丛林高坡,棘草树木,深邃幽静;校内绿树成荫,掩映着画室、教室,花草飘香,清新雅致,人行其间,如在画中;还有文风桥、文峰塔等景物装点,一时成了璧山风景胜地。特别是新落成的"凤先生美术馆",依山而建,楼高三层,所有窗格子皆为"凤"字图案,十分协调。一楼为素描、油画教室。二楼为名画陈列厅,悬有李瑞清、曾农髯、康有为、胡小石、肖屋泉、黄宾虹、张大千、王梦白、潘天寿、徐悲鸿、张书旂等当代名家的书画,以及吴作人、常书鸿、吕斯百、李剑晨、李超士、胡善余等的油画作品,洋洋大观,美不胜收。三楼为图书室,陈列着中外书刊画册。

正则蜀校以博大的爱心,培养犹如"秋月之华"的一代新人。在璧山期间,毕业学生三年制绘画劳作科1个班,师范专修科1个班,二年制劳作师资培训班5个,一年制美术、工艺、家事训练班5个,劳作师范三年制预备班4个,三年制初级农科班5个等,约26个班700余人。

正则蜀校(包括艺专)自开办以来,经费以自筹为主。创办第一年,学校只能供给教职员工饭费,不支薪金。之后,月俸也仅是公立学校的

---

① 陈雪樵,祖籍福建,修筑成渝公路璧山段提调(总指挥)。

一半。之所以能艰苦创业，主要得力于凤先生以身作则。1940年，吕凤子为筹集艺专扩建经费，欣然应张澜之约，前往成都办画展，因劳累过度昏厥街头。凤先生如此含辛茹苦，带动了全校教师体察时艰，乐于清苦，矢志不渝。中央大学艺术系的一批门生的资助，给艰难办学中的凤先生很大的力量和支持。

在璧山艰苦生活、兴学的九年，先生以"人生制作即艺术制作"为座右铭，在艺术教育上取得了巨大的成就，门人遍及海内外。他淡泊名利、刚正不阿、爱民恤贫、爱生如子，崇高的人格深得人们的敬仰。学校迁回江苏丹阳时，他不仅将223间校舍及其他全部校产无偿捐赠给璧山，而且临走时还将全部门窗、桌凳油漆一新。可谓九载创业耕耘苦，四千景仰桃李芳，梧桐树下遗足迹，文风桥畔留墨香。

在璧山的九年，也是凤先生艺术创作达到巅峰的时期。美术界公认的最能体现吕凤子佛教人物造像"风神超胜，骨气毕现"的代表作——《四阿罗汉》就作于璧山，为书法界所称道的杂糅真篆隶草四体而百炼钢成绕指柔的"凤体"书法也最终定型于璧山，奠定了他在中国美术、书法史上一代宗师和艺术巨匠的地位。吕凤子先生情怀巴渝，育才无数，他杰出的人品、画品和崇高的人格风范及对"第二故乡"的厚意深情，是璧山人永远珍视的宝贵精神财富，令璧山人民永志难忘。

吴益斐根据《吕凤子研究》有关内容整理编写。

正则

堪笑书生心胆怯

1937年12月，丹阳沦陷时，吕凤子带着妻子儿女和韩笔海、杨守玉等几位与学校共存亡的教师徒步西行。1938年，凤先生在四川璧山创办了正则蜀校。

1938年10月的一天，吕凤子正和韩笔海商量校务。谈着谈着，两人转移了话题，谈到了当下的时局，吕凤子激愤地说："若论现在的时势，和南宋太相似了，国民政府为何不积极抗战？为何生活在蜀中一隅就心安呢？照此下去我们何时才能回到丹阳老家啊？唉……'遗民泪尽倭寇手，北望王师又一年！'可恨！可恨！""清谈客①甘做牛马奴隶，这样下去莫说二三年，只怕十来年也赶不走东洋人！"韩笔海脸色阴沉。

吕凤子没有吭声，忧心忡忡，以手抚额，支于案头沉思。尔后，他开口道："我倒想借用南宋后期爱国文人刘克庄《贺新郎·北望神州路》②的词意来表达'多少新亭挥泪客，谁梦中原块土？'的感慨！"

韩笔海接口道："那何不现在就画？"说着就裁了张宣纸，铺在画桌上。吕凤子凝视素纸片刻，用笔杆一头在纸上划了一下，就作画《堪笑书生心胆怯》。以极其简练的笔墨画一老人昂立石崖上，浓墨圆点点睛，老人睁大眼睛凝视远眺的神情跃然纸上。衣纹用砍笔淡墨描写，一皱③一折苍劲有力，一波一润传神透雅，近似南宋梁楷的"减笔描"。画山崖的笔法似乱不乱，气势纵横，左下几笔劲秀的松针，加强了全画构图的变化和节奏。把人物处理在高山之巅，背景留出一片空白，工写结合。画的上方题写刘克庄《贺新郎·北望神州路》的下半阕："两淮萧瑟惟狐兔，

---

① 清谈客：原指魏晋时期一些士大夫不务实际，空谈哲理，后世泛指不切实际的谈论者。

② 《贺新郎·北望神州路》：刘克庄这首词不仅是勉友，更抒发自己延纳俊杰、收复河山的热切愿望，写得酣畅乐观，富有豪情壮志。

③ 皴（cūn）法：中国画技法名，是表现山石、峰峦和树身表皮脉络纹理的画法。画时先勾出轮廓，再用淡干墨侧笔而画。

问当年、祖生去后,有人来否? 多少新亭挥泪客,谁梦中原块土? 算事业须由人做。应笑书生心胆怯,向车中、闭置如新妇。空目送,塞鸿去。"画完后他不由叹道:"国运如此,实在痛心!"

在旁看他作画的韩笔海好言相劝:"我们报国之途甚多,非仅抛头颅、洒热血而已!"

吕凤子在画上押上印章后说:"只要国人之心不死,我相信直捣黄龙,复我金瓯,报仇雪耻的这一天终会到来。""哎,那些个官僚们看似是'新亭挥旧'之爱国志士,实则都是守旧的鬼,生就的奴隶性情,只想苟且偷安,不求恢复国土。"韩先生一肚子气,顿足道。

远处,不知谁在燃放鞭炮,砰砰之声连绵不断,好容易停了一会儿,接着又是哗啦啦一阵,闹得凤先生心乱如麻,好似一盆焰腾腾炭火端上心头,生气说道:"快要当亡国奴了,还寻开心! 实在可怜、可恨、可笑、可恼!"

凤先生西迁途中,同逃难民众生活在一起,亲身体验到国破家亡的苦难,耳闻目睹了惨烈悲怆的战争场面。这样的生活经历,使他由笔下的传统文人画过渡到布满生活元素的现实画。他在画中展现了民族风格,饱含了强烈的爱国情怀。

1939年1月10日,重庆第一次遭受空袭,71架日机如入无人之境,在闹市区投掷燃烧弹。5月3日、4日两天,重庆又遭到惨无人道的轰炸,城中心的繁华地区火光熊熊,浓烟冲天,变成一片火海。吕凤子极目远眺,在漫天的浓烟中闻到硝烟的气味,隐隐听到从灾区传来的呻吟号哭之声,他便用画笔记录下这一历史惨剧——《敌机又来矣》《流亡图》《船夫拉纤》《黄桷树下》《如此人间》《一笑人间》等,暴露日寇凶恶残暴,描绘老弱颠沛艰辛的惨状。所题词句充满无尽的愤慨与同情,如"天地一孤雏……""何所归?""何所之?""灭此朝食!""攘臂高呼,全民奋战,胜利在握!""天下兴亡,匹夫有责"。

这些画、字,通过对重庆惨遭大轰炸的真实描绘,不仅激发、唤醒广大民众的抗战力量,更表达了凤先生对国土沦丧、人民生活于水深火热之中的痛心,对侵略者的满腔怒火,也坚定了他教育救国的决心。

正则

黄冬琴根据《吕凤子传》整理编写。

作画筹资

吕凤子先生的一生都秉持"教育救国"的思想。自 1910 年创办神州美术院开始,历次办学,让他家财散尽,捉襟见肘。即便如此艰难,凤先生对教育办学仍是一腔热血,把自己画画得到的一切收入都用于教育,真可谓倾其所有。

抗战期间,凤先生除了卖画这一途径,没有其他钱款来源。同时,为了答谢援助和支持他办学的各方人士,凤先生也一直用画来表达谢意。

在中国抗战最为艰苦的时候,罗斯福政府所支持的陈纳德组建的飞虎队在中国领空予日寇以重创。为了表示对罗斯福总统的敬意,中国政府授意凤先生为罗斯福创作了一幅人像画,画中的罗斯福手拿烟嘴坐在轮椅上,面色柔和,但眼中透露出的那种坚毅和勇敢让人感觉就像真人现前。1941 年,这幅画被爱国人士辗转带到了美国,献给了第三次连任总统的罗斯福。罗斯福一见到画中几乎乱真的自己,极为赞赏,连声夸赞:"真是神来之笔,神奇的艺术,这是我收到的最好的礼物!"之后,他专门给凤先生写信致谢,同时随信回赠了两千美金的稿费。这两千美金,对正处于办学资金短缺状况的凤先生来说,不啻为雪中送炭,凤先生没有将一分一厘留作己用,所有的钱款被立刻投入到璧山南门外正则第二院校的创办之中。

1946 年　先生归矣

1940年5月,张大千得知凤先生已经迁校璧山的消息,便专程赶去看他。两位都已是大师级人物,故人见面,激动不已。凤先生老远就迎上去,大声说道:"大千兄,别来无恙啊!"张大千朗声大笑,快步走过来,紧握住凤先生的手不无关切地说:"凤子兄,多时不见,你可清瘦了许多啊!"凤先生摇头说道:"多谢兄台关心,不过身体还健朗着呢!"互相寒暄一番之后,凤先生拉着张大千说:"大千兄,值得庆贺,不如你我二人共同作一幅画以作纪念如何?"张大千右手捻须连连点头:"凤子兄好提议啊!"

于是,铺纸、磨墨、挥笔、书毫,不多时,两人合作完成了一幅雨景图。放下画笔,张大千不无赞叹地说:"烟雨濛濛,景色清丽,凤子兄的画技真乃突飞猛进啊!"凤先生谦虚地说道:"大千兄过奖咯!"

画作完成之后,两人坐定,彼此痛叙间,谈到了办学问题。张大千关切地问:"凤子兄,看你眉宇间总有一丝忧虑,是不是为办学烦恼?"

"唉,学校始业,困难重重。"吕凤子稍作停顿,轻声道,"主要是经费不足,钱不够用啊!我千里迢迢来到这里,人生地不熟,虽然通过画画募得了一些钱款,学校也初步构建,但是内部设施还是十分匮乏,经济上的缺口还是很大啊!"

张大千完全可以想象吕凤子在人生地不熟的情况下办私立学校之艰难,就劝道:"凤子兄欲作无米之炊,我看你还是尽早算了吧!"

凤先生踱步沉思片刻,抬起头只见他目光熠熠,坚定地说:"天下兴亡,匹夫有责。教育救国乃我毕生心愿,因此矢志办学,我意已决!"

张大千见状,为凤先生坚决的态度所感动,不由得站起身来激动地说道:"兄弟我限于财力,爱莫能助。但无钱可出力,我愿意替你在成都举办一次画展。这里的人头地方,我都比你熟些。"

吕凤子为筹集办学的事,心中正自烦闷,也想借此排遣胸中闷气,想了想便点头说:"多承大千兄襄助,不胜感激。"

张大千握着凤先生的手,满含歉意地说:"看你说的,也只能聊尽绵薄之力罢了。不过借此机会可以畅叙友情,也不枉你我兄弟一场了。"

在此后的几个月里,两人联袂去了成都。张大千为凤先生的画展四处奔波,凤先生也积聚能量,精心创作了许多精美画作,在成都举办个人画展。画展吸引了各界人士,无论是苍劲有力的山石画,还是惟妙惟肖的人物画,无不引得观展者赞叹有加。这次画展非常成功,凤先生不仅名声大噪,还筹得钱款六千元。对于不绝于耳的恭贺声,凤先生一笑置之,筹得的钱款也一分未留,全部充作办学经费。

张大千亲身感受了凤先生矢志办学的义举,不禁感动地说:"吕凤子人品高尚,淡泊名利,与世无争,一心办教育,真正是万世师表啊!"

就这样,凤先生通过自身的无私奉献,多方调动外部力量,在那艰难的岁月里,坚持办学数十年。1951年,新中国成立伊始,凤先生将他穷尽一生创办的正则学校全部转交给了人民政府公办。他不畏权贵、不贪私利、无私的奉献精神为后人所敬仰。

范丽华根据《吕凤子传》中《筹基金费》故事整理改编。

总统的感谢信

1940年,抗日战争进入最艰苦的阶段。1941年,美国参加反法西斯战争后,中国政府为争取国际同盟军的支援,在富兰克林·罗斯福第三次连任美国总统之际,特邀1931年在法国巴黎博览会上荣获中国画一等奖《庐山云》的作者吕凤子用中国画特有的笔墨趣味和技巧为罗斯福造像。

吕凤子接到这个任务后,十分清楚当下反法西斯战争的紧迫性,也为自己能为同盟战线的巩固与加强出力而高兴。他放下手头所有工作,全身心地投入这幅画的创作。对如何在写实的基础上以形写神来展现罗斯福的精神面貌,先生搜集了很多相关资料,在脑海中进行周密的思考,最后酝酿成熟。他以中国画特有的、以力为基质渗透作者情意的线条,一挥而就。凡笔到之处,无论是长线断线,还是短到极短的点和由点扩大的面,都成为感情活动的痕迹。画像形神兼备,栩栩如生。

同时,作为礼品代表中国祝贺罗斯福连任总统的,还有时任中央大学艺术系教授张书旂①创作的《百鸽图》。由于张书旂是凤子的学生,出于对老师的尊重,故张创作完成后,特携此画由重庆沙坪坝至璧山县,请吕老师为他指点。随后,张书旂作为中国艺术特使,带着凤先生对和平的期望,亲自赴美参加罗斯福再次连任总统的典礼,直接将上述两件礼品送往美国白宫。

罗斯福见到吕凤子创作的画像后,极为赞叹,说:"真是神来之笔,神奇的艺术!这是我收到的最好的礼品!"事后,罗斯福专门写信致谢吕凤子。

正则

---

① 张书旂,原名世忠,以字行,别号七炉居士,室名小松山庄,浙江浦江人。曾任南京中央大学教授。抗战期间去美国创办画院,讲学作画,后定居旧金山。

中国

正则蜀校

尊敬的吕凤子先生：

我很高兴接受您珍贵的礼品，对您精湛的艺术和神奇的中国绘画由衷敬佩，借此机会，我向您表示诚挚的感谢。

坦率地告诉您，尽管我本人不打算连任总统，但在目前的战时条件下，我没有权力拒绝履行职责，就像一个士兵在战场上没有权力放弃战斗一样，我多么希望在我连任期内结束这场战争。

我深信美、英、苏、中等盟国联合进攻之日，将是轴心国军队彻底崩溃之时。我对您十分关注的一点是，您在极其困难的时期从事一项极其伟大的教育。

深情地问候。

您永远诚挚的朋友

富兰克林·罗斯福

1941年1月20日

随函附上两千美元，以表支援吕凤子创建私立正则艺专。

这封罗斯福的感谢信，不仅是对吕凤子精湛的艺术技巧的肯定，而且是对中国绘画神奇艺术的赞誉，是中国绘画的光荣，将进一步激励后人去挖掘、继承和发展。更重要的是它记载了第二次世界大战期间，一批艺术家为民族独立所做的努力，必将载入中美友谊史册。

章敏根据《与太阳的对话》整理编写。

四阿罗汉

　　《四阿罗汉》是吕凤子先生的国画代表作品,曾于1943年获全国美展一等奖。

　　吕凤子先生在书法和绘画上都有很深的造诣。他的中国画题材广泛,山水、花鸟、人物无所不画,尤以人物画最为擅长。他的人物画基本上是以线描写意为主,用笔遒劲流利,融入草篆,凝练生动,在笔墨构成中将豪肆与精工相结合,写意与写实

1942年　四阿罗汉

相会通。早在两江师范求学期间,由于学监李瑞清倡导科学、国学、美术,尤其重视美术课的设置,开图画手工科,教授山水、花卉、平面图学、立体几何画、透视画、图法几何等,并聘用日本学者教授素描、水彩、油画,使他具备了全面深厚的传统文化修养和西学修养。凤先生尤其在书法上得到李瑞清的指授和影响。他在钟鼎汉隶上下了极大的工夫,并与行、草书相结合,终于形成了独具特色的"凤体书",以草篆名于世。书法上的深厚学养为他的"笔力主情说"打下了深厚的基础。比如,他笔下的罗汉,笔墨粗犷简练,造型奇古,神态动人,画格高古神奇,气象雍容浑穆,作品寓意深刻,饱含时代精神和文化内涵。特别是他1942年创作的《四阿罗汉》,面相生动,用笔圆劲古朴。黄宾虹曾为《吕凤子人物画册》题跋时评曰:"昔阎立本观了张僧繇画壁,凡三至而后寝卧其下,流连不忍去。盖作画既难,识画尤为难,由古证今概可想见。惟古人画法,最重笔墨,唐人不逮晋魏,一至再至,尚未易知,理或然也。今展凤子先生人

物画册,笔力圆劲,墨光瀹郁,能深悟画人六法之旨。"吕凤子的画"以形写神,写神致用",内蕴深厚,追求至善至美的大境界。他的画须细细读来,方知妙处。

《四阿罗汉》现藏江苏美术馆,画作纵76.5厘米,横105厘米。这幅图的创作还有段来历。1937年"七七"事变后,吕凤子先生率正则学校部分师生员工自江苏丹阳辗转西迁四川,亲身体验到了国破家亡的痛苦,激起他抗战救国的爱国热情,也给他的艺术创作增添了新的题材和内容,为他的人物画创作开辟了新的天地。在此期间,作为艺术家,先生以画笔来反映中华民族在日寇铁蹄下遭受的灾难,人民大众因战争而逃亡的苦难,或借佛教人物故事来嘲讽、抨击时弊,为民众呼喊。那时,凤先生心情激动,悲愤异常,经过反复推敲,根据佛典,结合现实,决定运用罗汉来反映现实。经过苦思冥想、一稿再稿之后,凤先生脑中的意象逐渐清晰,只见他纵笔如风趋电疾,如兔起鹘落,全用焦墨挥毫,一气呵成,创作了《四阿罗汉》图。

画中四个半身罗汉,或白眉舒额、神气昂然,或紧眉蹙额、思求解脱,方寸之间涌现着生命力的跃动。凤先生深谙佛典,佛教的罗汉是受"佛教"永驻此世,济度众生,他们象征着金刚精神的正义力量。凤先生根据自己对佛典的了解,为这幅《四阿罗汉》图题词:"竭而闻见,弥触悲怀,天乎!人乎!狮子吼何在?有声出鸡足山,不期竟大笑也。凤先生又志。"狮子吼是罗汉名,表示无所畏怯,犹如狮子在众兽中怒吼;而鸡足山是尊者涅槃圣地,狮子未吼,竟有"声出",莫非鬼怪,怎不令人大笑!凤先生讽刺性的语言说出了画的奥秘所在,发人深省。

《四阿罗汉》的款题中有"三十一年(1942)十月凤先生病起璧山"之语。该图在重庆举行的第三届全国美展中获得一等奖,这也是战时唯一的最高美术奖励。那一阶段的作品还有《流亡图》《敌机又来矣》《纤夫》《逃难》等。而在《四阿罗汉》中,作者则借取佛学中悲天悯人的故事,以四阿罗汉嬉、怒、悲、愤的情态来嘲讽战时当局政事的腐败和不恤民意。

秦曼村根据《吕凤子画鉴》整理编写。

先生印象

1943年,胡毅人在沙坪坝当一个小职员,工作说不上辛苦,但也毫无乐趣可言。他总以为此生的命运大概也就这样了,可是心底的梦想却从来没有停息过,那就是"绘画"。

凤先生(左三)和夫人胡育(右二)

夏天到了,暑热难当。一个好消息传来:正则艺专迁到了璧山县,准备开始招生,下半年就可以开课了!这个消息像一阵清凉的风,让胡毅人的心湖泛起了涟漪。当他得知这个好消息之后,激动得一夜难眠,第二天就去报名了。面试时,胡毅人的心如小鹿乱蹦。幸好紧张没有影响发挥,他比较顺利地完成了面试。

忐忑不安中,胡毅人度过了一个月,终于等来了录取通知书。他不由捏了捏自己的脸颊,感觉到痛,噢!这不是做梦,是真的,真的被录取了!

学校在璧山县开课,胡毅人一大早就起来了。因为璧山县离他住的地方很远,所以他起了大早赶去上学。胡毅人家里很穷,却雇了一个人帮他挑行李。这主要有两个原因：第一，他是个文弱书生，挑不动那么多的行李，可那又是对他很重要的东西，不仅有绘画的全套工具，还有全部的生活用品。挑不动必将耽误他的行程，来不及到达学校。第二个原因，正因为穷，他只能穿草鞋，如果加上行李走那么远，草鞋有可能会烂掉，那样他就要赤脚走路了，可不能做个"赤脚大仙"啊！走到学校门口，胡毅人才觉得自己的这身装扮太不像学员了：上身一件破破烂烂的衬衫，袖口已经完全破掉了，后背还有几个洞———那是让树枝给刮的；下身一条长裤，长裤上缀满了补丁；脚下一双烂草鞋，鞋底已经被磨得不成样子了。当时的他心里特别自卑，怕别人看不起。在他刚准备要换掉这身衣服时，从学校里走出一位老者，手里拿着喷壶，看来是准备给花草浇水。老者的样子让他终身难忘：头发和胡须都已花白，步伐稳健，戴着副眼镜，温文尔雅，脸色红润，一派仙风道骨的风范。老者看见胡毅人，微笑着对他说："你是来报到的吗？"胡毅人局促地说："是的。"那位老者又问："你的衣服怎么破成这样？"胡毅人满脸通红地说："那是我走山路时不小心划破的。"说完这句话，胡毅人深深地低下了头，真怕看见别人嘲笑的眼睛。但是老者却只是轻叹了一句："乱世求学，不容易啊！"老者指着另外一个同学说："你领着他到宿舍休息一下吧。"说完，老者就转身给花草浇水去了。胡毅人的心中流过一股暖流，这位老者是多么和蔼可亲，就像慈祥的父亲。

来到了宿舍，胡毅人问那位同学："请问你叫什么？"那位同学回答道："初次见面，请多多关照，我是贵阳人，你可以叫我贺良知。"他又问道："刚才那位老先生是谁？"贺良知惊讶地回答道："你连他都不认识，他可是我们学校的校长吕凤子先生啊！""啊！"胡毅人失声叫道，竟然是凤先生！赫赫有名的吕凤子先生竟然穿着如此朴素，态度平易近人，就像普通人家里慈祥的老人一般！

多少年以后，胡毅人的心里仍然记着初见凤子先生时的情景，并永远感激在心……

王琦根据胡毅人先生回忆编写。

不要抱着我的画法不放

　　1944年暑假的一天,阳光明媚,万里无云。胡毅人正在画馆里聚精会神地临摹一位不太知名的画家的画。

　　这是一幅山水画,背景是高耸入云的山峰,山上到处是奇形怪状的石头,石缝中长出的苍松挺拔而秀丽;一条蜿蜒的小道若隐若现,小路的尽头是一座凉亭,因为年久失修,已经渐渐褪去美丽的色彩,柱子也有些断裂了;山间缭绕着白茫茫的云雾,好像山峰系着的白玉带。画中的情景简直如仙境一般。虽然这幅画并不是名家之作,但是画家的画工了得,风景也美,实在令胡毅人着迷,于是胡毅人就临摹起来。

凤先生和他的学生

　　几个学生看见了,走了过来,漫不经心地瞟了一眼那幅画,用一种古怪的语气,趾高气扬地说:"哎呀!快来看哪!看这小子在学些什么画呢!瞧他的品位,简直是在给凤先生丢脸啊!胡毅人你敢打赌吗?连你自己都不知道它的作者是谁吧?哈哈哈!"听了他们的话,胡毅人感到十分不悦,但没有吭声,而是继续临摹这张"不怎么样"的画。胡毅人认为只要画好,都是值得临摹学习的,并不一定非得是名画。

  他继续作画,任他们嘲笑。全神贯注的胡毅人,就连凤先生悄然来到他的身边也浑然不知,直到凤先生用手拍了拍他的肩膀。看到凤先生正盯着自己临摹的画,胡毅人心里忐忑不安,想:画家都有一些派别和门户之见,自己画这张画,恐怕要受到校长严厉的批评了。胡毅人怀着紧张的心情,小心翼翼地问道:"凤先生,这样的画可以学吗?"凤先生看了看,微笑着对胡毅人说:"可以学。"接着凤先生意味深长地说:"一幅画和一个人一样,都有他的长处和短处,现在的问题就是要提高你们的艺术修养,有了基本功和辨识能力,学得越广泛越好。我希望你们不要抱着我的画法不放,要博采众家之长,才能博大精深,成为书画大家,不要染上小家子气。以后你们还要做'师法自然,中得心源'的功夫,那时你们就更能体会我所说的道理了。"

  听了凤先生的这番话,胡毅人心里豁然开朗……几十年后,他也成了书画大家。

史建英根据胡毅人先生回忆编写。

润物细无声

著名作家朱九皋①,是凤先生的弟子,整理和写作过很多军事类作品及回忆吕凤子的文章。1945年暑假跟随先生学习的每一个日子都让他记忆犹新,温暖如初。

那时,每天上午9点,凤先生便在办公桌上教朱九皋读书、写字、画画。朱九皋便按照凤先生安排的课程进行作业,第二天送给凤先生看。有几次,朱九皋画了几幅生活用具和花卉之类的水彩画静物给凤先生看,他心里还有些踌躇,怕遭到批评。不料凤先生不但没有批评,反而夸奖他一番,并鼓励他今后不要一味"临摹",而要多多"写生",这样才能有所进步。

凤先生有时给朱九皋讲解作画的基础常识,方法很是简单易懂。如先生讲解透视法②,当场用白纸画了一幅在地平线上延伸着两根铁轨,铁轨两旁排列着两行电线杆,天空则飞舞着大大小小的群鸽的画面,并在一旁简单地写了几条口诀,告诉他说:"这就是透视法的简单的平面和口诀,一定要牢牢记住,背熟。""凤先生教给我的这些简单的透视法和口诀,使我这一生在作画时,特别是在野外写生时受用无穷。"朱九皋说。

有一次,凤先生和朱九皋谈起书法问题,问他平素喜欢哪家的字体,朱九皋说:"我在私塾念书时,常常喜欢临摹张廉卿(张裕钊)③的字,后来跟凤先生学画后,就慢慢学写凤先生的字体了。"凤先生把他练两种字体的作业看过后对他说:"你写张廉卿的体写得很好,今后不必再学写

正则

---

① 朱九皋:著名作家,《星火燎原》编辑,是吕凤子的弟子,南京市文联第三届委员会委员。
② 透视法:简单来说,就是在画画的时候注意透视的变化,类似于近大远小的法则。
③ 张裕钊(1823—1894年),字廉卿,号濂亭。晚清官员,散文家、书法家,其书法独辟蹊径,融北碑南贴于一炉,创造了影响晚清书坛百年之久的"张体",被康有为誉为"千年以来无与比"的清代书法家。

我的字体了。我的写得太草,太难写,又难认。何况每个人都有自己的自由,不必朝学夕改,也不要随便抛弃自己的喜爱。"凤先生又说:"张廉卿的书法仿佛是从魏碑脱胎而出,如果你要进一步追溯根源,就应当从魏碑写起。"随即从桌边一大堆字帖中抽出一本魏碑的碑帖要朱九皋拿去学习。这样,朱九皋几乎在整个暑假期间都在临摹魏碑,时间长了,很有起色。

又有一次,朱九皋走过凤先生身边时,看见凤先生正在全神贯注地刻图章,便站在旁边观赏。当凤先生发现朱九皋时,便摘下眼镜问:"你也爱刻图章吗?"朱九皋说:"我很喜欢,可不会写篆字。"凤先生点点头说:"是啊,写篆字,刻图章,那又是另外一套功夫了,慢慢来,人不能样样俱全啊!"

偶然的一天,先生问朱九皋爱不爱读古典诗词,朱九皋说:"在读私塾时,先生教我们读过一些唐诗,是差不多人人都会背的那些诗。至于词,我几乎还没有接触过,更谈不上喜爱了。"凤先生从案头拿出几张八行纸,把南唐李后主的几首著名的词,如《浪淘沙》《相见欢》《虞美人》等,写在纸上,然后对朱九皋说:"这是晚唐最后一个君主名叫李煜的几首词,他是一个不务政治的亡国之君,但却是一个在文学上有很高造诣的大词家,因为他的境遇很悲惨,所以他写的词很是哀婉动人。你不妨把它背熟,这对你今后题词作画都有好处,从这些诗词里可以领会诗画一体以及所谓的诗情画意来。"

除此之外,朱九皋有时还看到凤先生跟其他同学下围棋,偶尔也听到从内书房里发出铮铮琴声,他才明白凤先生在琴、棋、书、画、诗词、篆刻上样样精通。

在丹阳,朱九皋度过了一个愉快的暑假。吕校长特地找来朱九皋,和他谈话:"暑假快结束了,这里很快就要开学,你所用的住房也要腾出来做课堂……我是否去扬州还没有定。今后也不可能用函授的方法来教画了……建议你和家里商量一下,我可以推荐你到上海美专去学画,我弟弟在那里做教务主任,他是研究美学和美术史的,他也可以帮你学画。"朱九皋踌躇了一会儿,问道:"像我这样能考取上海美专吗?"凤先生说:"我看可以。我给你写一封介绍信,有我弟弟在那里,也许不经考试就可以入学了。"最后,朱九皋表示愿意按凤先生指点的方向去做。

在凤先生的悉心指导和推荐下,朱九皋在上海美专成长得很快,以致取得了后来的成就。

张晖萍根据朱九皋先生回忆编写。

正则

光复还乡　三办正则

1945年，抗日战争取得了最后的胜利。凤先生怀念故土的心情越来越迫切，他先后画了《先生归矣》《庆胜利》《伤怀》等变体画，这些画中无不深刻表现他当时复杂矛盾的心情。尤其以《先生归矣》为代表，这是凤先生急切归乡的真实写照，也是他在重庆璧山九年的最后一件作品。画中的他：一位挂杖老年知识分子和一牵衣孩儿，目视前方，缓步前进，后随挑夫，一肩行李，几本残书。先生的脸上笼罩着阴云却目光如炬，炯炯有神，充满着无限的想望。背景缀以两块轮廓简略的墓碑，牵动旁观者无限的联想，大大扩充了有限画面的无限容量。

当时无力还乡的难民，光重庆市就有五万多，等待政府用木船分批遣返，其狼狈处境又何止凤先生一人。他在《翁早归来矣》题跋："山水朝来笑向人，翁早归来矣。凤先生。"后又补题曰："丙戌写赠旧生某，既悉生已下世，遂留自赏，辛卯补志。"

虽然重庆璧山九年的办学生涯在凤先生的心里烙下了深深的印记，但他返乡重办正则的心却越发坚定。他成竹在胸，派韩笔海等人先行东返，筹备丹阳正则学校复校的事情，自己暂时留下来处理璧山的未尽事宜。他把重庆璧山的223间可容500名学生的校舍整修一新，无偿送给璧山地方政府继续办学。后来地方当局把正则蜀校更名为璧山职业学校，即现在璧山县师范学校的前身。

正则老校园

老校大门

老校牌

璧山九年，正则蜀校一共培养了各科学生28班，约1500余人。凤先生本着无尽的爱心，发挥无穷的爱力，为了艺术，为了爱的教育，倾注了满腔热血，为人间留下了烛照千古的光和热。《大英百科全书》也称他为中国名教育家和名书画家。

这年生日，凤先生画了16尊神态迥异的罗汉和4个健美端庄的天女，中间一老年罗汉双手托盘，四周的罗汉及天女仿佛在向他祝寿，题曰"六一自寿，丙戌六月六日。凤子"。罗汉、天女也甚感其诚，前来向凤先生祝贺61岁寿辰，此画极富浪漫主义色彩。这年秋，正则蜀校办妥移交后，部分正则艺专师生束装东归。

1946年秋，凤先生风尘仆仆，回到故里。他站在满目疮痍的旧校址上，眼神中透露出坚毅。他自刻"丙戌归后"的闲章，以表自己三办正则的决心。他还亲自手书"再造"榜书，叫人镌刻在校门前的墙上。他卷起衣袖，亲自投入到修缮工作中去，搬砖，粉刷，干得汗流浃背，有时连饭都顾不上吃。师生们在他的带领之下，利用课余时间加入了修建校舍的行列。为了重建校园，大家干得热火朝天。

凤先生一边修缮破旧不堪的校舍，一边着手兴建"乡爱楼"，作为艺专的专用教室。与此同时，他还把黄次山先生赠送的辛巷住宅（现在的辛巷小学）改建为"正则二院"，供学生住宿。校舍整修一新，凤先生亲自担任校长，校名仍沿用"私立正则女子职业学校"，并扩大为"正则小学、正则中学、正则职校、正则艺专"四部分。凤先生亲任正则艺专校长，正则小学由陈金泉担任校长，正则中学和正则职校由姜廉生担任校长。1948年上学期，全校师生有1300余人。接着，正则职校受江苏省教育厅委托，代办高级建筑科一班，受丹阳县教育局委托，办美工师资训练班两个班。

在凤先生的精神感召下，一大批有志于教育的热血人士加入了正则学校的教师队伍。当时正则艺专绘画专业有谢孝思、叶季英、许正华、詹菊农、乌叔养、赵良翰、蒋仁、苏葆桢、卢是、吕去疾、李剑晨、陈松平、顾莲村、程虚白、张祖源等人。工艺专业有吴澄奇、杨守玉、任慧闲等人。理论方面有许幸之、岑家吾、王实城等人。正则职校主要教师有韩笔海、韩

正则

荫三、殷学慈、吕去疾、张国祥、李士国、殷统华、周庆蕴、刘铁珊、吕无愆、李荫民等人。特约教授有吕秋逸、吕叔湘、陈中凡、姜丹书、张书旂、吕斯百、秦宜夫等人。

正则教师聘书

经过凤先生和正则师生们的数年努力，正则校园面貌大为改观。走进校园，你会发现校舍整齐洁净，环境优美。校园里还弥漫着浓浓的尊师爱生的良好校风，全校师生严于教，勤于学，相处和睦，待人接物讲究礼貌，教育质量不断提高。对此，1947年8月9日的丹阳《正报》上是这样刊载的："本邑正则小学，办理夙著声誉……据称，本校自复原以来，以恢复战前规模即十四班为第一目标，时经两载，已恢复八个学级。"邑人吉宗伯回忆说："以学校设备而言……到抗战结束，在数量上已得到发展，但校舍设备都不及战前。惟我县私立正则的各级学校，无论在设备、师资、教学等方面，都比公立学校较胜一筹。"这些无疑是对凤先生办学成就的高度赞扬。

1949年，当人民解放军取得节节胜利的时候，一些国民党上层人物纷纷劝吕凤子携带全家老小去台湾。在上海的张大千特地赶来邀请吕凤子同行："凤子兄，共产党过来了。走吧，我已替你买好去台湾的船票,怎么样?"由于当时国民党四处传说共产党没有文化,不珍惜人才,不懂艺术,所以张大千对共产党产生了误解。吕凤子听了张大千的话,沉吟片刻:"大千兄,我想看看再说。"张大千捋了捋长须急切地说道:"再等恐怕走不了了。我们是同门兄弟,还是同行吧,台湾呆不住,就到其他地方去。""大千兄,你如云似鹤无牵挂,可我还有学校在丹阳啊!从璧山迁至家乡,才有眉目,经不起再迁一次了。"吕凤子缓缓地说。"还办什么学,我们一门心思绘画去,到国外开几个画展!"张大千兴奋起来。"你先行吧,大千兄的心我领了。"吕凤子握紧张大千的手久久不放。虽然老友的深情厚谊让吕凤子感动不已,但办学的信念和对共产党的信任使吕凤子最终留了下来。

　　1951年,吕凤子出于对中国共产党和人民政府的信赖和热爱,把他历时五年余、亲手从焦土瓦砾堆上第三次建造起来的丹阳私立正则学校毫无保留地交给人民政府,改为公办学校,主动退出了私人办学行列。

正则中学毕业证书

　　移交仪式的前夕,他心爱的女儿吕无咎出于对音乐的特别爱好,拉住父亲恳求:"留下一架钢琴,让我弹弹吧!""不,一切归公吧。"老人心一硬,深情地抚摸着女儿的头发说,"放在学校里,可以让更多的老师和同学弹啊!"新中国的建立使晚年的吕凤子极为感动,常常不自觉地进入创作状态。1951年,他先后为毛泽东、周恩来、刘少奇、董必武、朱德等党和国家领导人作画,江苏省美术馆收藏的《我与江南铁笛》即是题赠周恩来总理的一幅绘画精品。1956年创作的《菜农的喜悦》荣获江苏省美术创作一等奖,刊于《江苏省美术创作选集》首页。1959年7月11日,在去世前的最后岁月,他还强起坐于床上作了《金婚纪念》《老凤今年七十四》(《苍松图》)等作品留赠后世。1959年10月1日,为纪念新中国成立十周年,他画松三幅,表达自己对新中国、对毛主席的深厚感情。

吕凤子去世前,嘱咐家人将自己收藏的书画作品及自作书画、印章、日记等无偿捐赠苏州博物馆,其中明代杨继盛书法即有十二幅,已装裱的个人书画作品有30余幅,日记10余册,金石50方……吕凤子先生真正达到了他所向往的"艺术制作即人生制作""能绝一切私欲,能以血泪洗涤一切罪恶""从不息的劳动满足生的欲求""在美的境界中发现道德境界"以及具有"永在的文化创造"的精神境界,令世人为之动容。

1959年12月20日,吕凤子在苏州逝世,走完了他平凡而又波澜壮阔的一生。他的人品学识,他的丰功伟业,他所创立的"正则学校",他的"爱"和"美"将万古流芳!

内城河边,凤子办学,峥嵘岁月写华章;芳菲五月,桃李满枝,百年正则展辉煌。百年正则,是凤先生的一部教育长诗,是凤先生"文化育人"的一曲教育长歌。正则精魂,几经迁徙而不变,数度重建而不改。凤先生和他的正则学校,早已是定格在人们心中的一种永恒的美。

邹素华根据《吕凤子传》中《重建正则》故事整理编写。

一枚珍贵的印章

1938年,上海沦陷,正则女校被迫停办。凤先生忍痛,历尽千难万险抵达重庆璧山,矢志不渝,在璧山县城文凤桥头创办正则蜀校。

抗战胜利后,凤先生回到丹阳,再一次萌发了办学的念头,并且得到众多志同道合者的支持和学生们的赞同,所以,第三次在原址复校发展很快。到1948年,正则学校规模已有小学、中学、职业学校、艺专四个部分,全校师生共约1300余人,校舍300多间,并建有艺专专用的"乡爱楼",设备比较齐全。

胡毅人先生就是在那时上的"正则艺专"。凤先生不仅有十分卓越的书画成就,画品绝俗,风骨奇崛,他在篆刻艺术方面也堪称"一代宗师"。正则艺专的课程中,有一个学期开设篆刻课,由凤先生亲自授课,学生们都感到莫大的荣幸。当时上凤先生课的学生都是济济一堂,以能亲耳聆听凤先生的教诲为荣。

到现在,胡毅人先生还记忆犹新。每次上课,凤先生都是着一袭粗布长衫,带着亲笔撰写的书稿和篆刻工具,眼神明亮而平和,步履稳健地

凤先生印章

踏上讲台,娓娓道来:篆刻难在字法,作汉印,字要饱满,线条需厚实,所谓齐、方、匀三字可概括。好比在印稿下框开一小孔,向印内吹气,使字受气向四边胀开,如此,印必大好。闻者连呼大妙。先生讲课,时而为学生们讲解篆刻的理论知识,时而拿出成品、半成品印章,供学生们比较、讨论。更有亲自为学生示范如何篆刻时,学生们都围坐在凤先生身旁,

屏息凝视凤先生的每一个动作。一笔一画，打稿，描线，刻画等等，事无巨细，先生都一一描述，亲自操刀示范。对于学生们每次提出的问题，先生也都不厌其烦地一一作答。当时的胡毅人很内向，也很胆小，挤不过其他同学，只能怯怯地站在离先生较远的边上，但先生的每一句话，每一个动作他都记得格外清楚，回去再细细揣摩，练习。等到下次上课交作业时，先生竟然在众多的作品中，独独挑中了胡毅人的作品，给同学们做讲解示范。更让他惊喜的是，先生竟然能准确地喊出"胡毅人"的名字，说："他的印章刻得很不错，不仅布局大方，而且刀工很熟练，看得出回去是花了很长时间练习的。"寥寥数语，于当年的胡毅人却是莫大的鼓励啊！他更是在心里暗暗下定决心，一定要刻苦练习，不辜负先生的殷切期望！

　　每次上课，总有同学拿出石头，请凤先生用自己的石头举例，顺便给他刻图章，留作纪念。当时的胡毅人也很想得到一枚凤先生亲刻的图章，可是由于他家境贫寒，买不起上好的印章石头，就是练习刻章所用的石头，很多也都是用打碎了的砚台磨成方块刻的。而这黑漆漆的东西，实在有损凤先生的名声啊！

　　下了课，胡毅人心里难受，一个人默默地离开了，沿着走廊慢慢地磨蹭着，看着周围走过的兴高采烈的同学，心里更加自卑。这时，身后传来轻轻的问话："胡毅人同学，怎么心情这么低落呢？有心事？"他转过身一看，怎么也没想到是凤先生在问他话，愣了半天，才嗫嚅道："胡毅人，胡毅人，胡毅人也想要您刻的印章！"脱口而出之后，他又十分后悔，为自己的唐突而感到深深的不安，只得低着头看着自己的脚尖。"哦，就为这个难受？傻孩子，胡毅人，我帮你刻。"太棒了！胡毅人当时心里一阵狂喜！"可胡毅人只有这个黑黑的砚台！"他涨红了脸，急急地说。"没关系啊！就这个，挺好的。"凤先生轻描淡写地回答了一句，朝胡毅人微微一笑，接过砚台就走了，留下他傻傻地愣在原地。

　　一连几天，胡毅人都很忐忑，上课也是惴惴不安，不敢靠凤先生太近。凤先生呢，依然是粗布长衫，云淡风轻的样子，讲课也是不疾不徐，娓娓道来，只是觉得他的身形更加瘦削了，脸色也不太好。直到第三天的下午,上完课后,先生单独把胡毅人留在了教室里,从随身带的工具盒里拿出一样东西,还用红布包着。当时,胡毅人的心激动得砰砰直跳,他颤抖着手打开了红布包,一枚方方正正的印章出现在眼前,黑黑的砚台挡不住它的熠熠光辉。"胡毅人"三个字,虽然笔画很多,但是线条清晰,刚劲有力。凤先生微笑着说:"好名字啊,这也是我对你的期望!"胡毅人早已泪满盈眶,连声感谢先生的厚爱。

时至今日,凤先生平和的笑脸,明亮的眼神依然印刻在胡毅人先生的脑海。一枚小小的印章,刻下的不仅仅是胡毅人的名字,更是先生对后生晚辈的殷切期望。这枚小小的印章,至今时时拿起,成了胡毅人先生人生的珍宝。透过这枚小小的印章,它彰显的是凤先生"生无尽,爱无涯"的人生境界。先生对每一个孩子都倾其所有,三办正则,他是严厉的校长,更是慈祥的父亲。走过春风秋雨,历经世纪沧桑,正则几经迁移,数度重建,数不清的学生在这儿改变了命运,数不清的人才从这儿走向四方。胡毅人先生也一直在凤先生的鼓励下,上下求索,取得成就!

凤先生印章

先生之名,世人敬仰!先生之恩,永世不忘!大家风范,彰显魅力!后生晚辈,在先生的感召下,定当不忘前师,不辱师命,前赴后继!

茅丽琴根据胡毅人先生回忆编写。

正则

老王笑

《老王笑》是吕凤子先生创作的一幅人物画。画中老王的笑,富有感染力,洋溢着时代的气息。

话说1955年秋,"秀绝冠江南"的灵岩山麓,风景如画,是吴中著名的旅游胜地,也是写生取景的好去处。

一位身着长衫,戴着圆框眼镜的儒雅清瘦学者,带着一群青年学生正在写生。

这位先生便是当年随校迁居苏州,在江苏师范学院任教的我国著名画家、美术教育家吕凤子先生。已近古稀之年的先生,看见自己毕生憧憬和追求的理想社会,在中国共产党的领导下已经成为现实,由衷地感到高兴。

此时,见一位位青年学生用心观察,不断地在画板上勾勒、描摹,先生会心地笑了,不时指点学生取景角度、用笔技法……

秋风起,秋意凉。师生沉浸在美景中,绘画热情高涨。见学生们十分投入,先生漫步前行。

1955年秋　老王笑

"当——当——当",一阵有节奏的敲击声从不远处传来,先生循声而往,远远看到一群筑路工人正干得热火朝天。走近一看,发现人群中一位六十左右的男子特别引人注目。他面色黝黑,须发皆白,身着白衫黑裤,裹着黑头巾,尽管体型瘦削,但手中挥动的锹镐却着地有声,干脆有力。秋风不时吹拂着老人头巾外的缕缕白发,老人毫不在意,和大伙一起用力敲打着岩石。吆喝着、敲打着、说笑着,飞扬的尘土,费力的活,无疑是辛劳的,但大家却热情高涨,干劲十足。

先生好奇,趁他们休息,上前招呼老人:"老伙计,您这年纪怎么还出来干着累人的活?吃得消吗?""嘿嘿,没事!您瞧我这身板,硬朗着呢!""是呀,老王干活甭提多带劲了!能为新中国建设出力,老王吃苦也是甜,心里乐呵着呢!"旁边一位青年后生笑着说。"哈哈哈,就是嘛,咱们现在是主人!虽说年纪大了点儿,但总感觉有使不完的劲儿!"先生也被他们的热情感染,和老人一起朗声大笑。此时,彩霞满天,霞光映红了老人的脸。先生看着不觉心动。

老人的笑,回响在先生的耳畔;老人扬眉吐气的主人翁姿态,深深烙在先生心上。回到学校,他激动得挥毫泼墨,一气呵成,一幅名为《老王笑》的人物画便诞生了。

看着这幅画,先生仿佛又见老王,又感受到了许许多多像老王一样的普通人民在新中国当家做主人的欢欣和自豪。

一生从事艺术教育,培养了大批美术人才的吕凤子先生,何尝不是这样呢?

老王的笑,也是先生的笑。新时代、新人、新事让他的艺术人生再写新篇。凤先生将翻身后的工农搬入画面,画风为之一变,具有浓郁的时代感和生活气息。其创作的作品构思巧妙,技法简练而气势夺人,具有很强的艺术感染力,获得了社会的肯定和美术界的极大好评。

六十年后的今天,当我们再次看到吕凤子先生的这幅《老王笑》时,再听一听先生的大儿子吕去疾先生的评价:"先生的画好,好在哪里?好在绘画线条,他能表达各种各样的感情。他心里所想的事情,却可以放到画上来,画就代表吕凤子,吕凤子就是画,两者合二为一。"

确实,先生如画,画如先生。正如先生所言——人生制作即艺术制作。

邹红梅根据《吕凤子画鉴》整理编写。

高尔泰忆正则

当今时代,标准化生产早已成为高效高产的关键,量身打造、个性制作却成了可望而不可及的奢谈。这对于身处黑暗落后的旧中国的艺术家来说,更有深刻的体会。欧风美雨、西学东渐成了那个时代的关键词,也成了中国传统文化必然经受的考验。不学西方就意味着死路一条,而放弃传统恰又是没有特色的无能表现。

1942年艺专合影

宁沪线上位于镇江和无锡之间的丹阳,是一座毫无特色的小城;正则艺专所在的白云街,是一条毫无特色的小街;战后才从重庆迁回原址的私立正则艺专,是几栋灰色的二层楼房,也毫无特色。这是高尔泰①对丹阳以及正则艺专的最初印象,也是我们后来丹阳人对那所传说中的艺术殿堂的隔膜所在。我们已经很难想象这样一所普通的艺专却培养出了无数杰出的艺术大师。15岁的高尔泰就是怀着这样的疑惑与信念、忐忑与决绝,从条件优越、环境优美的苏州美专转学闯入了这所艺术的圣殿。

对于转学,现在的高尔泰回忆起来依旧是自信的。他说无论是吴侬软语,还是西洋素描,他当时都觉得自己与苏州美专是那么的格格不入。

---

① 高尔泰:著名美学家、画家、作家,旅美学者。1935年生于江苏省南京市高淳区,早年就读于江苏师范学院美术系。先后在敦煌文物研究所、中国社科院哲学所、兰州大学、南开大学、南京大学任职。现居美国,为内华达大学访问学者。著有《论美》《美是自由的象征》等。

奇怪的是,普通的小城、貌似毫无特色的正则艺专却给了高尔泰家一般的感受。高尔泰深情地回忆道:"我那时十五岁,是全校年龄最小的一个;画名挺好,颇受注意,所以也不再撒野,变成了规矩学生。"那么是什么样的力量使得这所名不见经传的普通艺专吸引了高尔泰?又是谁在领导着正则艺专走出了自己的特色发展之路呢?

"我去时,他已很老,不再亲自上课,只当名义上的校长。他穿着老式长衫,有时到画室里转转,有时拄着拐杖,在荒凉的校园里散步。矮小、瘦削,微微有点佝偻,眼镜的黑色边框很粗,就像是粗墨线画的。"这是高尔泰对晚年吕凤子的素描。历经沧桑、已近古稀之年的吕凤子似乎走到了人生的尽头。然而,吕大师并没有就此停留下来,他仍在健步前行,以自己的方式教育着一代又一代的艺术爱好者。

晚年的吕凤子摆脱了战乱的阴影,倾全力构建起一所涵盖各个学段的艺术院校!他在思索,他在努力,他在探索,他在坚守!他相信人生即教育,艺术即人生,而艺术是不能复制的,人生更是需要创造的。于是,在吕凤子的执着之下,貌似毫无特色的正则艺专相对于同时期另外一所践行中国西画的近现代学校苏州美专而言,更具有个性化的特色。时隔60多年后,2004年1月,已成为著名美学家、画家、作家和旅美学者的高尔泰在其自传体回忆性散文集《寻找家园》一书中对母校私立正则艺专进行了深情的忆念……

当时的高尔泰仿佛是一下子闯入大草原的初生牛犊一般,对正则艺专的一草一木,一人一事都记忆犹新、刻骨铭心。

索居独处、以针代笔的杨守玉,博采众长、兴寄无端的吕去疾,

正则商校学生合影

爱用书法做比喻却讲授构图学的程虚白,教书法却讲音乐和武术的黄涵秋,还有讲美术史却当场以指作画的张祖源等,正则艺专的教授们各有特色、皆有专长,给少年高尔泰留下了终身难忘的印象,甚至于图书馆的两位不知名的管理员,都成为高尔泰艺术生涯的启蒙者。

高尔泰说,他每天晚上都在画室里看书,而在正则的图书馆里,正有很多他爱看的书。当时管图书的是两个老太婆,一矮胖一瘦高,都终生未婚。她们介绍高尔泰看了不少世界文学名著,看了竟还要问他感想如何。有一次,高尔泰去还《大卫·科波菲尔》,她们问怎么样?高尔泰说很美很生动,但不深刻。她们说怎么啦?高尔泰说比方说,最后密考伯先后当了印度总督,好人有好报,皆大欢喜。但是英国人有没有权利统治印度这样的问题,就没有一个人想到。如果是俄国作家,是一定会弄个人出来问一下的。她们听了却嚷嚷起来,一个说他不会看书;另一个说文学要的是美不是深刻。一个说深刻是思想的事,思想是哲学的事,同文学没有关系;另一个说怎么没有关系,你说尼采是诗人还是哲学家?于是她们两个对嚷起来,眼睛瞪得大大的,花白头发一竖一竖的,一会儿又和好了,于是借给高尔泰一本尼采的《查拉斯图拉如是说》和四本罗曼·罗兰的《约翰·克利斯朵夫》。这件小事被高尔泰生动地记述下来,我们由此可以窥一斑而见全豹,可以想象出当时正则艺专虽僻处小城丹阳,却早已站到了世界潮流之上。

艺术教育如果与人生教育相结合,那么育人也就等于艺术创作。因此,我们不再怀疑,正则艺专不仅成就了个性鲜明的成功学生,也培育着了不起的艺术大师。因为大师吕凤子匠心独运,以兼容并蓄、博古通今、特立独行的方式孕育着每一位正则学子!

朱伟根据高尔泰著《寻找家园》(北京十月文艺出版社 2011 年 6 月版)整理编写。

吕叔湘——

立定脚跟处世

放开眼孔读书

语言之妙 妙不可言 吕叔湘

吕叔湘生平简介

吕叔湘先生跟孩子在一起

吕叔湘(1904—1998年),江苏丹阳人,著名语言学家,教育家,翻译家。1926年毕业于国立东南大学外国语文系,曾在丹阳县中学等校任教外语。1936年赴英国牛津大学、伦敦大学留学,1938年回国后先后在云南大学、华西协和大学、金陵大学、中央大学等学校从事中文教学和研究。1950年至1952年任教清华大学(中文系教授)。1952年起调任中国科学院语言研究所,历任研究员、副所长、所长,中国科学院哲学社会科学学部委员、语言研究所副所长、所长、名誉所长。1976年至1985年任《中国语文》杂志主编,中国语言学会会长。他是第二、三届全国政协委员,第三、四、五、六、七届全国人大代表,第五届全国人大常委会委员、法制委员会委员。

吕叔湘致力于语言文字研究,著有《中国文法要略》《文言虚词》《中国人学英语》《汉语语法分析问题》《现代汉语八百句》《资治通鉴标点斠例》《〈马氏文通〉评述》等,主编《现代汉语词典》。获香港大学荣誉文学博士学位,当选美国语言学会荣誉学员,俄罗斯科学院外籍院士。

吕叔湘能取得如此辉煌的科学成就,其学术精神,用他自己的话概括就是"求真,能贱";其实践运用上的特色,用语言界同仁的话说,就是"龙虫并雕"。1987年,吕叔湘返乡,回到曾经任教过的丹阳县中学,真情演讲"求真,能贱",欣然题词"立定脚跟处世,放开眼孔读书",倡导"精、活、实"的语文教学改革。吕叔湘的人格魅力和教育思想激励着一代又一代丹阳学子不断成长。

年少好学

1904年12月24日,在历史文化丰厚、民俗风情古朴、地处吴头楚尾的江南水乡古镇丹阳,伴随着一阵呱呱啼哭声,一个婴儿出生了。这个小生命就是后来成为一代宗师的著名语言学家、语文教育家吕叔湘。

吕叔湘故居

吕叔湘幼年时家境富裕,父亲以诚经商,亦贾亦儒,重视教育;母亲为人憨厚,心地善良,常常接济穷人。1909年春,吕叔湘4岁多了,母亲钱氏思量着该送他进学堂了。那一天的下午,母亲在院中叫住了正在玩耍的吕叔湘,温和地摸了摸儿子的头,微笑着说:"儿子,娘今天带你去个新地方。""好玩吗?"天真的吕叔湘仰着头问。"好玩,里面有小伙伴,还可以学到新东西。"母亲依旧一脸温和地说着。机智的吕叔湘立马反应过来:"母亲,是私塾吧。听大哥二哥说,私塾里有长长的戒尺,先生可严厉了,我去了是不是也会被打!"母亲笑了笑,蹲下身子,双手抚住儿子的肩膀,又用一只手摸摸他的小脑袋:"先生只是对犯错的学生凶而已,像你这么聪敏懂事的孩子,先生会喜欢的。"而后起身牵着儿子的小手向私塾走去。

院门外,过午的春日阳光和煦地铺洒在这座小城的各个角落,将母

子俩的身影投射在幽长的石板路上；丝丝微风陪伴着母子俩。很快，母子俩到了私塾的门口。"人之初，性本善，性相近，习相远……"从私塾未曾关严的门缝中飘出阵阵书声。小叔湘的手里沁满了汗，母亲带他走进大门的那一刻，他的腿连跨门槛都跨不动了，手攥得更紧了。当看到一袭长袍的先生似笑非笑地朝他们走过来时，他再也不愿向前迈出一步了。

他站在那儿，眼里只看到整齐的课桌，甚至还瞥见了那长长的戒尺。至于母亲和先生谈什么，他一点也不知道。他忽然发现课桌后冒出的小脑袋摇摇晃晃，很可爱，小伙伴的脸上没有想象中的难过，反倒是"赵钱孙李，周吴郑王……"这些字从他们小嘴蹦出来时是那么亲切。吕叔湘不由心生羡慕，慢慢放开了母亲的手，不由自主地走向门口。

母亲和先生谈完相关事情后，回头发现儿子那小小的身子正紧紧挨着门，眯着眼往教室里瞧呢，嘴里也念念有词："人之初，性本善……"见此情景，母亲松了一口气，先生也上前怜爱地摸了摸他的头称赞道："孺子可教也。"

在简朴的私塾中，吕叔湘读完了《大学》《中庸》《论语》和半部《孟子》等。先后遇到两位多才博学的先生，尤其是后一位先生给他们讲《左传》的故事，让年幼的吕叔湘初次感到中国古典文学的魅力。

上完两年初小，吕叔湘以优异的成绩考入丹阳县第一高等小学。这是该县最早的一所高等小学，校址坐落在县城白云街中段，即现在的丹阳实验小学。

1918年夏，夜已深了，窗外的蝉仍不眠不休地叫着，没有一丝风，夜空中的明月也早早地挂在天上。屋里的吕叔湘满心烦躁，他想着晚饭时父亲的话："你马上高小毕业了，我打算让你去朋友店铺当学徒，学学做生意吧。我已经跟店老板说好了。"刹那间，吕叔湘觉得嚼在嘴里的那口饭没了滋味。尽管与同学夏翔商量过准备同去常州考中学，但终究父命难违，眼眶里的泪滚闪了两下，他重重地咽下那口饭，轻轻地答道："好吧……"

饭后进入房间已有两个时辰了，吕叔湘看着自己高小获得的奖状，看着自己学过的堆叠整齐的书本，想想父亲坚毅决绝的眼神，长叹一声：

"这或许是一种新的活法吧!"汗顺着他的脸颊滴下来。无奈、不舍、迷惘而又孝顺的吕叔湘再一次铺开作业本,他要将这复杂的情感融进那规规整整的方块字中,就把这一晚的认真习字当作告别礼吧。

天空渐渐露出鱼肚白,吕叔湘像往常一样,早早起床吃饭,跟父母行过礼后去上学了。"还有几天了,我得好好珍惜这上学的日子。"吕叔湘默默念着,但稚嫩的脸上还是藏不住忧郁的神情,这一切被国文老师看在了眼里,得知原委后老师什么也没说,只是拍了拍吕叔湘的肩膀,叹了口气,转身离去了。

平淡却又充实的学习生活又少了一天,背着书包回家的吕叔湘慢吞吞地走着,似乎这慢可以延长他求学的路。不长的一段路被他走了近半个时辰。低着头的吕叔湘进家门时,意外地发现父亲在院子里踱着步,父亲可是很少有这种闲情的呀。父亲见儿子回家了,依旧踱着过来:"儿子,方才你高小的老师让人捎话给我,说像你这样的学生不升学非常可惜。为父也知道你喜欢读书,只不过丹阳没有中学,你想上中学就得独自外出,你敢吗?""我敢!"一向在父亲面前拘谨的吕叔湘再也按捺不住自己的喜悦,脱口应承了下来。而后,退了两步,恭恭敬敬行了大礼:"谢谢您,父亲,我一定会学习好,不辜负您的期望。"看着判若两人的儿子,吕叔湘父亲严肃的面容里多了一些笑意:"看来这决定是对的。"

薛晓琴根据《吕叔湘全集》有关内容编写。

立定脚跟处世　放开眼孔读书

"存诚能贱"励一生

常州是个风景秀雅、人文荟萃、经济发达的江南历史文化名城,江苏省常州中学就坐落于此。在20世纪初,该中学有另一个名字:江苏第五中学。在学校的花名册上,瞿秋白、刘半农、钱穆、刘天华等一个个如雷贯耳的名字,熠熠生光。

1918年,吕叔湘来到这里求学。

1987年　吕叔湘先生为母校常州中学题词

那天,身着学生装的吕叔湘和夏翔坐在大礼堂聆听开学典礼上的讲话。这是新生入学时,童斐校长要做的第一件事。庄严持重的童校长,一边指着悬挂在大礼堂墙壁上的两块匾额"存诚、能贱",一边讲解校训:"存诚,就是做任何事情,包括读书求学,待人接物,都要诚心诚意。能贱,就是不要以为进了五中,就自认高人一等,而不屑做一些平常的琐屑之事。要看得起普通人,要习惯自己做一切平凡的事。"童伯章校长这几句掷地有声的话语,使年少的吕叔湘暗暗点头,铭记心中。后来,他严格遵照并践行着校训,无论在教室,在图书馆,还是在校园的其他地方。

在江苏常州第五中学,吕叔湘最喜爱国文和英语。在学习的日子里,即使在假日,吕叔湘都手不释卷,天天苦读。

老师讲英语课,其中有许多单词,非常难记,因而背记单词便成为当时英语课的一只"拦路虎"。为了克服这个困难,一天,吕叔湘约了夏翔同学躲进一间阴暗的自修室里,两人苦读硬记,进行比赛,直到把整本英语课本里的每个单词背得滚瓜烂熟，才走出屋子。在校期间，他还读了大量的英文图书，通过参加英语作文竞赛，在英语写作上得到了很好的训练。

有一次，在学《史记》节选时，他就把《史记》的原文从头到尾通读了一遍，并一篇一篇地进行分析，甚至在旁边写下批注，连《伯夷列传》里有一句被历代注家解释错了的话，他都在阅读过程中发现并加以校正。对其中一些精辟言论和难得的资料，吕叔湘视为珍宝，不惜时间和精力整篇整段地用毛笔把它抄录下来，放在桌头，随时翻阅学习。除此之外，他读完了《论语》《孟子》《礼记》《左传》等书，常常写些二三百字的笔记小文章。在教室外面的走廊里，设有一个学生优秀作文揭示处，当时的学生曾见到过许多好文章，其中署名为吕叔湘的文章，是最能引起大家注意和敬佩的。

在学校里，吕叔湘是最安静的一个学生。除了老乡夏翔，他一般不与同学多往来。这除了性格使然，最主要的是吕叔湘没有浪费饱览群书的大好机会。闲暇时候，他最喜欢的地方就是教室旁边的图书室。

图书馆的摆设很朴素，几张干净的桌子，几排靠墙的书架，各种各样的报刊杂志资料。可是这对于青年吕叔湘来说，已经是无限的快慰与惊喜了。那里没有任何干扰，吕叔湘经常在阅读室里一坐就是许久。进去看书时一声不吭，坐下后只有轻轻的翻书声。在那里，吕叔湘总是一头扎进书的世界，心无旁骛，勤快地做着各类笔记。看到有关材料或感兴趣的东西，他的眼睛更亮，迅速拿起自己做的卡片，不让有价值的材料从眼前溜走。老师发的借书卡，他往往不到半年时间就用完了，上面密密麻麻的字告诉我们他已经借了好几十本书，于是再换一张新的借书卡。

在江苏第五中学就读的八个学期里，吕叔湘考了七个第一名，这个成绩是轰动全校的。而这成绩，印在同学和老师的心里，刻在教室、图书馆和宿舍里，留在亭石花木之上，也融入以后的琴声、歌声、书声里。

为期四载的中学时代，是吕叔湘人生历程中一段刻骨铭心的如诗道路。在这里，他汲取了营养，丰富了学识，造就了情怀，书写了一本厚厚的人生经典。自此，吕叔湘带着一双明净的眼睛，带着一双健壮的腿脚，走向更加广阔的天空！

王月华根据《与太阳的对话》有关内容编写。

一专多能　博学百科

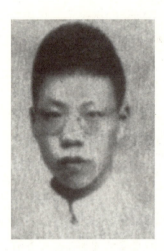

在常州中学读书
时期的吕叔湘

　　1922年的初夏,黄梅天不早不迟地来了。同属江南小城的常州也笼罩在一片烟霭迷濛之中。气温不低,这天气让一帮即将从常州中学毕业的学生非常难熬。闷热的空气裹挟着重重的湿气,让每个江南人都如裹着一层油布。吕叔湘此时也在这一群纠结的学生中。

　　前几天回家时,父亲曾建议他考法政专门学校(相当于现在的政法学院),因为吃过打官司的亏,父亲还盼着他学成后来替他打理生意。

　　眼前讨论得热火朝天的同学们,有好几个准备考交大,也鼓动他去考交大,可他有着自己的"小算盘"。身边有好多青年受五四新文化运动的影响,都准备献身文化工作。而且他自己也对五四思潮中的"推崇民主、崇尚科学、文化救国"感兴趣,觉得自己读了这么多年的书,完全可以承担起"普及教育、开启民智、改造社会"这一历史重任,如果违背自己的心愿,这将是多么难受的事啊!

　　七月来临,暑气逼退了梅雨,那坚定的想法也渐渐站稳"脚跟":决定报考国立东南大学文理科(这里的文理科,相当于现在的文理学院)外国文学系(后改为外国语文系)。就在这一年的秋天,他如愿收到了该校的录取通知书。大学的课程很多,根据当时学校的规定,除本专业课程外,还必须在文科和理科的几组课程中选修若干学分,如中文、历史、物理、化学、地学、生物学、心理学等课程。他不仅在本专业上刻苦钻研,成了"学霸",而且在选修课程方面博览百科,成了"杂家"。

大学复杂的课程让一向骄傲的吕叔湘也有些力不从心,他只能勤奋、勤奋、再勤奋。他在读书的时候,遇到有用的材料,从不放过,一定抄录下来,"说不定什么时候有用"。就这样,吕叔湘认认真真读完了两年大学。

可天有不测风云。1924 年夏,刚回宿舍的他接过一封家书,打开信,却是父亲去世的消息。他有些不知所措,眼前的汉字似乎变得陌生,眼泪扑簌簌地流了下来。他呆呆地坐着,如八年前一样茫然。家里的顶梁柱没有了,大学的课程还没有结束,难道他就这样辍学了吗?

回乡奔丧之时,一向瘦弱的母亲发话了:"老三、老五继续念书,老四辍学回家接管父亲的生意。"

知子莫如母,他的母亲用瘦弱的身体撑起了这个家,让他继续读书。他暗下决心,既然读了就要读出成绩来!这个信念支撑他念完了四年大学,也成就了他后来的事业。

薛晓琴根据《与太阳的对话》有关内容编写。

旧婚姻新恋爱

1948年　吕叔湘夫妇在南京合影

是年，吕叔湘22岁，俗话说"男大当婚，女长须嫁"，加之吕叔湘家境较为富裕，自身又学识渊博，年轻有为，自然前来吕家说媒的就多了。在那个年代，男女婚姻仍属"父母之命、媒妁之言"的包办婚姻，和当时大多数青年一样，吕叔湘和程玉振的婚姻也是父母一手包办的。对包办婚姻，当时的青年有的人坚决反对，非解除不可。吕叔湘接受过高等教育，自然也懂得婚姻自由的道理，但他对此并没有表现得十分激进，而是欣然接受了"父母之命"却又不完全屈从于旧式婚姻的枷锁，他设法与程玉振会面、通信以培养感情，因此成就了一段佳话。

程玉振当时在丹阳县正则女子中学上初中。学期末了，学部举办了一场书画展览。当时吕叔湘与程玉振从来没有见过面，他只晓得程玉振在女子中学上学。为了更多地了解程玉振的情况，他前往观看展览。忽然，一幅书法作品吸引了吕叔湘，书写流畅，清雅秀美，再一看落款：程玉振。这三个字深深地映入了他的眼帘。回来后便对别人夸奖："程玉振的字写得很好。"一句朴实的褒扬，可见年轻的吕叔湘对程玉振的些许好感，也正是这次机会，他更想见一见这位素未谋面的"未婚妻"了。

春风解绿江南树，绿湿红鲜水容媚。一个美好的春日午后，这对年轻人终于在古运河畔见面了。初次见面，出于礼貌，吕叔湘提前在约定的地点静静等候着程玉振的到来。程玉振终于来了，她穿着朴素而又整洁的学生装,留着齐耳短发,身材虽娇小,但皮肤白皙,五官清秀,尤其是那双灵动的眼睛特有神。吕叔湘想到了程玉振的书法,不禁赞叹道:"字如其人,字如其人呀!"程玉振被逗乐了,莞尔一笑,在明媚阳光的映衬下,更是青春可人。第一次见面,两个年轻人很投缘,相谈甚欢。由于旧式婚姻的约束,见面的次数不易频繁,因此,两人约定通过书信的方式增加彼此间的了解。

书信交往一开始进行得很顺利,吕叔湘发现程玉振和自己有着共同的文学爱好,常言道"志同道合最容易成伴侣",他们时常在信中交流、探讨,彼此间无话不说,感情也随之与日俱增。可是时间一长,程玉振的一举一动还是被她的父亲发现了。程的父亲是个教私塾的老学究,心想:"男女尚未结婚,怎么能私下见面通信呢?"于是就把吕叔湘寄来的信锁在抽屉里,不再给女儿看。吕叔湘知道后,就写信给他这位未来的老岳父,讲解通信的好处。为此,还特地拜访了程的父亲,老先生看到年轻的吕叔湘言谈举止彬彬有礼,浑身上下透露着一股儒雅之气,一下子没了主意。后来,程老先生找儿子(程玉振的长兄)商量后终于同意二人联系。

程玉振初中毕业,家里认为女孩子读完初中就足够了,而且当时在丹阳,初中毕业就可以谋一个教小学的职位,所以不打算让她再升学。吕叔湘坚决不同意,找到程玉振的哥哥说:"将来结婚宁可不要嫁妆,但必须让程玉振继续上学。"程老先生无奈,只好同意。程玉振因此得以进入苏州女子师范学校深造。此后,吕叔湘常去苏州看望未婚妻。

1927年,吕叔湘与程玉振结为夫妇。在七十多年的风风雨雨中,二老相敬如宾,相濡以沫。"死生契阔,与子成说。执子之手,与子偕老",这便是二老婚姻生活的真实写照。

张邱根据《纪念吕叔湘先生百年诞辰》改编。

两度工作　成就校名

1926年,是中国近代史上动荡最为激烈的一年,军阀混战频仍,国内形势波谲云诡,中国大地千疮百孔,人民生活痛苦不堪。

吕叔湘中学校门一瞥

这年6月,丹阳县城迎来了一位曾在这里出生并度过了童年时光的家乡学子——吕叔湘。吕叔湘离开家乡已有八年,但他对丹阳家乡的大街小巷、大小店铺还是那样熟悉。他听说就在一年前,与他家只有城河相隔的西门府馆巷城隍庙改建成了一所名叫"丹阳县立初级中学"的学校。吕叔湘身穿一身干净笔挺的中山装,梳着二分头,揣着国立东南大学的学士毕业证书,怀着教育强国的梦想来到了丹阳县中。当时丹阳县中只有两排新平房,和破旧的寺庙形成了对比。他隐隐感觉到教育何尝不是如此呢,要打破不合时宜的教育,另起新式现代的教育制度。他这样想着想着,突然听到一位操着北方口音的声音:"吕叔湘,欢迎你来到我校。"吕叔湘回过神来说:"您是陈湘圃校长吧。"陈校长说:"我俩是同行呀,我也是学英语的。"吕叔湘说:"您是北师大的教授,我可是您的晚辈学生……"说着说着,他们一起走到了校长办公室。

陈校长开始布置教学任务。陈校长说："现有两个班,我教一个班英文,你教一个班英文。由于工作量不饱,委屈你兼教两个班的国文文法。不要紧,这儿有你同乡马建忠编著的《马氏文通》。"吕叔湘就认真研读教材,一边试教,一边开始钻研汉语语法。《马氏文通》是吕叔湘年轻时最为用功研读的一本书,不仅极大地开启了他对汉语研究的浓厚兴趣和思考空间,也源源不断地促使他在后来的语言学研究领域不断开拓新的境界。

一年后,即1927年暑假后,校长陈湘圃改任省立徐州中学校长,继任的校长是何金元。半年后,何金元被地方势力逼得辞职,吕叔湘也跟着辞职到苏州去教书。

1926年暑假到第二年的寒假,吕叔湘乐此不疲地在丹阳县中工作了一年半。这就是吕叔湘一进一出丹阳县中。

时隔半年后,1928年,丹阳县中情况很不好,吕凤子等共商对策,把一向在杭州教书、跟丹阳教育界无甚关系的何其宽找回来担任县中校长,希望借此能缓和矛盾。何其宽又把吕叔湘请回来担任教务主任。

1934年　吕叔湘夫妇和子女在苏州合影

另外又从外地请来几位有学问有经验的教师。一时间,教师阵容整齐,学校气象为之一新。可这是不符合某些地方势力愿望的,他们不断给何其宽制造困难。何其宽感到棘手,只干了一学期,又不得不辞职回到杭州去教书,吕叔湘也辞职去安徽省第五中学教书,暑假后仍到苏州中学任教。在苏州中学一直工作到1936年春前往英国留学。

1928年的下半年,吕叔湘回丹阳县中只工作了一学期,这也可以说是吕叔湘的二进二出丹阳县中。虽然吕叔湘在丹阳县立初级中学(现为吕叔湘中学)前后工作只有两年时间,却深刻影响了中国汉语言学的研究。从江南文化名城丹阳、从吕叔湘中学走出了我国语言学界的一代宗师,是每个丹阳人的骄傲。

丹阳县中历经八十五年的发展,几易其名,在 2003 年 9 月正式更名为吕叔湘中学。从此吕叔湘中学在教育家文化办学的理念下翻开了新的一页。

吕明春根据国学网(http://www.guoxue.com/jinxiandai/lvshuxiang/lsx.htm)有关内容编写。

跨洋过江　亲人团聚

1937年7月7日,日军制造卢沟桥事变,侵占平津以后,紧接着发动"八一三"事变,向上海大举进攻,对上海狂轰滥炸。此时,在英国留学的吕叔湘得到消息,想到在丹阳的一家老小可能很快陷入战火,忧心如焚。他立即写信给妻子程玉振,让她一定要带家人撤往后方,绝不能待在沦陷区。

程玉振带领一家老小和哥哥一家人打算坐火车撤往后方。当时的车票已经一票难求,挤上火车更不容易——车厢里挤满了,车顶也人满为患。程玉振带着一家老小根本挤不上去,只好雇了黄包车到镇江,乘英商的"黄埔号"轮船前往汉口。等上了船,结果甲板上也满是人,躺都躺不下,就连上厕所都很难挪动。没有栖身处,两家十几口人只能窝在过道边的一角,老人孩子因为晕船吐得死去活来。程玉振顾了这个,又顾不上那个,但是丈夫的嘱托支撑着她这个平时看来娇弱的女子。幸运的是一路还算风平浪静,"黄浦号"终于历尽艰难来到汉口。

到达汉口后,程玉振又带家人历尽千辛万苦,辗转前往长沙。可是这里人生地不熟,而且当时撤到后方的人很多,一家人只能挤在一间破旧的屋子里。屋子虽破,但也总算有个安身之处。安定下来之后,程玉振立刻给丈夫写信,告诉他这一路的遭遇和家里的情况。吕叔湘收到信后,想象妻子一个弱女子带领家人在战乱中奔波的艰辛,想到一家老小在异地他乡生活无着的凄苦,再也无心等待留学期满,立刻买了船票,乘船回国,并将归国日期也电告家人。

等吕叔湘乘坐的轮船抵达香港,已经是1938年4月了。下船后的吕叔湘一心记挂家人,顾不上路途劳顿,马不停蹄地乘火车赶往长沙。他按信上所写地址寻找家人,一路上已经有很多地方被日军的轰炸机炸毁了,长沙城到处是废墟!吕叔湘一边祈祷家人平安,一边加快了脚步,终于找

到那间小屋！谢天谢地它还在，虽破旧却无恙！他激动地推门进去，却发现已经人去屋空！原来长沙为湖南省省会，日本发动侵华战争后，一直将占领长沙视为重要的战略目标，1937年11月开始，就对长沙进行轰炸，很多人为了避难迁出了长沙城。当时的吕叔湘内心茫然：这偌大的长沙城，到底我的家人在哪里？他们是否还平安？又或者他们是否已经离开长沙？

不过他很快冷静下来，他相信家人收到他的信，知道他要来长沙与他们会合，应该不会离远；他相信在这长沙慢慢打听，早晚会有家人的下落！于是他找了一家旅馆住了下来，每天上街打听家人的下落，一边打听，一边不忘留下自己的联络方式。日子一天天过去，眼看半个月过去了，家人却一点消息也没有。一天，吕叔湘拖着疲惫的身躯从街上回来，心里不无失落：又是毫无消息的一天！明天，希望明天就能找到他们……

刚进门，门房就告诉他：吕先生，有人找你……话音未落，吕叔湘已经抬头看见了朝思夜想的程玉振，她就站在哪里，离自己只有几步远的地方！吕叔湘简直不敢相信自己的眼睛——"从别后，忆相逢，几回魂梦与君同"，不会又在做梦吧？正在他迟疑的时候，热泪盈眶的程玉振已经跑了过来，激动地抓住吕叔湘的手："终于找到你了！"

原来，程玉振他们在长沙刚安顿了半个月，就遭遇日军轰炸，政府勒令疏散，他们就迁往湘潭郊外、湘江中间的一个叫杨梅洲的小岛居住。"知道你从英国回来，要来长沙与我们团聚，找不到我们一定很着急，最近我一直在哥哥的陪同下满长沙城找你。今天，日本飞机轰炸时，我们挤在防空洞里，遇到了从老家逃难来的小澄，他隔着人群对我嚷：'三姐，我看见三哥了，他住在长沙旺新旅馆！'我一出防空洞就来找你了，你果然在这里！"程玉振激动地诉说着他们团聚的经过，吕叔湘觉得这真像一个故事，一个发生在戏台上的悲欢离合的故事！

郭长芬根据《吕叔湘全集》有关内容改编。

风雨故人来

——与叶圣陶亦师亦友

20世纪40年代,就在吕叔湘对学术研究孜孜不倦之时,他有幸结识了对他后半生产生了重大作用的良师益友——叶圣陶。

1987年　吕叔湘(右)与叶圣陶合影

叶圣陶和吕叔湘在教育中志同道合,结下深厚友谊,在教育界传为美谈。

1948年,吕叔湘去上海开明书店工作,与朱自清、叶圣陶合作编写了《开明文言读本》(试用本)。这本书的成功编写,展现了吕叔湘的语言才能。吕叔湘从1952年起直接参与了国家语言文字政策的制定,开始编写《现代汉语词典》。据他后来的回忆:那三四年的时间是十分艰难的,资金有限、时间紧迫、资料繁杂、工程浩大。这一切都让吕叔湘的工作陷入了困境。而在这个时期,叶圣陶先生挺身而出,不断向当时还年轻的吕叔湘传授自己的经验,在审查委员会里提了一些意见和建议。后来《现代汉语词典》受到了多方好评。吕叔湘先生发自肺腑地说:"这个编者中如果问还缺少谁的名字,那肯定是叶圣陶先生。"后来吕叔湘和叶

圣陶先生也在中国语言教育的重点上达成了一致,多多翻译国外名著,让中国的青少年能够真正感受到国外的先进思想。他们将研究的触角转向教学实际,让学术不流于表面,真正做到实用。也许朋友就是这样,在工作上志同道合,在生活中互相支持。

"文革"的十年动乱毫无疑问是中国文化史最黑暗的一段时期。"只有运动,没有文化"是那段时期最真实的写照。叶圣陶和吕叔湘在那段时期都受到了迫害。初期,他们被批斗,抄家,下乡劳动。而这段时期吕叔湘总跟叶圣陶说:"坚持,不要放弃,总有解放的一天。中国的语言研究还不成熟,我们不能放弃。"而叶圣陶也会报以欣慰的笑容说:"坚持!坚持!"而在"文革"后期,叶圣陶总是在孙子的陪伴下带上最新一期报纸去看望吕叔湘。静静地陪他看完,然后再把报纸带回来免得落人话柄。每当这时,吕叔湘总是轻轻地说声:"谢谢叶先生,谢谢!"很多有名的学术文人在这场动乱中遭到迫害甚至自杀身亡,而叶圣陶和吕叔湘在互相支持互相陪伴中熬过了这场灾难。1977年,"文革"结束后,叶圣陶赠给吕叔湘两首诗:

华西初访犹如昨,既接清芬四十年。
邃密深沉殊弗逮,愧存虚愿欲齐贤。
并致信达兼今雅,译事群钦凤擅场。
颇冀移栽名说部,俾因椽笔得深尝。

叶圣陶去世的时候,吕叔湘失声痛哭。在纪念叶老百年诞辰的时候,吕叔湘不顾自己年迈的身体,亲赴追悼会现场,题词追挽:

我以君为师,邃密深沉,愧无什一。
君以我为弟,点拨提携,奚至百千。

后来的吕先生在耄耋之年,还参加了大百科全书语言文字卷的审稿工作,仍十分关心国内外学术界和教育界的动态与发展,完成了叶老对他的期望,对中国语言文学做出了卓越的贡献。

郭长芬根据《与太阳的对话》有关内容改编。

主编《现代汉语词典》

《现代汉语词典》是由国务院指示编写的一部以规范现代汉语、推广普通话为宗旨的中型词典。1956年2月6日,周恩来总理亲自签发了《国务院关于推广普通话的指示》,责成中国社会科学院语言研究所编写该词典。由吕叔湘先生这样一位学识渊博、组织力强的学术大师负责编写《现代汉语词典》,是时代的正确选择,是中国语言文化和语文教育事业的幸运。

编纂《现代汉语词典》,无论是对百废待兴的新中国,还是对在学术领域已经声名鹊起的吕叔湘先生来说,都是一件大事,一项大工程。《现代汉语词典》总结了20世纪以来中国白话文运动的成果,第一次以词典的形式结束了汉语长期以来书面语和口语分离的局面,第一次对现代汉语进行了全面规范。《现代汉语词典》在辞书理论、编纂水平、编校质量上都达到了一个新高度,是辞书编纂出版的典范之作。它的发行量之大,应用面之广,为世界辞书史上所罕见;它对现代汉语的统一与规范,对研究、学习与正确应用现代汉语,对扩大我国与世界各民族的交往,都有着重要的影响。

"主编"一词在如今的出版界水分很大,那时的"主编"头衔可谓货真价实。当时,从组建编辑室到一条一条仔细审稿定稿,先生全部亲力亲为。作为主编,先生一开始就告诉全体编辑同志:"编纂《现代汉语词典》是前无古人的开创性工作,以前的汉语辞书都是以文言为主的,从来没有人做过这样的收普通话词汇、用普通话解释、举普通话例子的新型汉语辞书工作。所需要的各种条例和资料都得新起炉灶,自己制定,自己收集。这一项工作需要每位同志竭尽全力。"先生还说:"要编好一本辞典,就要全面收集大量资料。"先生这样说,更是身先士卒,亲力亲为。为编写好《现代汉语词典》,他收集了上百万张卡片的资料,堆在一起像一座小山。是的,这确实是知识领域的一座山峰。先生还对工作人员语重心长地说:"掌握了第一手资料只是万里长征的第一步,之后,还要对资料进行全面、认真的分析与综合,工作相当繁杂,同志们要发扬愚公移山的精神。"

1958年开始编写后,吕先生风雨无阻,每天准时到词典编辑室上班。当时先生住在中关村,早晨乘公共汽车上班,晚上乘公共汽车回家,中午饭就是家里带来的馒头。先生是有胃病的(后来还做了手术),只吃馒头喝开水显然极不适宜,可当时却只能如此。艰苦的条件并没有影响到先生工作的热情和进展。编写词典的工作纷繁复杂,就像流水线一样,一环紧扣一环,一环卡住就要影响到后边的工作,所以每项工作都十分紧张。编写人员每人每周要编写一百条,一个组长一周要审改六百条,先生一周要定稿一千五百条,工作量惊人,他白天上班,晚上还把稿子带回家里去看。

1958年冬,语言所搬到端王府,先生搬到拣果厂居住。据北京大学汉语语言学研究中心陆俭明教授回忆,先生每天晚上和星期天都到所里来加班,风雨无阻。陆教授感慨道:"吕老的这种不怕吃苦的干劲和精神,很多年轻人都自愧不如啊!"整个编写工作层层把关,细致严谨,先生和他的继任丁声树在《现代汉语词典》整个编纂过程中言传身教。后来在整个编辑团队中就形成了一种独特的"现代汉语词典"精神:与时俱进的创新精神、严谨求实的敬业精神、不计名利的奉献精神和齐心协力的团队精神。

可以说,先生任主编期间,投入了全部身心,倾注了全部心血。先生以其博大精深的学识,严谨务实的态度,科学细致的作风和出色的组织能力,带领编辑团队花了三四年时间,终于完成了《现代汉语词典》这一浩大的国家工程的试印本。

第一版面世后,吕叔湘先生依然关注着语言的最新发展,他跟有关同志交流时特别强调:"词典要跟上时代需求,不断地及时地进行修订。"

这一年先生已经79岁。

如今,《现代汉语词典》已经出至第六版,发行了5000多万册,走过近60个春秋,陪伴了上百亿的华夏儿女,成为各国人民学习汉语、研究汉语的最重要的工具书,是我国汉语词典中引导汉语规范、享誉海内外的辞书精品,开创了我国辞书编辑出版的新时代,为我国普通话的推广和语言文字的规范化做出了巨大贡献。

翻开厚重的《现代汉语词典》,我们仍然可以看到先生勤恳耕耘的身影,感受到先生严谨务实的学术风范。

徐留军根据《与太阳的对话》有关内容改编。

别把婴儿和洗澡水一块儿泼出去

1958年8月,中国社会科学院语言研究所召开针对吕叔湘、王力、黎锦熙等人"资产阶级"学术思想的批判大会,大会是在语言研究所会议室举行的。吕叔湘进入会场,看到满座的年轻人都神情严肃,一张张脸上漠无表情,一个个都变了样儿:认识的都不认识了,和气的都不和气了……显然,这些同事都已经"端正态度,站稳立场"了。

吕叔湘成名作《中国文法要略》

会议主席先做了个十分诚挚的动员报告,大致说新中国把旧社会过来的知识分子全部接收下来,取他们的专长,不计较他们的缺点,指望他们认真改造自我,发挥一技之长,为人民做出贡献。可是,大家且看看一两年的成绩吧:质量不高,数量不多,错误却不少。这都是因为旧社会遗留下来的封建思想和资产阶级思想使文化事业背负着沉重的包袱,束缚了生产力,以致不能充分发挥作用,只是散乱地在原地踏步。新时期的知识分子一定要抛掉旧思想、旧意识的包袱,轻装前进。有些同志的旧思想、旧意识根深蒂固,并不像身上背一个包袱,放下就能扔掉,而是皮肤上陈年积累的泥垢,不用水着实擦洗,不会脱掉。革命群众号召旧社会过来的知识分子:别存侥幸,观望徘徊,企图蒙混过关;应该勇敢地跳进水里,洗净垢污,加入人民的队伍;自外于人民就是自绝于人民,绝没有好结果!希望大家勇于开展批评与自我批评,帮助这些资产阶级知识分子早日甩掉包袱,洗掉污垢。

一阵静默之后,一个年轻人站了起来,这位年轻人刚到研究所,就被指定撰写批评吕叔湘的成名作《中国文法要略》。当时,许多年轻人想成为被上头信任与器重的指向哪儿就打哪儿的工具,甚至有很多年轻人以成为"工具"为荣。这位年轻人受此"鼓励",当然也十分激动,第一个站起来对包括《中国文法要略》在内的几部语法著作乱批一通,火力十足:

"你们这些资产阶级知识分子,祖祖辈辈喝劳动人民的血,骑在他们头上作威作福,饭来张口衣来伸手,只贪图个人安逸,只追求个人幸福,全不知民间疾苦,从不想到自己对人民有什么责任,当然说不上对他们的感情了。

"你们中很多人留过洋,受资产阶级思想影响,只知道崇洋慕洋,内心充满了资产阶级的信念。对你们来说,工作只不过是饭碗儿,工作的目的是为了赚钱,学识只是本钱。你们上大学、留学、读学位都是为了积累资本,本钱大,就可以赚大钱。这都说明自己是惟利是图的资产阶级,斤斤计较的都是为自己的私利!

"人家讲科学救国,你们主张文学救国;不但救国,还要救人——靠文学的潜移默化。那请问王力,你的那些'汉语真正系词的产生,大约在公元第一世纪前后,即西汉末年或东汉初叶'的研究如何潜移默化地救人?吕叔湘你的'补词是指动作之所由起所以止,以及所关涉的各方面'的观点如何救国?你们现在所谓的研究脱离政治,为艺术而艺术,别说救国救民,简直一文不值!"

此时,下面已由刚才的静默变成一片呵斥声,王力和黎锦熙两人都穿一身灰布制服,挤坐在一个角落里。他们各自拿着笔记本,好像在做记录,听到这里,都面目黧黑,背冒冷汗,哪里还敢为自己辩解。吕叔湘听到这里十分恼火,但他明白在这些"热昏了头脑"的年轻人面前,讲道理是一定听不进去的,所以他压住怒火,用他一贯的平和语调说道:"西方有个寓言——别把婴儿和洗澡水一块儿泼出去。意思说有人给婴儿洗澡,最后连婴儿带洗澡水一起泼出去了。洗澡水是应该泼出去的,婴儿是不能泼出去的。同样道理,我认为知识分子应当带头改造自我。知识分子不改造思想,中国就没有希望。所以给知识分子思想洗澡是很有必要的，我也借群众的眼睛看到了自己个人主义、自由散漫、躲在象牙塔里不问政治、埋头业务不问民生疾苦的缺点。但我们不能一竿子打翻一船人，不要把正确的也当成错误，批得一无是处。"

吕叔湘运用了巧妙的比喻手法，以情感人，收到了很好的效果，启发了那些头脑过热的年轻人冷静思考。一些当年参加过"批判会"的年轻人，如今很多成了专家、学者，每当提到那时候的事，都十分惭愧，对吕先生当时的勇气和这个生动的比喻仍记忆犹新。

郭玉娟根据《吕叔湘全集》有关内容改编。

思想得用语言表达

1965年，吕叔湘同志在给"语文研究新成果系列讲座"讲习班的学员们讲课当中曾经讲过这样一个小故事：有一个叫得卡的法国印象派画家，除了画画之外还喜欢作诗。有一天，他去找他的诗人朋友马拉梅，得卡说："我呀，一肚子的诗，有很多诗的思想，却不能把它写出来，这是什么问题？"马拉梅就对他说："老兄呀，诗这个东西，是拿语言把它写出来的，用文字把它写出来的，不是用思想写出来的，思想没法子写，要写就得用语言。"

就这么一个小故事引发了吕叔湘先生的深入思考，他想：文学作品是用语言做媒介，用语言把它写出来的。这个道理，中国古代的诗人、散文作家懂，现代诗人、作家，有的懂，有的就不太懂。现在的文艺评论都是在强调生活，说一个作家要有生活，没有生活写不出东西，这话很对。但是要把生活经验转化为文学作品，要通过一种媒介，把生活转变成作品要通过语言。而现代的好些文艺评论家，开口生活，闭口意识形态，却从不讲语言，这样的文艺批评是片面的。文艺批评家这样讲，学校的老师也就跟着这样讲，也在讲生活，讲意识形态，却很少讲语言，这样讲一定是片面的，是绝对讲不好的。

想到这里，吕叔湘一头扎进书海，查阅到了两本文学史，一本是刘大杰的《中国文学发展史》，一本是社会科学院文学研究所的《中国文学史》。他认真阅读这两部著作对杜甫的作品语言的评价。刘大杰的《中国文学发展史》讲的不多，讲的是杜甫入蜀以后，他的作品就有一种"逍遥恬静的风格"，很笼统的几句，好像杜甫运用语言的能事就那么一点，没多少可以说的。文学研究所的《中国文学发展史》对杜甫语言的研究和讲述比较深入和具体，有专门一节讲"杜甫诗歌的艺术成就"，说他是"精工锤炼，卓然成章"，又说"他的风格主要表现为'深沉凝重'，或者如

他自己所说的'沉郁'","或雄浑、或悲壮、或奔放、或瑰丽、或质朴、或古简、或轻灵,无不达于胜境",就是说他各种风格都有。文学院的研究中说到"杜甫的诗歌在语言艺术上的成就,也是非常突出的",例如他的用字"星垂平野阔,月涌大江流",一个"垂"字和"涌"字都用得非常好。研究所对杜甫的语言研究还发现:杜甫善于运用民间口头语言和方言俚谚,他还掌握了中国语言的声韵,他的诗不仅具有形象的美,而且具有音乐的美。

查阅了这两部文学史之后,吕叔湘又找来了《苕溪渔隐丛话》这本书,看看这里面杜甫、苏轼、韩愈、欧阳修、王安石等大家的作品,然后对他们的语言运用进行认真的比较分析,他发现,古人讲文艺作品,都非常重视作家怎么运用语言,有些什么特色。

吕叔湘先生通过这样严谨的文献查阅,验证了自己的想法:文学作品中语言的运用是非常重要的,现在的评论家讲文艺忽略语言,讲内容不谈语言的运用,是非常片面的。

吕叔湘先生对现代研究文学的同志提出了关于语言和文学的建议:有的题目说明是专讲思想的,当然应该讲思想,但是也可以多讲讲作家是怎么运用语言,就是有思想也不能赤裸裸地把思想往作品里面搁,得给他穿上语言的衣服,用语言把思想表达出来。简单地说,题目是讲语言的固然是要讲语言,题目是讲思想的也要讲讲思想是怎么运用语言来表达内容的。

袁玉清根据《吕叔湘全集》有关内容改编。

"五七干校"的岁月

"五七干校",是"文化大革命"时期全国各地各部门根据毛泽东"五七指示"兴办的农场,是对党政机关干部、科研文教知识分子进行劳动改造、思想教育的地方。

20世纪60年代中期,吕叔湘正处在现代汉语语法研究的高峰期,若干重要问题的专题研究正在按部就班进行的时候,"文化大革命"冲击了他的所有工作。不久,吕叔湘和中国社会科学院的大多数人一起到了河南息县"五七干校"劳动。

那是1970年的一个春天,火辣辣的太阳炙烤着一片片农田。"老吕,你今天到棉田里去干活!"一声令下,吕先生被分配到了棉田劳动。这活儿细、要求高,不好干,加上温度太高,光是弯腰站上几小时就够不好受的。而吕先生那时已六十多岁,在棉田里还没干几分钟,头上的汗珠就顺着脸颊一滴滴滚到了地里,可是吕先生没喊一声累,竟还乐在其中。只见他肩上挂着条毛巾,卷了裤管,锄草、施肥,一刻不停,就像在制作一件极其重要的工艺品那般认真细致,怪不得人们开玩笑说:"老吕干活跟他写文章一样,字字斟酌,棵棵优待啊!"他就是这样,哪怕是除草、施肥,都像写文章一样严谨而认真。这样严谨的作风伴随着他生活的方方面面。

有人问吕先生:"你干这活儿行吗?"他一听便笑了起来,乐呵呵地望着脚下的劳动成果,一脸满足地说:"我干这活儿挺合适,个儿矮,少弯腰,不吃亏。"幽默风趣的话引来了大家一阵欢笑。看似无趣的乡下生活,却被他"演绎"得如同身在世外桃源般悠然自得。

后来有一次,语言所的一个女孩儿带同伴到干校去玩,到了午饭时间,女孩说:"你就在我们食堂吃吧,我带你去买客饭票。"等买完出来,她问同伴:"你知道刚才卖给你饭票的那个人是谁吗?他就是吕叔湘。"

对方愣了半天,惊讶地说:"啊?那位就是鼎鼎大名的吕叔湘?没想到竟然在这儿卖饭票!""告诉你吧,他不仅要卖饭票,还要负责到食堂卖饭和管账呢!"吕叔湘管账,账目清楚,分文不差,从数字到表格,无不工工整整,清清楚楚。为了让大家放心,还定期结账公布。管账亦如著文章,吕老凭着自己的严谨作风,把任何工作都做得有条不紊。

在食堂卖饭时,吕叔湘最怕卖半个馒头,又烫手,又怕掰不准,大伙儿一边排队一边催着说:"老吕,我们干了这么多活,好不容易盼到吃饭了,您这馒头可得给我们掰准了啊。"吕先生听了,实在不忍心看大伙一副吃了大亏的样子,于是他每回都屏气凝神地掰,久而久之,居然练就了一掰就准的功夫。有人开玩笑地说:"老吕的手啊,比秤砣子还准哪。"

从此,严谨细致就成了吕先生的代名词,并深深地烙在了大家的印象里。

在那样命运叵测的迷惘世界里,当艰苦的劳动把人搞得筋疲力尽的时候,吕叔湘依然淡泊明志,执著追求,无怨无悔,以自己严谨的品质做出了常人无法做到的事情。

姜丽萍根据《与太阳的对话》有关内容改编。

阳光招生

1976年,王恩从德阳中学"借调"到四川大学协助工作。但由于是四川大学红卫兵知名人物,就只有一条路:回德阳中学当体育教师。可他又不甘心,想挣扎冲出去。于是,他决定报考研究生。

这时恰好吕叔湘先生招收现代汉语专业研究生,记者访谈时,吕先生表态:"公开、公正、公平竞争","英雄不问来路","唯才是举"。王恩知道吕先生是社会科学院语言研究所的所长,现代汉语的第一号权威,德高望重,考不上也好做阿Q安慰自己,有个自嘲的退路。于是他义无反顾地报了名。

有一天晚上,有四个编写大字典的工作人员在现场,王恩也在,其中一位领导认真地说:"考什么研究生啊?吕叔湘的研究生那么好考?吕先生早就内定有人了。"这句话对他打击太大了。他一天十多个小时的拼命不觉苦,因为心里有希望。这一来,精神彻底垮了,书也无法读,昏昏糊糊地睡了三天。实在气不过,一怒之下,就给吕先生写了一封信。信中言词颇为激烈,并说明信息的来源,即时间、地点、证人,然后说:"既然已内定了人,又何必说什么'英雄不问来路'?吕先生德高望重,欺骗天下学者,心何以甘?"用挂号信寄给了吕先生。

吕先生没有给他回信。但听说,他给那位领导去信,严肃申明"绝无内定之事",并要那位领导亲自向王恩解释。王恩又燃起了希望之火,开始拼命备考。

经过严格的初试,王恩居然取得了复试资格。1978年7月,王恩去北京语言研究所参加复试。复试成绩很不理想,主科现代汉语考了48分,主要是无法适应北京话的轻声与儿化,听不准,记音大多出错,失分太多。

笔试后还有一次面试,吕先生和语言研究所的四位老师接见复试的考生。

王恳走进去,有一个老师问了他的名字,并问是干什么的。王恳回答说是教师。

一个老师又问"教什么?语文还是外语?"

王恳回答说"体育教师"。

那四个人颇为吃惊,其中有两个人惊异地站了起来,又问了一遍:"体育教师?"

王恳说:"是,他们只让我教体育。"

吕先生并不吃惊,他慈祥地看着王恳说:"你就是王朝贵?四川大学那个给我写信的王朝贵?"

王恳只好应答:"是的,是我写的信。"

吕先生说:"来复试的六个人,我一个也不认识。传言我内定了人,你相信吗?"

又问王恳:"我让×先生给你作解释,讲了吗?"

王恳如实回答:"没有。"

吕先生不再说什么。只问了一句:"对编字典感兴趣吗?"

王恳不知道他问这个问题是什么意思,就率真地回答:"太枯燥,很不感兴趣。我想读书。"

回成都后,王恳心情很沉重,估计考研究生失败了,准备回去当体育教师吧,又不甘心。他又给吕先生写了一封信,谈到十一岁从山村出走求学,谈到曾用功学习,成绩不错,谈到十年"文革"的荒唐,谈到对往日的痛心疾首,谈到目前的处境,迫切想读书……

过了二十天,不曾想到吕先生给他回了一封信。信的开头称他"朝贵同学"。这么大一个人物,这么亲切的称呼,真叫人热泪盈眶。接下来,话语很平淡,说写给他的信收到了,寄去的读书笔记也收到了。但有一句话让王恳很感动:"对你的情况能理解。"却没有说表示同情这样的话。

第二段说,根据他的复试成绩,不符合录取条件。当时语言研究所正在编写《现代汉语词典》一书,吕先生是主编,是负责人。他有意让王恳参加这一工作。当时面试时问过王恩是否对编词典感兴趣,可是王恩说"很不感兴趣"。于是吕先生也不再作此考虑。

　　吕先生在信中还说王恩的中文基础不扎实,特别是古代汉语,有必要系统地补补课。他已向北京大学朱德熙先生介绍了他的情况,有可能去北京大学当朱德熙先生的研究生,同时补中文系的基础课。下面一句王恩至今还背得上:"朱先生有可能录取你,也有可能不录取你。你静候佳音好了。"王恩一下子跳了起来,有吕先生推荐,能不录取吗?吕先生说"静候佳音",他如此德高望重,可是随便说的吗?

　　吕先生的信王恩读了不止二十遍,一字一句都能背诵。至今,他还保留着这封信,就这样王恩成了北京大学中文系的研究生。

　　何卫峰根据《吕叔湘全集》有关内容改编。

"文革"后语文界的一声惊雷

我国著名的语言学家、语文教育家吕叔湘先生,不仅在语言研究领域著述宏丰,而且从40年代起直至生命最后时光的半个多世纪中,一直关注并研究着语文教学及其改革,写下了大量文章。其内容博大精深,尤其是关于语文教学改革的一系列精辟见解,对我们有着重要的启发意义和指导作用。这其中有一篇振聋发聩和拂尘见真的文章给当时"文革"后百废待兴的教育界一声惊雷,开启了教育改革的春天。

1978年初春,北京乍暖还寒。十年动乱刚刚结束,语文教学备受摧残,语文教学研究几乎扫地以尽。在刚刚重新组建的中国社会科学院的会议室内却一片春意盎然。在座的有语文教育的专家叶圣陶、吕叔湘、朱德熙、张志公等,还有一位中央领导同志,即主持社科院工作的胡乔木同志。大家十分激动,因为时隔十年,他们这些一直关注语文教育的专家和领导同志现在可以畅所欲言、坦诚交流。胡乔木向大家寒暄几句后,迫不及待地说:"我来是听取大家意见的,首先请吕老发言。1948年,吕老曾与叶老、朱自清前辈合编过供高中学生用的《开明文言读本》和《开明新编高级国文读本》。60年代,吕老借商务'语文学习讲座'这一阵地,把语言学的理论研究成果运用于文章评改,对人们正确运用语文来表情达意进行了具体切实的指导。我相信他的发言很有权威。"吕叔湘早就对语文教学掌握了第一手资料,从公文包里拿出了讲稿,侃侃而谈。吕叔湘先生针对"四人帮"对语文教学的破坏,对语文教学提出了三点意见。吕老动容地说:"中小学语文教学问题是个老问题,也是当前不容忽视的一个严重问题。中小学语文教学效果很差,中学毕业生语文水平低,大家都知道,但是对于少、慢、差、费的严重程度,恐怕还认识不足。"他还说:"十年的时间,2700课时,用来学本国语文,却是大多数不过关,岂非咄咄怪事!……这个问题是不是应该引起大家的重视?是不是应该研究研究如何提高语文教学的效率,用较少的时间取得较好的成绩?"胡乔木同志听了汇报后,认为讲得很好,就让秘书把吕老的发言稿拿给他,他看了之后说:"话虽不多,可提出了一个重要问题,可以在《人民日报》登一下。"于是,3月26日《人民日报》以《当前语文教学中的两个迫切问题》为题发表了吕老发言稿的前两部分(第三部分是谈图书资料建设)。

吕叔湘的这篇文章,被誉为"一声惊雷",引起语文教育界的震动,使语文教学的研究与改革掀起一个高潮。1979年12月,全国中学语文教学研究会成立大会在上海举行。吕叔湘出席大会,被选为会长,并发表《关于中学语文教学的种种问题》的讲话(刊于《语文学习》第1期)。

吕明春根据国学网(http://www.guoxue.com/jinxiandai/lvshuxiang/lsx.htm)有关内容改编。

一台录音机和一个新领域

阳光下,一张光洁白皙的脸庞,透着棱角分明的冷峻;浓密的眉毛叛逆地稍稍向上扬起,长而微卷的睫毛下,有着一双像朝露一样清澈的眼睛,高挺的鼻梁……他是刚进语言所的一位年轻人,很聪明,也很有才华,吕叔湘先生很喜欢他。可惜他有些急功近利,一进研究所就急于出成果,以施展大学里的抱负。此时,吕叔湘先生任副所长,分工领导现代汉语研究室,恰巧是他的"顶头上司"。平日里,吕叔湘总是不断地观察他。他看到这位年轻人搞研究还没有上路,今天抓这个小题目做一下,明天又换个题目写一篇,很为他着急。看着这个年轻人,吕叔湘先生不禁陷入沉思之中。

一天中午,他特地把年轻人叫进办公室闲聊。吕叔湘说:"冰冻三尺非一日之功。做学问来不得急于求成!"年轻人听了以后,脸不禁红了。吕叔湘又接着说:"你勤于思考和动笔,这是好的,但千万不要企图用小本钱做大买卖啊!做学问一定要讲究个'实',要占有材料。"吕叔湘要求他系统而深入地读别人的研究论文,写提要,写札记,做卡片,锻炼做研究工作的基本功。他依着吕叔湘的话,几年中间读了六十多篇论文,并都写了详细的提要。而其中吕叔湘给他的一台录音机,给了他莫大的帮助,真是受益无穷!

"文革"中,吕叔湘作为中国社会科学院语言研究所的负责人,一边潜心研究,一边还要艰难地领导、管理语言研究所。有一次,语言所的一位年轻人在下放的工厂碰到一个说不清道不明的问题,几个工人围着他问:"老师,为什么有的人会说不会写,而有的人却会写不会说?你是研究语言学的,给我们解释一下吧。"年轻人想了半天,答不出来,只好避开工人们殷切的眼神,支支吾吾地说:"这个,这个我还没有研究过……"

回家的路上,他考虑再三,突然灵光一现:这不正是口语的研究对象吗?要是有部录音机,把别人说的话录下来,再同他写的文章来对比,不就可以找到规律了吗?他为自己的这个想法兴奋不已,马上掉转自行车车头,直奔吕老家去了。

吕老了解了年轻人的来意,轻拍着他的肩膀,很是欣慰:"你在工厂劳动还能不忘语言研究,很难得啊!"听了年轻人反映的情况,看着年轻人期待的眼神,吕老很感兴趣地说:"语言有两方面:一是书面语,一是口语。眼下前者受重视,后者被忽略。你想做口语的调查研究,很有意义。可以用录音机把人们说的各种风格的话录下来,包括受过教育的和没受过教育的,有准备的和没准备的。录下来后把它们一个字一个字地整理出来,再跟写的比较。"停了一会儿,又沉吟道:"至于录音机嘛,我来想办法。"

很快,这位年轻人拿到了录音机,走上了口语研究的道路。他马不停蹄地奔走着,到工厂,到农村,录到了一部分讲话,还搞到了一部分书面对比材料。他兴高采烈地去找吕老,把录音带放给吕老听。

静静地听了几段,吕老不觉皱起了眉头,他不满意这些录音,便诚恳地对年轻人说:"你录的这些都是政治口号啊,这不叫口语。你应该录点日常生活的话语,那样才有意义。"

看着年轻人有点茫然的神情,吕老起身翻找出一份报纸,轻轻递到年轻人手上,微笑着对他说:"你看,昨天报上还登了有家母女失散30年团圆的事。你要是找到那对失散的母女,录下她们的话,再拿来跟报纸上的报道比较,那多有意思啊!"

吕老的几句话,让年轻人心头豁然开朗。他下工厂,串街道,访亲友,找线索,跑了北京许多地方,按照吕老的教导,认认真真地录下了50多篇口语材料。吕老眼看年轻人的工作有了长进,就又把他找来,带着笑意问:"做研究工作的人,总要把自己的研究成果展现出来。你有没有想过自己来出一本书?"年轻人一怔,顿时激动不已,但随即又脸红起来,他迟疑地望着吕老:"我?我能行吗?"吕老笑着鼓励说:"你前面的工作做得很细致、很踏实。现在,你要好好整理材料,在这个基础上,你完全可以写一本书。我已经帮你拟了个提纲,你拿回去再研究一下。"看着吕老殷切的目光,年轻人紧紧地握着手上吕老写满提示和注解的信签,坚定地点了点头。

1978年11月，这位年轻人写成了书稿，吕老仔细审读、精心修改之后，亲自写信，把书稿推荐给一家出版社。第二年，年轻人的第一本著作《说和写》问世了，后来一版再版，发行了几十万册。这本书出版不久，吕老担心年轻人会像有的人那样自满自足，就又给年轻人写了一封信，信中恳切地说："你的第一本书出版，这对于一个人来说是个大事，也是个了不起的成绩。希望出这本书以后，千万不要骄傲，要看到自己不足的地方，去争取更大的成绩。"

正像吕老早就说过的那样，在语言学研究方面，口语研究是不太为人注目的。这位年轻人有一段时间很是沉闷，因为他的课题难于列入科研选题。了解到这一情况后，在现代汉语研究室的一次选题会议上，吕老目光扫过坐在角落里的年轻人，又落在众人脸上，语重心长地说道："口语研究也很有价值，我们还应该研究一下中小学师生的口语。所里是不是派一个同志到中小学蹲一两年？"话音刚落，这位年轻人立刻两眼闪光，一跃而起，主动请缨："这个选题我有兴趣，我愿意到中小学蹲点，实验口语教学，提高中小学师生的口语水平。"

他连续在中小学蹲了两年，进一步扩展、丰富了口语研究的范围和内容。这期间，他写了30多篇论文，发表在各种杂志上。之后，还写成了一本《小学口语教学》和一本长达28万字的专著《汉语口语》。十多年间，在吕老的指导下，这位年轻人从录音入手研究口语，走面向社会、面向群众、面向应用的研究道路，取得了丰硕的成果，总共发表了140万字的著述。

这位年轻人就是后来在汉语口语及教学研究中取得突破性成就的语言学家——陈建民。后来，在接受记者采访时，他感慨而又深情地说："是吕老带我闯进口语研究这个领域。取得一些成绩后，他又告诫我不要忘乎所以，仍要扎扎实实地开拓。吕老的话，我一辈子也忘不了！"

杭巍、王银凤根据《与太阳的对话》有关内容改编。

不要拿10亿人的共同语言开玩笑

说起这句话的来历,不得不提《读书》杂志。《读书》创刊于1979年,是一本以书为中心的思想文化评论杂志。其开放的思想、直面社会问题的议论和隽永清新的文风,赢得了广大读者的喜爱。

在《读书》的第一批作者中,有吕叔湘、王祖良、张中行、金克木等国宝级学者。据主编沈昌文先生回忆说:"吕叔湘先生在很长一段时间里都坚持每月到编辑部开会。还随身携带勘误表,指出文中的错字。不能亲自来时,就写一封信给主编交流感受。""不要拿10亿人的共同语言开玩笑"就是吕叔湘先生给主编沈昌文第22封信中的一句话。

自《读书》创刊以来,吕叔湘每期必看,有错必纠,几乎在每封信中都列着一张或长或短的正误表,并且必定亲自工工整整地写信给编者指正。他曾调侃说:"我简直得了错字敏感症!"乍看似一句笑话,却勾勒出吕老对语言文字的严谨细致和求真务实,以及对全社会全民族语言文字水平的责任感!而每每说起这些信,沈先生总觉得有一种说不出来的感动与敬畏,信中的话也时时鞭策着作为主编的他。

"沈主编,做杂志的宗旨是什么?我们的责任又是什么?"主编沈昌文还没来得及回答,吕老又说道,"《读书》的编辑宗旨是面向大众读者的,不是同仁刊物,不要把料器当玉器,不要把鱼眼睛当珠子,不要拿10亿人的共同语言开玩笑。"他拍着沈昌文的肩膀说:"我们总编辑是负责采稿的,编辑是负责'挑刺儿'的。任何技能都必须具备两个特点:一是正确。二是熟练。"在一期《读书》中,他发现八处错误都集中在一篇文章中,他开玩笑地说:"一定是那篇文章的原稿太乱所致。"还有阿英《关于巴黎茶花女遗事》的错,三联出版社出版《宽容》的错,《傅雷家书》的错,鲁迅译《死魂灵》中注释的错,等等,也都一一被他指正。

曾经有这么一种说法:语言学家研究语言,但自己的文章写得不一

定很精彩。但吕老的文章清晰、简练而口语化，完全摆脱了文言的束缚，最值得学习(周有光《我的人生故事》，第47页，当代中国出版社，2013年)。另外他看到好的作者，好的文章也怜惜不已，还及时把自己的意见反馈给大家。如，在审阅一期《读书》期刊后，不仅表述了自己的看法，还提了一些很有价值的意见。他说："柯灵的《爱俪园的噩梦》是不多见的好文章；樊纲的《股份制度考》最让人佩服；《瓦萨里和他的艺术家列传》针对性不明，会让读者觉得'没来由'；《历史追寻》看不懂，吞吞吐吐，什么恩怨沧桑，也没说出个所以然；《我不入地狱，谁入地狱》内容不错，为文字所累，可惜；杨季康《介绍〈小赖子〉》是专家的拿手戏；陈原《忆宾符》更能感动人，他把人物写活了；《美国文坛的一件神秘故事》有点噱头的味道，发表是可以的，但目录中的题目，用表示重要的'方头'字体则不必。"

还有一次他看到一篇讲陈寅恪的文章，写得不错，但"并未真正搔到痒处"。他说："说话的人，尤其是写文章的人，要处处为听者、读者着想，竭力把话说清楚，不要等人家反复推敲。"然后就这篇文章，他提出了三点想法。其一，陈的绝技是小中见大，在别人熟视无睹处发现问题，这一点，作者没提。其二，陈做学问不免剑走偏锋，此文却对他的朴学大大恭维一番，这是乾嘉诸老不会首肯的。其三，拿吕思勉与陈寅恪相提并论，是拟于不伦，可比的应该是另一位陈先生，援庵先生，史学界向有南北二陈之说，但援庵可佩也可学，寅恪可佩但不可学，学不了。

吕叔湘先生给《读书》主编沈昌文先生共写了22封信。吕叔湘为提高中华民族的语言水平，再基础的工作都身体力行，将自己的宏愿通过实际的工作来实现：既雕"龙"，撰写语言学术理论著作；也雕"虫"，推广普通话，就连推行简化字、普及语文教育等通俗小册子、小文章甚至青年学者的小文章也不放过。

朱迎春根据《与太阳的对话》有关内容改编。

校勘《苏轼诗集》成遗笔

吕叔湘先生从小受过系统的教育,博古通今,学贯中西,难能可贵的是学习思考、学术研究成了他一辈子都无法割舍的生活需要。到了晚年,躺在病床上还手不释卷。

先生在众多古文典籍中,尤其钟爱宋人笔记和苏东坡的诗词。平时给青年学子或子孙题赠,常常录的都是苏诗。1982年,中华书局出版了新校的八册《苏轼诗集》。先生拿到后便饶有兴致地读起来。读着读着,学术研究的细胞就活跃起来,先生忘记病体,不知不觉从床上下来,戴上眼镜,伏于书桌之上,像十年前校勘《三国志》和《资治通鉴》一样,把书中校勘方面的问题一一圈点,加以记录。几天下来,颇有心得,先生便一鼓作气,对笔记稍作整理,就成了一篇洋洋洒洒的学术文章《整理古籍的第一关》。没过多久,发表在《出版工作》上。

出版《苏轼诗集》的中华书局看到后既惊讶,又欣喜,有的说:"吕老见解独特,思虑深远,如此严谨的治学精神,如此高超的学术水准,古今罕见!"有的感叹:"吕老79岁高龄依然学术热情高涨,老当益壮,可喜可贺!"还有的干脆建议:"吕老对中华书局如此厚爱,我们应该高度重视,登门求教啊!"

中华书局的编辑都被先生的学术热情感染了,立刻来到先生的家里。凑巧,先生正埋首于书桌前,定睛一看,恰是《苏轼诗集》的第六册。大家都情不自禁地鼓起掌来。先生摆摆手,笑着说:"只是消遣,打发时光。"先生如此谦和,众人感佩之心愈加强烈,细加翻阅,大家的眼睛都越发地亮堂起来:书上或用红笔勾画,或夹纸条写意见,涉及人名、地名、官名、史实、佛典、经传引文等,以及对文义理解的歧见等,林林总总,大大小小共一百二十多条!

临行前,中华书局的编辑说:"吕老,我们想把您批阅过的《苏轼诗

集》第四、五、六册借回去好好研究研究,您看行吗?"先生满口应允,还打趣道:"记得到时候再送我一套,我特别喜欢苏轼!"编辑部的同志十分感动,连连点头说:"一定,一定!"

中华书局参照先生的批注,对《苏轼诗集》进行了逐条逐项的补正,并于1986年重印。

度过90华诞以后,先生身体越发的虚弱,只得长期在医院疗养。阅读思考已经成为习惯的他无法全身心地静养,必须捧着书,读着字,想着问题,才能真正心静心安。大部头比较重的书捧不动了,先生首先想到的还是《苏轼诗集》,于是又饶有兴致地捧读在手。家人以为先生只是借以打发时光,但渐渐地发现,不知从什么时候起,书里又增加了先生的批注。

先生过世以后,《苏轼诗集》的编校者从家属手中借来这几本陪伴先生度过最后岁月的书,又读到好几处先生新近提出的点校意见。先生用几近颤抖的笔批阅的画面犹在眼前。而这些点点滴滴的文字,成了先生留下的最后文化遗产。

徐留军根据《吕叔湘全集》有关内容改编。

扶植后学张伯江

20世纪80年代中期,吕叔湘先生已八十高龄,卸去了所有的行政职务,也不再亲自带学生了,可是社会活动仍然很多。然而,无论吕先生多么忙碌,只要年轻人学习上有困难,他总是主动关怀,积极指引,不遗余力地给予帮助,丝毫没有大师的架子。

张伯江1984年大学毕业后,被分配到社科院语言研究所工作,并兼职做吕先生的秘书。

张伯江第二次去吕先生家的时候,吕先生送给他一本《吕叔湘语文论集》,并跟他说"你帮着我做事,我也应该在学习上帮着你。你在语法上有什么想法可以跟我说,写了文章拿给我看"。

张伯江在做秘书后不久,想考个研究生深造一下,吕先生知道后,表示非常理解,但又考虑到编辑部的工作,就建议他考个在职的研究生。一年后,临近期末考试的一天,吕先生见张伯江一副心事重重的样子,就赶忙追问原因,原来英语教材比较难,张伯江感到有些吃力,正为考试发愁。吕先生听了之后,很为张伯江着急,就主动提出来要帮张伯江复习英语,还说为了不让别的事妨碍,要利用中午时间给他讲练习。大家都知道吕先生有午睡的习惯,有什么事都从来不在中午去打搅他,张伯江怎么也不敢答应,可吕先生却很坚持,张伯江感动得不知如何是好。

于是,就在酷热的六月里,连着好几个下午,从一点到四点,吕先生为张伯江,逐一批改每道题,逐一讲解每个错误之处,满纸的疑难都叫吕先生那古朴而又帅气的红色笔迹一一化解,所有的担忧都在吕先生耐心而又细致的讲解后烟消云散。多年后,张伯江仍能清晰地记起那一个个闷热的午后,在那狭小的房间里,吕先生汗流浃背地为他辅导的情景。每当张伯江翻译英文时,脑海里还总是不由自主地想起吕先生的这句话"你怎么一个句子里能有两个动词呢?"

堂堂的一代语言学大师，甘愿牺牲自己的休息时间为一个秘书辅导功课，而今又有几人能做到呢？

凡是跟吕先生接触过的人，都为他崇高的人格和良好的学风所感染。人们很少听到他讲什么大道理，好多细小的地方却给人留下了极深的印象。

有一回，张伯江帮吕先生抄一篇稿子，张伯江知道吕先生一向都很认真，所以抄的时候一笔一画都不敢出错。可是没想到，吕先生看的时候还是一边看一边改，他用笔重重地把稿上每一处逗号的撇和句号的圆圈都描清楚。张伯江有些不解，说道："吕先生，你干嘛这么认真呢？"吕先生停下手中的笔，看着张伯江和蔼地说："你写的时候图省事，校对的时候就要麻烦了。"张伯江听了之后，惭愧地把稿子要了回来，自己一个标点一个标点地描起来。从那以后，张伯江每回写文章，都把标点点得格外清楚，对待研究工作也更加细致严谨。像这样的事情不胜枚举。

在吕先生身边工作的这些年，张伯江不仅学习了吕先生渊博的知识，感受了他无私的关怀，更多的是学到了他严谨的作风和甘于奉献的精神。

在吕叔湘先生的关怀和影响下，张伯江已从一个初出茅庐的小秘书成长为治学严谨、著作颇丰的语言学教授，成为中国语言学界的栋梁之材。

卢培根据《吕叔湘全集》有关内容改编。

对副主编言传身教

吕叔湘先生可谓语言学界的一代宗师,他博古通今、学贯中西、治学严谨、学问精深。可以说,吕先生就是中文的代名词。那施关淦又是谁呢?吕先生曾担任《中国语文》杂志的主编,施关淦是后来的副主编。两人的关系既可说是同事,又可说是前后辈。

1980年,施关淦在《中国语文》上发表了两篇文章。这两篇文章能够发表,吕先生有不小的功劳,因为那是在先生的指点下改出来的。那天小施拿到先生改后的文稿略有忐忑,当一看到先生给他的批注,不由得"噗嗤"一声笑了出来,手中的茶水都差点打翻了。先生到底写了什么呀?文稿上写着这么一行字"一勺糖加半杯水,甜津津,好喝;加一杯水,就淡而无味了"。这是什么意思呢?小施细细品味起先生的话来,糖?水?哦!原来先生的意思是这两篇文章,第一篇啰嗦,第二篇又太过简单啦!回味起先生原话,小施觉得甚是精湛。

1990年冬天的一个早晨,吕先生让人捎话给施关淦,说钱乃荣主编的《现代汉语》有点新意,给他写篇书评,支持一下这些年轻人!并把先生看后做过一些记号的书稿转交给小施,以供他写书评之用。一个月后,小施兴匆匆地给先生送去书评草稿,请先生来把关,草稿上的署名先生在前,施关淦在后。没过几天,先生将改好的书评让人捎来,小施打开一看,上面除了有先生改动的痕迹,还将署名改成了施关淦在前,先生在后。小施深感不安,先生德高望重,又是前辈,怎么能让先生排在自己之后。再说了,这篇书评要是没有先生事先做的铺垫工作,写起来哪能这么得心应手呢?不行,不行,得改过来。署名又变回了先生在前,施关淦在后。小施指着改好的署名自言自语道,这样才对嘛!谁知,这事让先生知道了,先生找到小施:"小施啊,几个人合写文章,谁出力多,谁就署名在前,这是国际上的通例,不要再改来改去了嘛。"

  1979年，施关淦给《中国语文》上发表的某篇文章做了加工。先生看了加工稿后，删去了一个例句，并在边儿上批注了四个大字"此例当删"。小施仔细看后觉得这个例句不能说明文章的观点，确实当删。多年后，施关淦成为《中国语文》的副主编，他始终将先生的教诲铭记于心，怀着严谨踏实的工作态度做学问。编辑文稿，严格把关，不放过一个笔误和其他的失误，以保证出版物的高质量。

  吕叔湘先生是位杰出的语言学家，一生治学严谨，著作等身。他热心事业、扶植后辈这些事，看似虽小，却件件令人感怀。先生"龙虫并雕"的精神和态度，实在是令晚辈景仰。

  杨丹黎根据《吕叔湘全集》有关内容改编。

编辑把关负责制

吕叔湘是我国知名语言学家、教育家,他治学严谨,工作认真,不仅在语言研究工作方面,在其他工作领域亦是如此。

1978年《中国语文》复刊以后,吕叔湘担任主编。后来他还担任国家出版工作委员会委员,并担任语文出版社社长。对于出版社的工作,他抓得既细又紧。

1981年,吕老在商务印书馆举办的"编辑出版业务讲座"上作了题为《谈谈编辑工作》的报告,指出编辑应当具有三个方面的修养:第一是业务知识;第二是语文修养;第三是技术问题。至于具体的编辑工作,他认为应该分五步进行:第一步决定稿子要不要用;第二步,对于有缺点的稿子,提出修改意见;第三步是核实;第四步是堵漏;第五步是整容,对稿子进行文字加工。最后,吕老直接明了地说:"作者和编者的关系可用两句话概括:一句叫作'文责自负',一句叫作编者把关,两者不可偏废。编辑尤其要把好关!"

1981年前后,《中国语文》编辑部收到一位年轻同志的论文,是研究孟子语言里的一个问题的。一位副主编认为这篇文章颇有水平,就送给吕老审阅。几天后,吕老把这位同志叫去,平静地说:"你查过加拿大学者杜百胜的书吗?这篇论文的材料和结论,可能在杜的书中都讲过。"这位同志到语言所资料室一查,果然像吕老说的那样。原来这位年轻人做了一个重复研究的工作。

1985年秋天的一个上午,吕老对一本书稿的终审情况很不满意,亲自打电话给语文出版社编辑部的一位负责同志,皱着眉头责问:"这本书我已经读过了,有些篇章质量很差,你是怎么审稿的?"

过了一小会儿,这位负责人才惊醒过来,忙解释说:"我抽审了一些文章,没有发现什么问题,以为那些文章大多是刊物上登过的,我们只是收编而已。"

吕老一听,更为生气,右手叩着桌子大声说:"刊物上发过的,我们都能收编吗?有的刊物是很不负责任的,有的发的是关系户文章!"

"我马上把您的批评意见向编辑部同志传达。"

"我是批评你的,不必传达。"

电话挂断了。接电话的负责人心里翻腾了起来。1980年,原中国文字改革委员会决定加强语文出版社的工作,让出版社真正发挥作用,请吕叔湘担任出版社社长。吕老考虑再三,总算答应了下来。他已近80多岁的人,许多实际职务都推掉了,只留下这一个职务。他希望出版社多出版一些语文方面的学术著作和其他好书,把语言研究的成果推广开去。他亲自过问选题,审阅重要书稿。他经常说,自己既然担任了这个职务,就不能挂个空名。他还说,出版社一定要出好书,不然他就不当社长了。想到这些,这位负责人不禁在心里暗暗告诫自己:"跟着吕老做事,以后一定要认真啊!"

吕叔湘管理出版社很注重把好每年的选题关。1985年年初,出版社一位负责人带上全部选题去当面向他汇报。吕老读了一部分选题以后,含蓄地笑着问:

"呵,你想赚钱?"

"出版社初办,经费太困难,财政部要我们自负盈亏,我是想赚点钱。"回答是诚恳的。

吕老此时严肃地说:"想赚点钱当然无可厚非,可不能一味为了赚钱,以致砸了出版社的牌子!不要忘了,招牌更值钱!"他建议删去其中一些选题。

这件事情发生以后,语文出版社的同志名正言顺地把老社长"缠"上了。凡是棘手的事情,难以决断选用的书稿,经常出现在吕叔湘的桌上,而他处理的办法也只有两个字——认真!

一次,一位老专家带着几个年轻人翻译了一本国外有关语言理论的专著,译稿寄到语文出版社。责任编辑几经阅读拿不定主意。出版吧,又怕内容太旧;不出吧,又觉得有点儿可惜。进退维谷之际,就向吕老请教。

吕老审读这本译著以后,明确指出:"这本书介绍给我国读者是有意义的。但是从译本本身看,译者水平参差不齐。应当请那位老专家重新校过,进一步提高水平。如果他不愿修改,那就只能算了。"

听了吕老的审读意见,责任编辑心中有了底,把书稿退给作者修改。

还有一次,出版社编辑部真正犯难了:一位老专家寄来一本讲稿,要求出书。编辑部读了这本书以后,一致认为材料和写法较旧。退稿吧,又碍于老专家的面子。这个不好处理的难题,又摆到吕老面前。

吕老审完这本书稿后,亲自出面给作者写信退稿。然后他语重心长地说:"你们不敢退稿,实际上还是不了解这些老专家。他们在语言学界工作了大半辈子,想出书是很自然的,想为语言学发展做贡献嘛。但是,鸟尚且爱惜羽毛,人焉能不爱惜名声?你只要讲清原因,他们自然会通情达理。何况我们坚持的是对读者和科学负责的原则,我们还担心什么?"

唐杨坤根据林玉树著《勇攀科学高峰》有关内容改编。

《咬文嚼字》主编谈吕叔湘咬文嚼字

1994年中秋节前的一个下午,《咬文嚼字》杂志社的主编郝铭鉴在吕老寓所的客厅里来回踱着步子,他是就《咬文嚼字》创刊一事来征求意见的。

这一年吕老90岁,因年高体弱,已经经常卧床了,闻听客人已至,便赶忙让爱人帮着穿衣服。听着卧室里窸窸窣窣的忙碌的声音,郝铭鉴内心忐忑不安,不禁四下张望起来。这时,他愣住了。客厅的陈设简单得到了简陋的程度:靠墙有两把早已磨得发亮的木扶手沙发,其中一把扶手已经断裂,用塑料绳草草绑了一下。沙发边有一只不知是书橱还是板箱改制的储物架,用一块白布遮得严严实实。就在这储物架顶上,搁着五六只图书馆常见的"报刊盒",每只上面贴有标签,里面插着吕老每天必读的报纸。

吕老为人朴实平淡,他不是没钱。50年代初,他把全部稿酬捐献出来,购买抗美援朝的飞机大炮;"文革"后,落实政策,吕老将拿到的几万块钱,用来设立青年语言学奖金;后来,又把六卷本《吕叔湘文集》的稿酬捐给了家乡的教育事业。客厅的简陋,更彰显了吕老先公后私的高尚人格。

这时,吕老颤巍巍地从屋里走了出来,坐到那把断了扶手的沙发上。看上去他是那样的清癯、瘦小。虽然是匆忙中穿衣,衬衣的每一粒纽扣都扣着,连两个袖口也不例外。稀疏的白发向后梳着,纹丝不乱,给人的感觉就像他的语言学著作一样严谨而又严密。

稍事寒暄之后,郝铭鉴说明了来意。"批评报刊上的差错,要不要点名呢?一概不点名,全是某报某刊,含糊不清,读者不满意;而点名吧,又怕树敌太多,刊物难办。"吕老一听笑着说:"办这样的刊物,肯定吃力不讨好。赚不到钱,甚至亏本,还要得罪人。这是不用说的。有些很普遍的问题,这家报上有,那家报上也有,不点名也行;不过,点名又怎么样呢?我在生病,医生叫我打针吃药,我能把医生当敌人吗?"吕老的话大大鼓舞了他们办刊的勇气,《咬文嚼字》后来形成直言不讳的风格,和吕老的教诲是直接有关的。

吕老在病中,郝铭鉴本打算尽量缩短访问时间;但又觉得机会难得,结果从办刊方针到栏目设置,从"象""像"的区别到数字用法,问个没完没了。直到起身打算告别时,又不禁补充了个问题:"'很青春',名词'青春'作形容词用;'很投入',动词'投入'也作形容词用,这种用法可以吗?"吕老的回答是:"我说不出。"本以为吕老会给个明确答案的郝铭鉴,不禁愣住了。吕老也说不出吗?望着他惊愕的表情,吕老补充了一句:"看看再说吧。"其实这表明了吕老严谨的治学态度,不要说这种专业的语言学探讨,就自己外孙问的一个历史掌故,当吕老不确定的时候,他也是从不妄下断语的。有些语言现象,是需要一个认识过程的。看不到问题的复杂性,凡事一把抓,一刀切,把规范化理解成简单化,其实是一种形而上学。吕老的"说不出"正是道出了语文刊物非常重要的办刊思想:"看看再说。"

吕老的一生是奉献的一生。他不但奉献智慧,奉献稿酬,还立下遗嘱"捐献遗体和角膜"。他在遗嘱中还交代,不留骨灰,不设标志,把骨灰埋入地下,上面种树,绿化大地。吕老用其一生践行了他的忘年知己陶行知的那句名言"捧着一颗心来,不带半根草去"。吕老一生不事张扬、踏实做人,却江海浩荡;一世先人后己,却令人高山仰止,终成万世师表。

张静波根据《吕叔湘全集》有关内容改编。

倡导"注音识字，提前读写"

1984年6月1日上午，北京语言学院为纪念《语言教学与研究》创刊五周年，邀请部分在京的语言学家举行座谈。吕叔湘应邀题字，他郑重地写下了"务实"二字。务实，正是他做事的风格。

"文革"十年，给祖国的语言事业带来了重大的损失。经过"读书无用论"的荼毒，中学语文教学真是"元气大伤"。看到一个中学生写不好一篇五百字的文章的现象，吕叔湘非常痛心。看到报刊的文章都有语句不通的现象，吕叔湘更是夜不能寐。作为一个语言学家，他深切感受到肩上的责任重如千钧！

他反复思考：在中学里，语文教学的时间占所有学科的三分之一，为什么学生运用语文的能力还是这么差呢？

1984年下半年，黑龙江省在佳木斯市、拜泉县、讷河县的三所小学六个一年级的教学班进行了"注音识字、提前读写"的语文教学改革实验，经过多方努力，终于出现了好兆头。黑龙江省要在那里召开经验总结大会，特邀吕叔湘亲临指导。此时，吕老已是八十高龄，他原先并不想出远门，但由于语言学界同志的劝说，特别是想到自己一直忧心的事情终于在北国有了起色，便欣然接受了邀请。他千里迢迢地赶到佳木斯市，进行了实地考察。

当时有随行的学者问吕老："为什么要在语文教学中充分利用汉语拼音呢？"

吕老郑重地说："这首先要明确初等教育的任务。在语文学习中，语言和文字有相互促进的作用。儿童学习了文字，一方面能把自己已经会说的话写出来，一方面又能通过阅读丰富自己的语言。所以初等教育的首要任务就是让儿童尽快掌握文字。"

"不是大家都说汉字难学吗？"又有人抢着问。

"是啊。汉字难学,怎么办?"吕老若有所思,但仍不厌其烦地解释道,"比如攀登陡峭的山崖,可以从正面一步一步慢慢爬上去,也可以找一条坡度比较缓的路从侧面迂回上去。传统的学习汉字的办法是正面强攻,那就是一个字一个字硬学。现在不同了,我们拥有一种古人所没有的工具——汉语拼音。运用'注音识字,提前读写',就是一条迂回的道路。"

务实

刚说完,周围就响起了热烈的掌声。大家都热情地围着吕老,争着向吕老汇报这三年来学校的实验成果。

考察结束时,吕老激动地称赞道:"'注音识字,提前读写'是小学语文教学的一个重大突破。"他充分肯定了这一实验,并给予了强有力的支持。

现在"注音识字,提前读写"的教学方法已在全国各省市铺开,这都要归功于吕老的务实精神。

马玉娟根据《叔湘全集》有关内容改编。

立定脚跟处世　放开眼孔读书

以文寄情

吕叔湘先生在生活中平和淡泊，不喜热闹，喜欢安静读书做学问，与朋友交往也不是特别频繁，但对朋友却是至情至义。尤其在人生的关键时刻，不论是早年的同窗、多年的同事乃至晚辈，都能受到先生殷切的眷顾。

浦江清说："我和叔湘是大学同学，对古典文学都有着浓厚的兴趣，均做过较为精深的钻研，可谓志同道合。"抗战期间在昆明，50年代初期在清华，两位老同学更是同吃同住，相处甚欢，亲如兄弟。1957年，浦江清不幸英年早逝，先生擦干泪水，哽咽着对其家人说："整理出版江清的遗著，既了却了江清的遗愿，也是对他最好的纪念。"就这样，在先生的主持下，浦江清的遗著出版了。送到其家人手中时，家人感动得泪流满面，紧紧地握着先生的手，一句话也说不出来。上世纪80年代，先生再次不顾高龄，又为浦江清日记的整理出版耗费了大量心血，显示出二人生死不渝的友情。

上世纪40年代初，先生在昆明与作家、翻译家施蛰存在翠湖旁合租民房居住，两人常常一起逛书店、谈天，好不快活。后半个世纪，施蛰存一直居住于上海，先生一直定居于北京，千里之遥，两人鲜有见面机会。但是，他们却"交往"甚密，彼此替对方买书，通报信息。这些看似平淡的交往在那个特殊的年代显得弥足珍贵。

同事罗常培也是一位英年早逝的学者。罗先生一去世，先生便一直挂念着罗的著作的出版、重印以及各种纪念活动。即使是早年在工作中曾经为难过他的人，先生也不为难他们，他说："我也像我所喜欢的苏东坡那样，在我眼里无一人不是好人，我要对他们至仁至义，以礼相待。"先生十分欣赏王力教授"宁人负我，无我负人"的一句话，其实这两句话恰是先生之风格。

郑张尚芳是浙江温州的一个热爱语言研究的青年,成果颇丰,但家境贫寒。先生非常赏识他,他跟身边的工作人员说:"年轻人就应该多鼓励,多提携,谁有学术热情,我就乐意帮谁。"1963年3月起,先生每月除了给郑张尚芳寄去生活补助外,还时常给他寄去所需要的书籍,写信讨论学术问题,勉励他静心做学问。此后十几年间,先生与他一直保持着这种联系。

还有朱德熙、范继淹、廖秋忠等,在年龄上和学术上都是先生的晚辈,先生对他们在学术发展上寄予厚望,他们却都先于先生离世。先生忍着悲痛流着泪,忙前忙后,为他们的遗著题写书名、题词、作跋。

先生对学术的痛惜恰是对朋友最真最纯的情谊。

徐留军根据《吕叔湘全集》有关内容改编。

立定脚跟处世　放开眼孔读书

图书馆"情结"

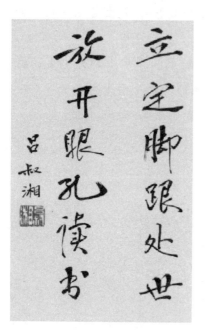

1986年10月30日　吕叔湘为丹阳县中学(现为吕叔湘中学)图书馆题词

吕叔湘在大学期间对国文和英语最感兴趣,有空喜欢在图书馆读书。就是在这个时期,他萌生了为家乡教育事业做贡献的想法。

吕叔湘渴望学校能建一所图书馆,一方面可给老师们提供一个教学研究的场所,另一方面又可为学生们创造一个自由学习的空间。可是,由于当时的办学条件有限,办学经费不足,学校一时很难实现这个想法,然而他一直都没有放弃这个念头。

1927年,吕叔湘来苏州教书。在苏州中学,他曾担任过学校教员兼图书馆馆长。他主持的图书馆设有开架的阅览室,不断提供新书让学生随意阅览。苏中藏书丰富,吕叔湘在这里阅读了丹麦学者叶斯柏森的《语法哲学》等语言学名著,为以后走上语言学研究之路打下了扎实的基础。

"文化大革命"时期,吕叔湘对"生于斯,长于斯"的家乡眷念不已,捐赠一万元给丹阳县第二中学(现吕叔湘中学),希望兴建图书馆,为丹阳的教育事业尽一份力。他还亲自设计了图纸,并在来信中提出,如经费不够,可再补寄。但在当时的极左思想的影响下,有人怕接受个人捐款办馆,可能会被扣上"给社会主义制度抹黑"的帽子,因而拒绝接受赠款。吕叔湘得此回音,写信给丹阳的亲戚程虚白先生:"此意令我莫名其妙,真是莫名其妙!"

但吕叔湘创建图书馆的愿望并未就此打消,1975年吕叔湘先后去中国书店、新华书店为丹阳县第二中学选购《二十四史》等书籍,连同十几种语文小册子一并寄出。1985年吕叔湘将自己珍藏多年的杂志、书籍等赠送给丹阳县中学(现吕叔湘中学)。

吕叔湘中学图书馆

在吕叔湘先生的赞助下,1986年12月,丹阳县中学图书馆终于落成,了却了吕老为家乡捐资办学的一大夙愿。吕叔湘亲笔题写的"图书馆"三个字悬挂在馆门上方。馆门两边,镌有吕老亲题的赠联"立定脚跟处世,放开眼孔读书"。吕老希望全校师生不仅要认认真真地教与学,更要踏踏实实做人,这才是读书的目的与做人的道理。图书馆建成后,吕叔湘多次赠书。

"立定脚跟处世,放开眼孔读书",是吕老对读书人的谆谆教诲与殷切期望,它必将激励着一代又一代的吕叔湘中学师生开拓美好灿烂的明天!

张邱根据《与太阳的对话》有关内容改编。

饮水思源回母校　声情并茂话教育

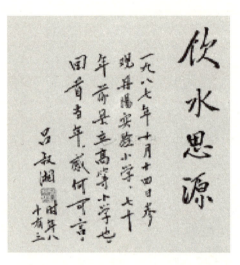

1987年10月　吕叔湘为母校丹阳实验小学题词

在丹阳县实验小学的校史陈列室，陈列着一幅珍贵的墨宝——饮水思源。这是1987年10月，83岁高龄的吕叔湘先生携夫人程玉振回家乡丹阳，来到阔别70年的母校——丹阳县实验小学（原丹阳第一高等小学），深情探望母校的师生时留下的。

那天，实验小学的领导和老师欢欣鼓舞迎接著名校友——中国语言大师吕叔湘先生。学校特地为吕先生安排了座谈、讲演等活动。

此次回母校，吕叔湘先生格外兴奋，母校的一草一木勾起了先生许多儿时的记忆。他以一个校友的身份跟大家一起谈母校给自己人生发展的重要影响，谈当今教育，谈教育改革，谈学校发展……每次回想起当时的情景来，实验小学的老校长、江苏省特级教师毛焕照都无比激动和感慨。

座谈会上，时任学校教导主任的毛焕照，心情格外激动，他已经备好几个问题想当面请教吕老，聆听先生教诲。就在大家七嘴八舌说得热闹的时候，毛焕照从座位上站起来，动情地说："吕老，您现在是大师了，我们很想知道您小时候在这儿读书的事，可以跟大伙讲讲吗？"

说起小时候的事，吕老显得有些激动，侃侃而谈："我是1915年考入丹阳县高等小学的。我考高小是第一名录取的。这是县里最早的一所高等小学,学校坐落在白云街中段,就是现在的丹阳县实验小学。当年,学校虽然没有多少先进设备,但教师水平较高,教学认真,管理极严。我入学的那年,学校增开了英语课。最难忘的有两位老师,一位是校长杨鸿范先生,当年写作业时作业本上绝对不准涂改,如果写错,全部重写,我就是在他那儿,养成了不写错字的习惯;另一位是国文老师张海宗,他批改作文的方法很有效,每次会叫五六个学生来当面批当面改,实际上每人都能听到五六篇作文的修改,我的写作功底与他的教诲是分不开的。"

"吕老,您是语言大师了,学生时代您又非常优秀,肯定有很多学语文的好办法,跟我们介绍一些,好不好?"听说毛焕照是教语文的,想跟他探讨语文方面的话题,吕叔湘先生兴致马上就高了起来。

吕叔湘先生在谈到自己语文能力的获得时说:"学习过程中,得之于老师课堂上讲的占多少,得之于课外阅读占多少,大概三七开吧,也就是百分之三十得之于课内,百分之七十得之于课外阅读。"

说到课内学习时,吕老说:"我上课的时候,不喜欢先生老在那儿讲,如果先生讲个不停,我就不想听了。我喜欢自己思考,自己摸索,遇到不懂的问先生。"

谈到课外阅读对自己的好处,吕老感慨地告诉大家:"我从小喜欢读书,读的书很杂,在东南大学读书时,学校图书馆的书几乎读遍摸透了。我是个杂家,所以后来从事不同的工作都还做得来。"

"吕老,您研究语文很多年,现在的小学语文课应该如何来上呢?"毛焕照问。

谈到语文教学,吕先生先喝了一口水,然后有些严肃地说:"语文课的主要目的是什么?是培养学生的语文能力,而不是传播语言知识。

"语文语文,语是语言,文是文字。'语言'是'口语'的意思,'文字'是'书面语'的意思,'语文教学'就是'口语'和'书面语'的教学。

"课堂上,语言训练和文字训练,相辅相成,互相促进。从教学的角度看,这也是两条腿走路的问题。"

他还特别强调:"学习语言的一般过程是模仿—变化—创造。

"使用语文是一种技能,任何技能都必须具备两个特点,一是正确,二是熟练。要正确,必须善于摹仿;要熟练,必须反复实践。"

"如果让学生在语言方面得到应有的训练,他们说起话来就会有条有理,有头有尾,不重复,不脱节,不颠倒,造句连贯,用词恰当,还愁他不会作文吗?"

吕叔湘先生将中小学语文教学效率不高、效果不好的原因概括为三个方面:一是重文字轻语言,二是重知识轻能力,三是重讲解轻练习。

现场所有的人都被吕先生的精彩演讲深深吸引住了。

吕先生语重心长地对大家说:"现在语文课,老师要改掉'重讲轻练'的弊病,要'精讲多练'。语文课,要精讲多练,其他课也是如此。"

"学生懂的,不讲;学生不懂的,模糊的,老师讲。要培养学生自己发现问题,解决问题的能力。

"老师不训练学生自己找问题,学生没有发现问题的习惯,也就是眼睛不亮;眼睛不亮,不能发现问题,还怎么做学问?"

吕叔湘先生肯定了毛焕照爱思考的好习惯,鼓励大家多学习多研究,并带领大家学习讨论1978年3月16日《人民日报》发表的《当前语文教学中两个迫切问题》一文。座谈会上,大家畅所欲言,气氛相当热烈。

谈到作文教学时,吕老还回忆了学生时代的一个小故事。有一次,先生检查学生作文,同座小伙伴拿不出来。吕叔湘见同座支支吾吾,下不来台,就跟先生请假上茅厕,先生同意了。可吕先生哪是上茅厕啊,是帮忙写作文去了。吕叔湘来到学校一棵大树下,利用上茅厕的功夫,写了一篇作文,帮同桌解了围。同座是既感激又纳闷,怎么那么快就写好一篇作文?吕叔湘告诉他,写作文其实不难,就是把自己看到的听到的说出来,把心里想的写下来。一句话:我手写我口,我手写我心!

吕叔湘先生临别时,给母校捐献一万元人民币作为基金奖励后学。从此,丹阳县实验小学设立了"吕叔湘奖学金"。无数学子得此荣誉,备受鼓励。"饮水思源",不负先生厚望,励志好学,成人成才,是实小学生对老校友吕叔湘先生最好的回报。

据说,后来毛焕照找到吕叔湘先生在1978年3月16日《人民日报》上发表的《当前语文教学中两个迫切问题》这篇文章,认真学习其中的要义,并将此文发给学校的每一位语文老师认真研读。文中说:"中小学语文教学问题是个老问题,也是当前不容忽视的一个重要问题。"针对实验小学的具体问题,毛焕照带领广大教师大胆改革、勇于创新。

之后,毛焕照还认真研读了《吕叔湘论语文教学》一书。用吕叔湘的语文教育思想指导教学实践,丹阳实验小学的语文教学改革风起云涌,形成了"精、活、实、创"的课堂教学模式,教学质量跃居省内前茅,学校成为省内外有名的典范学校。

笪红梅根据江苏省特级教师、丹阳市实验小学原校长毛焕照口述整理改编。

三太爷对我的影响

"丹阳是我老家。市区内仍有一些民宅,留下高挑的女儿墙和仅容一人通过的窄巷。我的三太爷,著名语言学家、语文教育家吕叔湘,就出生在这里。"

当我们翻看《10000元6个月周游世界》这本书时,我们便会被作者蔚明的这段话深深地吸引。我们仿佛置身于那片老街之中,在青砖灰瓦之间追寻着大师的足迹。

这个"向以素封甲于吾邑"的清白世家一直继承着读书的传统。这既为吕氏后裔营造了浓郁的学习氛围,也给江南小城丹阳注入了一股清泉。就是在这种家庭氛围的熏陶之下,吕氏一族才俊济济、代不乏人。

21世纪的蔚明是这样的,他的三太爷吕叔湘亦是如此。1918年,时年14岁的吕叔湘带着行囊,背负家族向学的传统进入常州中学读书。一进校门,他就被"存诚能贱"的四字校训吸引住了。诚者,真也!于是,"求真"贯穿了吕叔湘的整个学术生涯。

蔚明对于这一点,也是记忆犹新的。上中学时,蔚明全家经常在春节去吕叔湘家拜年,吕叔湘的夫人十分慈祥,脸上永远挂着笑容;而三太爷吕叔湘则略显严肃,但每次见到他,总觉得他人很振奋。晚年的吕叔湘依旧喜欢沉浸在沉思之中,清癯的面容,炯亮的眼神,透露出他深邃的思想。他喜欢穿中山装,喜欢待在书房。其实,吕叔湘的书房并不大,但书柜却很多。这对刚刚步入中学,对知识正充满渴望的蔚明来说,自是巨大的诱惑。于是每次去三太爷家拜年,她总是钻进吕叔湘的书房"淘宝",并嚷着"书非借不能读也"。可是事与愿违,面对小辈们的哀求,吕叔湘总是一脸严肃,指着书橱玻璃上贴的"一概不外借"的小字条让孩子们看。于是好奇的孩子们只得作罢。当时,年幼无知的少年们一定以为三太爷吕叔湘是小气吝啬。然而,正是如此吝啬小气的吕叔湘却把自己的藏书毫无保留地捐献给了北京的大学和家乡丹阳的中学,正是这样"吝啬小气"的吕叔湘却亲自设计图纸并捐赠巨资筹建"丹阳县中学图书馆"。吕老认为,学者贵在认真,而对于书籍的吝啬,正是对知识的严谨!

去上海读新闻专业前,蔚明又去向三太爷辞行。此时的吕叔湘表现出了对小辈的异常关怀。他似乎对蔚明选择这个专业很不满意,在书桌边深情地看着蔚明,又摇摇头说:"新闻?……"然后就没再说下去。年轻的蔚明一时并不能领会这位大师的弦外之音。

1987年,香港中文大学授予丁肇中、蔡永业、吕叔湘、白朗、梁銶琚五位杰出人士以名誉博士学位。授予典礼上对吕叔湘的赞词是:"今日荣颁荣誉文学博士学

吕叔湘中学校训"求真能贱"

位者,是一位语文结构与匡正文句通病的专家。英语世界中,英文之用字句法度遇有争议,常以佛勒之意见为准则。在中文领域中,我们则惯于以吕叔湘先生之意见为依归。"

1987年10月,吕叔湘返回家乡,当面对丹阳市中(现为吕叔湘中学)的青年学子时,他再次想到了治学的要义。他将自己母校常州中学的四字校训稍作改动,变为"求真、能贱"送给了家乡的后生们。对于知识而言,既是易得的,又是不易得的。但是对于践行知识、创造知识而言,则是绝对不容易的。也许,这就是吕叔湘大师给我们留下的人生启示——学者贵在认真,非身体力行不能为!

张丽美根据蔚明著《学者贵在认真》改编。

呦呦乡音　拳拳之心

——吕叔湘与丹阳方言

俗话说,"丹阳有三宝:封缸酒、大麦粥、还有一个啷当调。"其中,啷当曲调是以丹阳方言为依托的曲艺形式,地方色彩浓厚,是江苏省非物质文化遗产之一。据说很多到了丹阳的人,乍一听当地人说话,都以为他们叽里呱啦在说外语。说来也奇怪,丹阳的方言发音一点都不像邻近的镇江、常州话;区区一个县,代代几十万人,却把丹阳话相传至今。官方公布的江苏十大难懂的方言,丹阳方言赫然在列。

吕叔湘童年一直生活在丹阳,直到15岁他考入常州江苏省立第五中学。大学毕业后,又在家乡丹阳工作两年。也许是原汁原味、特色十足的丹阳方言这个文化基因造就了这位新中国伟大的语言学家的资质禀赋,也许是他心怀故土、感恩家乡缔结了研究家乡方言的一段"姻缘",也许是语言学家独有的专业视角捕捉了"吴头楚尾"方言的独特的研究价值,也许是三者兼而有之。

吕叔湘小时候常听流传在丹阳民间的古老传说:苏秦通六国,气死在丹阳。这里面的苏秦就是战国时官至六国宰相的大学问家,他通晓六国语言。有一天,他游历到丹阳,竟然发现自己完全听不懂丹阳方言。于是这位大学问家便横下一条心,非要学会丹阳方言不可。结果苏老先生学了很久也没能学会,最后活活气死在丹阳。每当听到具有神奇的丹阳话故事时,年幼爱思考的吕叔湘眨眨好奇的眼睛,心里想:家乡话有那么大魔力吗?为什么这么难懂呢?自此,对家乡话的好奇的种子一直埋在吕叔湘懵懂的心里。吕叔湘家住当时丹阳县城内新桥西街柴家弄里,妈妈经营着一个小商店。每天都有来自城内城外的顾客,"四门不同音"的丹阳话熏陶着吕叔湘。

1946年,全国抗战胜利后,吕叔湘怀着"剑外忽传收蓟北,初闻涕泪满衣裳"的心情,随金陵大学由四川返回南京,仍旧任该校中国文化研究员,同时兼中央大学中文系教授。没有了抗战时期的国难揪心和家庭的颠沛流离,吕叔湘静下心来,除了在金陵大学外文系和中央大学中文系任课外,就做一些翻译工作和丹阳方言研究。吕叔湘是一位道道地地的学者,一门心思研究学问,非迫不得已不参加社会上种种应酬。或许是蛰伏在心里的对家乡话的偏爱唤醒了对丹阳方言研究,或许对于语言研究的职业敏感,吕叔湘开始对丹阳方言的系统研究。1947年,吕叔湘发表了第一篇关于丹阳方言的论文《丹阳话里的连词变调》,刊登于成都《中国文化研究汇刊》第七卷。这篇文章标志着吕叔湘研究丹阳方言的开端。

　　世事沧桑,时间指针又转过了二十几年,国家又一次陷入了十年浩劫时期。吕叔湘只好参加体力劳动,学习改造后又到五七干校。直到1971年才回北京。吕叔湘住在家里,很少外出,又重新拾起了藏在心里的丹阳话情结。他撰写了关于丹阳方言语音和语法方面论文各一篇:《丹阳方言声调系统》和《丹阳方言的指代词》。《丹阳方言声调系统》是十四年前写的《丹阳话里的连词变调》论文的继续。吕叔湘说:"《丹阳话里的联词变调》只讨论了一般的两字连调,一些特殊情况没有谈到,更没有涉及多字组的声调。现在在原有的基础上稍加扩充,并订正一些错误,重新写定"。吕叔湘在调查大量语言事实的基础上,在《丹阳方言声调系统》里给出了"苏秦通六国,气死在丹阳"的语言学的合理解释。丹阳地处长江南岸,东邻常州,西靠镇江。常州方言属吴方言,镇扬官话属江淮官话,江淮官话与吴语的分界线贯穿丹阳,这个特殊的地理位置,使它的方言颇具特色:"东乡南乡的方言接近吴语,西乡北乡的方言接近官话;说话音接近吴语,读书音接近官话,文白异读的字多。"因此,丹阳方言被认为是"吴头楚尾"。"吴头楚尾"的地域特点为丹阳方言带来了复杂性。"一城有四门,四门十八腔"。外地人常说丹阳方言难懂就得到了合理的解释。九年后,吕叔湘经过整理,《丹阳方言声调系统》和《丹阳方言的指示代词》分别发表在1980年的《方言》的第二期和第四期上。1971年至1980年是吕叔湘丹阳方言研究的全面发展时期,涉及了丹阳方言的语音和语法内容。

1991年他出版了《丹阳方言语音篇》,全面描述了丹阳方言语音系统。其突出贡献是:在声调研究中区分读书音与说话音的差别,在声调研究中重视字调和字类的区别。《丹阳方言语音篇》代表了吕叔湘丹阳方言研究的最高成果。

他在这本书的付印题记中写道:这本语音篇,我前前后后花了二十年。可见这本成书艰辛和不易。他之所以要强调"语音篇",因为他有长期计划,成竹在胸,准备写词汇篇和语法篇。可是,他工作繁忙,年事已高,有的计划没有实现,留下了一些遗憾。这些遗憾只有留给后人去弥补。吕叔湘丹阳方言语音系统的研究为后人研究丹阳语音奠定了基础。学者蔡国璐吸收了吕叔湘的丹阳方言研究成果,编写了《丹阳方言词典》。

都说"一方水土养育了一方人",丹阳水土也养育了丹阳方言和吕叔湘先生。丹阳方言和吕叔湘先生都是丹阳的传统特质和文化财富。

最后摘录吕叔湘《丹阳方言的指代词》以飨读者,丹阳方言的魅力也可以管中窥豹。

丹阳方言的指示代词

本文把指代词分成人称代词、有定指代词、无定指代词三类,依次举例,说明每个词的语音和用法特点。语音和用法都以城关话为准。

凡是本字明显的,照写本字;凡是本字难以肯定,或虽然大致可以推定,但语音变化较大的,写同音字加小"音"字。注音用国际音标。注音后用小字注的是跟这个词完全或大致相等的普通话用词。说明用法时一般不举例,必要时举例。

每一类指代词为一节,每一节末了引邻近方言作比较,并对语源略作推测。

一 人称代词

1.1 我[ŋə˧]；你[ŋ˧]；他[tʻa˧]。我己[ŋə˧tɕi˧]_{我们}；你己[ŋ˧tɕi˧]_{你们}；他己[tʻa˧tɕi˧]_{他们}。

丹阳话里没有类似普通话里"您"或别的方言里"你老"的字眼。也没有跟普通话"咱们"相当的词，无论包括不包括听话人在内都用"我己"。

表复数的"己"，从语音难定本字，但参照邻近方言可以推定为"家"。邻近方言里用"家"作"们"的，有金坛、溧阳、宜兴、常州、江阴、句容（部分），但都是音[ko]或[ka]，不像丹阳话里已经腭化成[tɕi]。

1.2 附论"家"字。"家"在丹阳话里，除读书音[tɕia˧]外，有三种读音，四种用法。这四种用法是：

(a) 家[kɔ]_{家庭,人家}。用于：一家[i˨˩˧kɔ˧]，两家[lie˧kɔ˧]，家里[kɔ˧li˧]，人家[niŋ˧kɔ˧]，舅家[tɕy˨kɔ˨]_{外婆家}。又音[ka]：婆婆家[pə˧pə˧ka˧]_{外婆家}，哥哥家[kə˨kə˨ka˧]，女儿家[ɲy˨ŋ˧ka˧]。

(b) -家[ka]，附于姓氏。如：张家[tsæ˧ka˧]，李家[li˧ka˧]，王家村[vaŋ˧ka˧tsʻen˧]，赵家佬[tsɔ˧ka lɔ˨]_{赵妈}。

(c) -家[ka]，表示身份。主要用于：爷爷家[ia˨ia˨ka˨]_{爷们}，嫚嫚家[mæ˨mæ˨ka˨]_{娘儿们}，儿子家[e˧tsæʔ˧ka˧]_{男孩子家}。与"儿子家"相对的"女儿家"_{女孩儿家}很少说[ɲy˨ŋ˧ka˧]（可能为了避免误会成上面a项意义），一般借用表示复数的[ɲy˨ŋ˧tɕi˧]（下面d项）。

(d) -家[tɕi]，表示不止一人。用法跟普通话的"们"完全相同，除附在"我、你、他"后面，也可以附在人名或指人的名词之后，如东东家[toŋ˧toŋ˧tɕi˧]_{东东他们}，小儿家[ɕioŋ˧ŋ˧tɕi˧]，学生子家[xɔʔ˧sen˧tsɿ˧tɕi˧]_{学生们}。

二　有定指代词

有定指代词，近指和远指声母相同，都是[k-]，区别在韵母：近指用前元音，远指用央元音或后元音。

有定指代词有两对：一对用于指示事物，一对用于指示情状。

2.1　隔_音(格_音)［kiʔ˩(kæʔ˩)］_{这(个)}；过_音(格_音)［kəꜛ(kæʔꜛ)］_{那(个)}。

指示事物用法：隔/过＋数＋量＋名。

承前称代用法：隔/过＋数＋量。

"数"为"一"的时候，可以省去。

数量不确定的时候用"隔兴_音"［kiʔ˩ɕiŋ˩］_{这些}和"过兴_音"［kəꜛɕiŋꜛ］_{那些}。只用于指示，不用于称代。

以上用法跟普通话的"这、那、这些、那些"相同。

当前称代用"隔格"和"过格"，可以用在一般的名词位置上，跟普通话的"这个、那个"相同。单独用"隔"（或"过"，较少）限于用在"是、叫"等少数动词之前，其他地方一般要用"隔格"（或"过格"），似乎比普通话的"这"和"那"所受限制更严。从下列例句可以看出普通话的"这"和丹阳话的"隔"使用范围的大小：

丹阳话	普通话
隔是你格	这是你的
隔叫格粉画	这叫作粉画
隔就对了	这就对了
隔下子糟了	这下子糟了
隔格弗成问题	这不成问题
买隔格买过格买弗罢［pæ］	买这买那没个完

2.2　根_音(格)［kɛŋ˩(kæʔ˩)］或kɛŋꜛ(kæʔꜛ)］_{这么}；功_音(格)［kɔŋꜛ(kæʔꜛ)］_{那么}。带不带"格"，跟后面的动词或形容词是单音或双音有关，单音词前面倾向于用"根/功"，双音词前面倾向于用"根格/功格"，但不是绝对的。

"根(格)"有两种声调,在动词前多用降调,在形容词前多用升调;相反情形有,比较少。

指示动作的方式(修饰动词),例如:要根(格)写,弗要功(格)写|根(格)走法,走到夜也走弗到。后面可以没有动词,相当于普通话的"这/那么着"。例如:功格弗行,要根格。

指示情状的程度(修饰形容词),例如:从前功瘦格,现在根胖了|从前功(格)淘气格,现在根(格)规矩了。

也用于指示数量,不带"格"。例如:根一点点弗够|也用弗着功许多。

"根格"还可以单独用(两种声调都行),用来提出一种建议。例如:根格吧,你先去,我下班就来。"功格"没有这种用法。

2.3 有定指代词用[k-]做词根,在吴语方言里占相当优势。根据赵元任在《现代吴语的研究》中第 98 页和第 100 页的记录,近指远指都用[k-]的,除丹阳外还有苏州、吴江、昆山、嘉兴、余姚、黄岩等处;近指用[k-],远指不用[k-]的,有宜兴、金坛、杭州、绍兴、诸暨、金华、衢县、温州等处;远指用[k-],近指不用[k-]的,有靖江、江阴、常州、常熟、无锡、宝山、宁波等处。

指示情状的指代词用带鼻音尾的韵母[参看下节"暖(格)、能则"],吴语方言里也不止丹阳一处。这是不是跟中古时代的"馨(宁馨)"、唐宋以后的"生(作么生)、恁、能"有关系,还有待于进一步的考索。

指代时间的"让/娘收"里边的"收"是"时候"的合音,"让/娘"的来源待考。

三 无定指代词

无定指代词就是一般所说的疑问代词。这些词主要用于疑问,但是不限于疑问,也可以泛指或虚指,普通话里是这样,丹阳话里也是这样。

无定指代词跟有定指代词有一定的对应关系。跟"隔(格)、过(格)"相对应的是"划(格)",跟"根(格)、功(格)"相对应的是"暖(格)",等等。应该有一个跟人称代词相对应的词,如普通话的"谁",但是没有,借用"划格"。此外,无定指代词里有"的告_什么"和"能则_怎么",没有对应的有定指代词。

3.1 的_音告_音[tiʔ˧ kɔ˧或tiʔ˩kɔ˩]_什么。有两种声调,在名词前用[˧˧]调,代替名词用[˩˩]调。

无论后面有没有名词,"的告"后面都不能加数量词,跟普通话"什么"相同。例句:

名词前	代替名词
疑问用法你看格是的告小说?	你手里是的告?
泛指用法我的告小说都弗看	我有的告看的告
虚指用法他认则_认得一个的告画家	你要弗要吃点的告?

"的告"没有类似普通话里"看个话剧、电影什么的"的用法。

"的告个"等于"什么样儿的"。例如"他是的告个人?"是问这人的为人(或身材等等),不同于"他是的告人?",而后者是问这个人的身份、职业等等。

3.2 划_音(格_音) [o˩(kæʔ˧)或o˩(kæʔ˩)]/罗_音(格_音)[lo˩(kæʔ˧)或lo˩(kæʔ˩)]_哪(个)。

这个词的语音形式比较复杂。零声母和[l-]声母是多数少数问题,多数人说"划(格)",少数人说"罗(格)"。升调降调是语言环境问题,"数+量(+名)"前面的"划/罗"用升调,"划格/罗格"单用时,多用降调,升调比较少。下面讲用法时逐项注明(用"划"代表"划/罗")。

指示事物用法:划[o˧]+数+量+名。

承前称代用法:划[o˧]+数+量。
数量为"一"的时候,可以省去。

数量不确定的时候用"划兴"[o˧ɕiŋ˧]_哪些。只用于指示,不用于称代。

以上用法跟普通话"哪、哪些"相同。

当前称代用"划格"([˩]调多,[˧]调少),限于指人,等于普通话的"谁"。"当前称代"指的是前面没有提起过的人或物。既然前面没有提起过,就无从抉择,所以这样前无所承的"划格"就失去抉择作用,变成广泛的称代。这个"划格"本来可以指人也可以指物,但是指物已有专用词"的告",因而"划格"专门指人,与普通话"谁"相等。除用于疑问外,也用于泛指、虚指,例如:他划格都认则认得│有划格来过弗经?有谁来过吗?"弗经"="不曾"│划格先到划格买票。

"划"不连"格"不能单用。普通话可以说"分不清哪是云哪是水",丹阳话必得说"分弗清划格是云划格是水"(这里的"划格"是"哪[一]个",是承前称代,用[˦]调)。

指代无定处所用"划里"[o˧ ˩li˩]哪里"。

用于否定的"划里"用[˦˧]调,也可以光用"划"[o˧]一个字,例如:划(里)晓则晓得他都已经来了。

指代无定时间、短时、近时用"划娘音收音"[o ˧ˌiuiel sc˧],长时、远时用"划宗音曼音"[o ˧tsoŋ fæm˧]。

3.3 暧音(格)[noŋ ˧(kæʔ˧)]怎么。

指示动作的方式(修饰动词),例如:隔格字暧格写?│隔格东西暧格吃?一般不单用"暧"。

指示性状的程度(修饰形容词),多用于虚指,很少用于疑问(疑问一般用"多"[tə]);带不带"格"跟形容词是单音或双音有关。例如:他说过只房于暧好暧好│他说他暧(格)刻苦,暧(格)省俭。

"暧"不用于指示数量,不说"还有暧许多?"说"还有多少?"

单独用"暧格"[noŋ ˩kæʔ],是"怎么样?"即"好不好?"或"以为何如?"的意思。例如:坐火车去,坐飞机转来,暧格?

"暧格个"[noŋ ˩kæʔ kə ˧]有三种用法。(1)指示事物,例如:你要暧格个热水瓶?(你要什么样儿的暧瓶?)。(2)用于"动词+法"之前(也可以不带"个"),例如:你要暧格(个)吃法?(3)单独说,表示疑难,比方一把锁开来开去开不开,可以说:暧格个啊?(怎么的啊?)

3.4 能则[neŋ ˧tsæʔ或neŋ ˧tsæ]怎么(问原因)。用在句子里,用[˦˧]调;单独说,用[˦˦]调。

"能则"只用于疑问,不用于虚指。例如:你能则还在隔里?|你能则还不去?

问原因和目的,普通话用"干吗"和"为什么",用"怎么"比较少。丹阳话用"能则"和"做的告",前者只用在动词前,后者多用在动词后,都可以单独成句。

3.5 "的告"大概来源于中古时期的"底个"。吴语方言里指事物的无定指代词,主要有用"底"和用"啥"的两派,大体上是常州以西用"底",无锡以东用"啥"。

"划"源出于"那(哪)",[o]是[lo]脱落声母的结果,[lo]是[no]的音变。

指人的无定指代词,吴语方言里没有像普通话"谁"那样一个专用词,或者从"啥"派生出"啥人",或者从"底"派生出"底人",或者从"哪"派生出"哪个"。丹阳话属于最后一类,属于这一类的方言还有宜兴、溧阳、金坛、靖江、江阴、常州(也用"底人")、无锡(也用"啥人")、苏州(也用"啥人")。(参见赵元任《现代吴语的研究》第 101 页)

"暖格"的"暖"、"能则"的"能"大概也都跟"那"有关系,韵母的鼻音尾待考(见上§2.3)。

吕明春主要根据张振兴《吕叔湘先生与丹阳方言研究》改编。

匡亚明——

人学与做人

匡亚明生平简介

匡亚明在工作

匡亚明（1906—1996年），江苏丹阳导墅匡村人。著名思想家，教育家，社会活动家。1923年入苏州第一师范学校就读，1926年考入上海大学，同年9月加入中国共产党。先后任上海区共青团区委书记及中共区委常委、共青团无锡中心县委书记、上海工会联合会秘书长兼宣传部长。曾担任《前锋报》编辑和《日日新报》主笔。四次被捕，受尽酷刑而不屈。出狱后赴延安，历任中共中央社会部（延安）政治研究室副主任，中共中央华东局宣传部副部长兼《大众日报》社党委书记、社长、总编，中共中央山东分局宣传部部长兼政策研究室主任。新中国成立后，历任华东政治研究院党委书记兼院长，中共华东局宣传部党委副部长等职。1955年9月，任东北人民大学（今吉林大学）党委第一书记兼校长。1963年、1978年两次担任南京大学党委书记兼校长，晚年曾任中国孔子基金会会长等职。

匡亚明对当代中国的高等教育事业做出了重要贡献，开展了许多开创性的工作，冲破旧束缚，延揽名师，注重传统文化教育。著有《孔子评传》《求索集》《匡亚明教育文选》等。主持编纂的《中国思想家评传丛书》，被称为"二十世纪中国规模最大的思想文化工程"。匡亚明以一个革命家的无私无畏的胸怀和境界，在大学教育中实践着一个革命家的教育思想：高瞻远瞩，追求卓越；继往开来，推陈出新；倚重教师，人才强校；创建良好校风，培育红专人才。匡亚明是中国高等教育界的代表性人物，他一生坚守信念，无私无畏，被誉为"大学旗帜""孔学泰斗"。

牛背上的读书娃

天刚蒙蒙亮,薄薄的雾霭如轻纱般笼罩在鹤溪河畔。一头老牛悠闲地在河边吃着嫩草,不时地回过头去深情地看看坐在身上的小男孩。"故天将降大任于斯人也,必先苦其心志,劳其筋骨……"这个虎头虎脑的小男孩,炯炯有神的眼睛盯在手中的书上,或凝神蹙眉,若有所思,或眉舒目朗,若有所悟……这就是小匡亚明!

匡亚明,原名匡洁玉,1906年3月17日出生于丹阳市导墅镇匡村的一个贫苦的家庭。洁玉的父亲是乡村私塾的教书先生,饱读诗书。父亲一生穷困潦倒,靠在私塾教书勉强维持全家人的生计。家里没有什么像样的家具,那几箱古籍是父亲眼里最珍贵的东西。在小洁玉刚刚牙牙学语的时候,父亲就教他吟诵《三字经》《弟子规》《百家姓》《千字文》等蒙学经典,这也是小洁玉童年最快乐的时光。

可是,就在小洁玉6岁的时候,命运开始了对他的第一次考验——一直疼爱他的父亲突然去世,永远地离开了他。那几箱古籍是父亲留下的最宝贵的东西。每次想父亲的时候,洁玉就会趴在书箱上翻看父亲留下的那些古书。洁玉想起,多少个夜晚,父亲在昏黄的油灯下,翻阅着这些古书,父亲时而提笔疾书,时而掩卷沉思……翻着这些书,洁玉不仅看到了父亲的身影,还看到了两千年前的孔子、孟子……这些古书也成了洁玉的宝贝。

失去了父亲这根顶梁柱,对全家而言,是不小的打击。从此,母亲带着洁玉、两个未成年的姐姐和一个弟弟艰难度日,家境日渐困顿。小洁玉很懂事,常常帮母亲做些家务。每天饭后,小洁玉总是收拾好一家人的碗筷,让辛苦了一天的母亲能得空休息一下。他总是抢在两个姐姐前面,把地扫得干干净净。每逢农忙时,他还干一些与他年龄不相称的繁重农活,像割麦、割稻、打谷、晒场等。生活虽然艰苦,但没有磨灭小洁玉对学习的渴求。他总是利用早晚放牛的时间温习功课。

"喔喔喔……"鸡啼叫醒了整个匡村。此时,天刚蒙蒙亮,匡洁玉一手牵着牛的缰绳,一手挎着割草的篮子,篮子里还放着一本书。他找到一片草木丰盛的地方,先把牛拴好,让牛儿自己吃草。洁玉便去割草,割好一篮子草,把篮子放在一边,他便骑上牛背开始温书。"学而时习之,不亦悦乎……"洁玉摇头晃脑地读着。

清晨的第一缕阳光照亮了洁玉稚嫩的脸庞,噢,上学的时间到了。洁玉赶紧跨下牛背,从树上解下牛的缰绳,一手牵着牛儿,一手挎着割草的篮子往回赶。把篮子放下,把牛儿安顿好,洁玉拎起书包对母亲说:"娘,我上学去了!"说着,洁玉已经冲出了家门,跑向了学堂。

"放学啦!放学啦!"一群孩子冲出了学堂。孩子们回到家,有的放起了纸鸢,有的在滚铁环,还有的跳格子……洁玉默默地放下书包,牵着牛儿,带上一本书,放牛去了。洁玉不仅热爱读书,而且勤于思索。每天温习了一天的功课,他的脑海中就会跳出一些稀奇古怪的问题:如果地是圆的,那我骑着牛一直走下去,是不是总有一天会走回来呢?为什么会有人?人来到这个世界,是为了什么?……老牛望着骑在自己背上的这个时而放声读书,时而低头沉思的小主人,也觉得很有趣呢。

就这样,每天早晚,那骑在牛背上温书的孩子成了匡村最美的风景。

袁花根据《与太阳的对话》中《少年壮志当凌云》改编。

从苏州第一师范学校到上海大学

功夫不负有心人,从小刻苦读书的匡亚明,18岁那年考取了苏州第一师范学校。他怀抱着人生理想,带着母亲的殷切希望和乡亲们的美好祝福,踏上了通往更大舞台的漫漫求学路。此时的匡亚明,这个初出茅庐的农门子弟就像一只展翅高飞的雏鹰,正要搏击属于他的万里长空,去实现翱翔蓝天的凌云壮志!

在苏州第一师范学校这个古朴的校园里,年轻而又充满朝气的匡亚明如饥似渴地吮吸着知识的甘霖。他第一次接触到了进步思想,废寝忘食地大量阅读进步书籍,系统地学习研究马克思主义思想,孜孜不倦地追求真理,还和经常来学校为同学们做演讲的进步学者恽代英、萧楚女成为朋友,书信交往,共同探讨革命之路。渐渐地,匡亚明的世界观、人生观发生了转变,推翻北洋军阀的统治,反帝反封建已成为他的奋斗目标。进步思想就像一盏明灯,照亮了匡亚明前行的道路。

很快,传来了国共两党首次合作的好消息!匡亚明积极加入同样被北洋军阀认为"赤化"的国民党。虽然参加地下活动的国民党学员被捕被杀的事件时有发生,但这丝毫不影响他积极地参加更多的党的活动。1925年的"五卅"运动时期更是如此。他的进步思想和革命行为为学校当局所不容。1926年上半年,行将毕业的匡亚明面临学校当局给他的两个选择:要么坚持马克思主义信仰,继续从事革命活动而被开除学籍;要么"改邪归正"完成学业。匡亚明斩钉截铁地说:"为了理想和信仰,我无怨无悔!"学校当局也以旷课过多为名将他开除。

被学校开除后的匡亚明并没有灰心丧气,他与志同道合的好友(在上海大学工作的恽代英同志)取得联系,把想要进上海大学念书的想法告诉他,请他帮助。十分欣赏匡亚明的恽代英同志欣然同意并积极推荐,经过考试,匡亚明终于在1926年暑假后插班进入上海大学中文系二年级学习,继续追求革命真理。

匡亚明正以空前饱满的热情、昂扬的斗志矢志不渝地走在这条不断进步的革命道路上!

唐柯根据《上海滩》1991年第5期《青云路上的上海大学》改编。

坦然面对生死考验

1926年9月,匡亚明由恽代英推荐考入上海大学,继续追求革命真理。

1927年2月被英捕房逮捕入狱,经组织营救出狱后,出任沪中区团区委组织部长,不久,受党组织委派到无锡担任团中心县委书记。同年11月,他以团江苏省委委员和特派员的身份参加领导了著名的宜兴秋收起义,这次起义被陈云同志称为"江南第一枪"。

秋收暴动纪念碑

第一、二次国内革命战争时期,匡亚明在白区坚持革命活动,由于常常是单线联系,1929年曾被中共特科红队误认为是叛徒而遭枪击,子弹从匡亚明的口中射入,穿过脖颈险些丧命。人们常说:大难不死,必有后福。但是,匡亚明同志的"福"迟迟没有降临,迎接他的是一次又一次的"祸"。

当时,中国已沦为半殖民地半封建社会,上海到处是外国人的租界。匡亚明在上海办《日日新报》,处境非常危险,白天出去,不晓得晚上能不能回来。因报纸上刊文批评了帝国主义,报纸被查封了。匡亚明也因此被捕了,但他坚决不承认自己是主编,他们只好把他放了。

1932年,匡亚明在上海做地下工作时担任共青团闸北区区委书记,因为上海党组织遭到很大破坏,许多同志被国民党逮捕或枪杀。一次,国民党又开始大规模地捕杀共产党人,匡亚明在和敌人周旋的过程中,不幸被敌人的枪支击中,身负重伤,鲜血直淌,体力不支,他的脚步越来越沉重。敌人在外滩将他逮捕,竭力劝他"悔过自新,回头向善"。敌人向他承诺,只要他说出共产党的秘密,高官厚禄,荣华富贵,任其享用。匡亚明对敌人的阴谋嗤之以鼻,高声痛斥敌人的无耻伎俩,他说:"既然被捕,是杀是剐,悉听尊便,不必废话。"在狱中,敌人一次次严刑拷打匡亚明同志,每次都打得他皮开肉绽,逼他说出共产党的秘密,匡亚明毫不畏惧,守口如瓶。敌人见严刑拷打动摇不了匡亚明的决心,又开始威逼利诱他,但匡亚明一直大义凛然,坚贞不屈,还在法庭上不断揭发蒋介石投降卖国的罪行。"七七"事变以后,国共合作,在周恩来的努力下,匡亚明才从反省院被营救出来。

后来,匡亚明曾多次对同志们说:"一个共产党员的革命生涯并不都是阳光灿烂、一帆风顺的,不但事业有成败,在党内有时也会受到很大冤枉。能否以坦荡胸怀正确对待是一个非常严峻的考验。有的同志在对敌斗争中不愧是英雄好汉,但在党内斗争中受到委屈时就伤感备至,甚至消极悲观,政治动摇,也是有过的。"匡亚明是一个真正的共产党员的好榜样。

匡亚明同志的革命生涯经历了一次次严峻的考验,几乎每一次考验都是与死神的较量。但不管是与敌人的斗争,还是在党内受的冤屈,匡亚明同志都是坦然面对。他以坦荡的胸怀,乐观的大无畏精神经受住了一次又一次生与死的考验。这位"硬骨头"的革命家,将在他的后半生抒写中国高校历史的传奇。

袁花根据《王春南:听匡亚明校长忆往》相关内容改编。

《大众日报》的首任总编辑

1939年1月1日,《大众日报》创刊了。它是中共中央山东分局为了动员人民起来抗战,宣传共产党的主张,向全省人民公开发行的一张党报。匡亚明是《大众日报》的首任总编辑。

创刊之时,编辑部的六七个人当中,匡亚明是唯一有办报经验的。匡亚明根据该报"立足于大众,大众办,大众看"的宗旨,提议报名为《大众日报》。

战争时期,不仅没有办报经验,也无法向外报学习。匡亚明在翻遍了手中的书后,发现随身携带的几本英文的列宁著作中介绍了列宁如何在极端困难的条件下创办《火花报》的过程。看到这个内容,不亚于沙漠中行走的人看到了清泉。他如获至宝般捧着,手舞足蹈地向大家介绍书中的内容。大家听了欢呼雀跃,感到如降甘霖,并对内容进行了热烈讨论,同时对匡亚明说:"匡亚明同志,你赶紧翻译出来,这对我们所有人来说都是很宝贵的东西呀!"匡亚明也非常激动,连连点头,不停地说:"好的,好的,我马上开始。"

在《大众日报》时期的匡亚明(左一)

通过这件事，匡亚明发现集体的智慧是强大的，大家有啥问题一起讨论，有话直说，气氛很是民主。在这种环境下，干什么事都很有激情，进步也很快。因此，匡亚明建立了发稿前集体讨论，出版后又集体评报的制度。这个在极端困难条件下草创的报纸，在思想上和业务上都得到了迅猛的发展。

作为报社的总编辑，匡亚明特别重视报纸的灵魂——社论，除聘请山东分局书记郭洪涛亲笔撰写外，直到1939年6月6日的72期报纸中，有40多篇社论均由匡亚明亲自执笔，匡亚明堪称是《大众日报》的首席评论员。

《大众日报》首任社长刘导生调走后，匡亚明负责报社的全面工作，那年他只有33岁。他白天去分局开会处理日常事务，晚上借着菜油灯光写社论，翻译资料，还亲笔写新闻，每天工作12个小时以上。报社同志看到匡亚明工作这样辛苦，总是劝他："你要注意休息，不要这么拼命干！""你太忙了，新闻就交给我们去跑去写吧！""您不要总是熬夜呀，眼睛可受不了呢！"……可无论是谁来劝说，匡亚明都会回答："没事，我不累，你们的工作也忙，我可以的。"对于自己的所有工作，匡亚明总是非常认真负责地完成，不容许有一点儿出错的地方。

有一次，匡亚明写了一篇社论，让报社记者党鉴民校对。记者很认真地校了好几遍，没想到见报后，还是出了一个小错，把"互相"印成了"相互"。当时匡亚明住在王庄，而记者住在印刷所，匡亚明看到报纸内容后，就立刻动笔给记者写了一封信："鉴民同志，我们共产党人讲究'认真'二字，工作一定要加强责任感。"

匡亚明是一个工作非常认真、严谨的人，"一字之差"也不允许出现。他对待工作的态度，也赢得了报社所有同志的一致称赞，报社中的所有工作都有条不紊地进行着。

1946年，《大众日报》创刊七周年、出版千期之际，匡亚明重又回到《大众日报》，继续担任社长兼总编辑。七年后的报社已发展至400多人，迁址临沂城，是当时山东分局所属最大的机关单位。

当时正值抗日战争胜利不久，1946年2月2日，军调济南执行小组三方代表飞抵临沂山东野战军总部，会晤了陈毅军长和山东省民主政府主席黎玉。《大众日报》记者全程参加，但却没有写稿。2月5日《大众日报》刊载的报道是新华社播发的新华社记者李普所写稿件。匡亚明看了非常生气,把报纸丢在桌上,当即召集大家开会。他说:"同一件事,本报特派记者无报道,还用电稿,这是失职,也是本报的奇耻大辱!"这件事也让匡亚明认识到,这种长期形成的游击习气和拖拖拉拉、不讲时效的作风必须改变,否则将跟不上新闻的时效性,也会让《大众日报》逐渐淡出人们的视线,报社将无法正常运行。匡亚明召集报社各部门主要负责人开会,严肃地指出了这个问题的严重后果,并让大家展开讨论,商量方法。最后,报社决定,自此要做到当天报纸当天出,每一个环节都要进行调整。两周后,《大众日报》的时效性已大大提高。

重回报社的匡亚明围绕着提高报纸质量进行了一系列的改进。

他先从改进作风入手,从一点一滴抓起。他要求全社人员都穿上统一配发的军装,臂上佩戴"八路"符号,胸前还戴上方形的"大众日报社"胸章,正面是姓名、职务,背面印着"拥政爱民,服从命令,遵守纪律,完成任务"四句格言。

有一次,记者伊兵从100多里地外寄回一篇稿件,字迹潦草,匡亚明当即寄回让他重写。稿子失去时效性不说,等伊兵回来,匡亚明仍对他进行了严肃批评。匡亚明给总务科写条子,让给记者、编辑、译电员们发笔墨,大家都要练习写字,他亲自帮助批改。此后,很少再出现因字迹不易辨别而误稿的事。

匡亚明还规定每人都要参加出早操,不得例外。他不仅早早到场,而且亲自点名。时任副总编辑的陈冰迟到了,照样在队前罚站。

在报纸内容方面,匡亚明进行了有针对性的调整。抗战胜利后,读者群已发生了重大变化,由过去的部队为主向工农等普通读者拓展。4月1日特开辟新栏目"工农园地",匡亚明亲自撰写发刊词,并指出这个栏目将是工农"文化翻身的标志"。

4月底,匡亚明召开了座谈会,就改版向读者征询意见,来自党、政、军、民各机关及山东大学的30多位负责同志对报纸提出了方方面面的意见。5月10日,对开大张的《大众日报》出版,一版发表了匡亚明激情满怀的增版献词。

匡亚明还领导了技术改造,从技术支持上改变《大众日报》"小米加步枪"的简陋状况,用蒸汽机和锅炉调试发电成功,启用了对开印刷机,达到四部对开机交替使用。《大众日报》的印刷技术从此告别了手摇马拉的"马达"和"骡达",进入了真正的工业时代。

《大众日报》如果离开了匡亚明,也许仍会存在,但在成长上会多走弯路。正因为有了匡亚明这个首任总编辑的引领,《大众日报》才能更快地被大众接受,并且发挥它的作用,逐渐发展壮大起来。而《大众日报》也成为匡亚明生命中不可割舍的一部分,他的一部分骨灰就安放在沂水王庄——《大众日报》创刊地。

朱丽俊根据《首任总编辑匡亚明一生情系大众日报》改编。

弃政从教 创办吉大

夜色正浓,晚风轻拂,天空中繁星点点,暮色笼罩下的长春街道显得那么寂静,偶尔有一两声小贩的叫卖声从远处传来,显得悠远而又绵长。

"快!你们从这边绕过去;你们几个,开车从另一边街道走!"洪亮的嗓音打破了街道的寂静。是谁这么晚了还在街上大声指挥着什么?

1957年4月,匡亚明校长在学校科技工作大会上讲话

吉林大学赠送给匡亚明的匾额

走近一看,只见街道中心站着一位身材高大的老人,借着月光可以看出老人此刻神情严肃,一双充满睿智的眼睛透出坚定的目光。老人正对周围几个学生模样的青年男子吩咐着什么。

咦?这不是刚刚上任的东北人民大学校长匡亚明先生么?这么晚

了,匡校长跑到街道这儿来干什么?

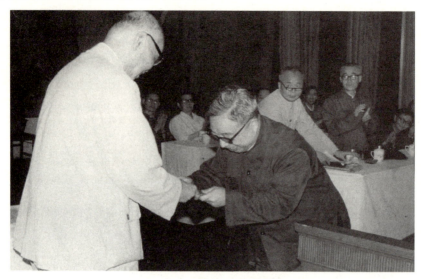

1985年7月12日,吉林大学校长唐敖庆授予匡亚明名誉教授称号并颁发证书

只听匡校长冷静地下达命令:"你们记住,一定要按照我刚才讲的路线,仔细考察这些街道及周边环境。完成任务后我们在原地集合。明白了吗?""明白了!"年轻人听了,热血澎湃,恨不得马上飞奔而去。"好,出发!"随着匡校长的一声令下,随行人员兵分两路,很快消失在夜色中。

匡校长拉过身边的一张椅子,坐了下来。在等待中,思绪不禁飘向了远处……

几个月前,中共中央华东局撤销,担任中共华东局宣传部常务副部长职务的匡亚明也将调换岗位。领导征求他的意见,对他说:"你想到哪里去?江苏、浙江、上海、北京都可以安排。"匡亚明毫不犹豫地说:"我要到教育部门去。"领导听了,很是吃惊。去教育部门意味着一切都从头开始,也意味着他的政治生涯将就此结束。可是,面对领导的劝说,匡亚明去意已决,毅然走向了"弃官办学"之路。他诚恳地对上级说:"让我去办教育吧!"就这样,他来到了东北人民大学担任第一书记兼校长。

既然来了,匡校长就想大干一场。他深刻地认识到高等教育在国家发展与走向富强过程中的重要作用,"办一所一流的大学"是他的教育理想。可是,东北人民大学经历了从哈尔滨到沈阳再到长春的迁移,无论是硬件还是软件,都远远跟不上教育发展的需求。

匡校长制订了一个学校发展长远规划,其中一个重要内容就是乘着全国院系调整的东风,扩建校园。他多次向政府要地,几经协商,最后的协议是:匡老所到之处只要能绕着围上一圈的,就是学校的了。于是,匡校长回到学校便召集几个行政干部和学生,连夜行动,也就有了开头的那一幕。

想到这儿,匡校长不禁微笑起来,今晚以后,这些都是他们学校的地盘了!

匡亚明的"圈地运动"圆满落下了帷幕。东北人民大学在匡亚明校长的带领下也翻开了新的篇章。

紧接着,匡亚明开始了强师资、重科研、抓教学的学校内部管理。他亲自到北京邀请于省吾先生到学校任教,顶着巨大压力,破格提拔青年学子高清海,堪称青年学子的引路"伯乐"。他与许多知名学者、教授结下深厚的友谊。

1958年,东北人民大学更名为吉林大学。匡亚明以渊博的学识,丰富的经验,革命的胆略,人性化的管理,带领吉林大学跻身于"我国高等教育的主要骨干"行列!有人说:"匡亚明之于吉林大学无异于蔡元培之于北京大学。"

殷丽君根据网络资料《匡亚明校长轶事》有关内容改编。

"三顾茅庐"聘贤才

1955年是匡亚明到东北人民大学当校长的第一年。缺老师是学校最大的问题。他看在眼里,急在心头。为学校找老师成了他成为校长后的重要工作。

历史系是人文学院里最主要的一门专业。多年的战争让东北人民大学的师生们,跑的跑,亡的亡,在长春甚至找不到几个像样的能称得上是学者的人。

于省吾

那时正值冬天,长春的雪下得急,给整个校园裹上了白色的冬衣。匡亚明的手里握着一份教授的名单,排在第一位的是著名考古学家于省吾。

他找来了秘书,说:"买张火车票,我得再去趟北京。"

"可是您都请过他两次了,我想于老是不打算来我们学校了。"

秘书口中的于老正是于省吾。此前,匡亚明已经两次去北京请他出山,希望他来长春教书,但都没有结果。秘书出了门,办公室里又恢复了平静。

匡亚明若有所思,他不愿意就这么放弃,无论如何都要再试试,可究竟是什么让于教授不愿再教书呢?如果东北人民大学有幸请到于老来执教,那将是件鼓舞人心的大好事,是学生们的福气。三顾茅庐会有结果吗?

冬天的北京城也穿着白色的冬衣。和长春相比,这里的冬衣更增添了一份历史的古朴。故宫是北京宝贝最多的地方。新中国成立后,人们对故宫的研究就从未停止过。于省吾原是燕京大学的教授,离开三尺讲台后就一直在故宫研究古文、古物。他博古通今,学识渊博,全国闻名。

从车站到故宫,还得走上好一会儿。道路被积雪覆盖,这是匡亚明熟悉的路,春天走过一回,秋天又走过一回。他在风雪中蹒跚,不一会儿就在地上留下了一长串脚印。

于省吾的办公室在故宫博物院。那是座三层的建筑,新建于新中国成立后,大门上赫然写着"故宫博物院"。于省吾每天都在这里孜孜不倦地做研究。

咚咚咚……敲门后,求贤若渴的校长自报家门:"于老,我是匡亚明。"

"门没关,自己进来吧。"

与其说是办公室,于省吾的这个房间更像个图书馆。窗边是一张书桌,房间里摆满了书架子,书架上无一例外地放着各种书。

匡亚明说:"于老,您这儿的书又比上回多了,真是个好地方啊!"

"是啊,是啊,如果你下次能带些书给我,而不是叫我去教书,这里会更好。"

匡亚明和于省吾多年前就相识了,可算得上是故交。由于匡亚明尊重人才,对学者们推心置腹,真诚相待,获得了良好的口碑,也成了很多人的知己。于省吾和他的关系本是极好的,但做了半辈子教书先生的于省吾此时更愿意与物打交道,虽然匡亚明盛情邀请,但于省吾始终不为所动。他对匡亚明没有避而不见,但见了面多了些尴尬,他心里很清楚,匡校长这次来不为别的,一定还是劝说自己去长春教书,心里有些不悦。

没等匡亚明说话,于省吾接着说:"校长这次来,一定还是想叫我去东北人民大学教书吧。我已经60岁的人了,教书大半辈子,没那个精力了。"

"不老,您才不老呢。名将廉颇,老当益壮,南征北战。这您比我熟多了,又怎么会认为自己年纪大了呢?"

于省吾点头笑了笑,摆摆手说:"你啊你,我就知道你会这么说。我虽年长你几岁,但我们都是出生在晚清,成长在民国,经历了内战和抗日。人世间的纷争,我不想再管了,现在解放了,人民的生活也算是安宁了,你就让我这个退休的人得个清闲吧。"

说完,于老就从架子上拿起了一柄古剑,反复端详着。他又说:"这有人的地方就有冲突。你看,这古剑虽精美,却是杀戮的象征,如果没有人挥动它,这剑又怎能夺人性命。我更愿意和这些古书、古物打交道。你若让我去教书,做了你的教授,以我的个性,难免与人争吵,到时候还得麻烦你这个校长!"

于省吾的话并没有让匡亚明打退堂鼓。他从于省吾的手中接过了古剑,说:"果然是把好剑,假如能让蔡馏生和余瑞璜他们俩见一见,说不定会因剑的来历而争上一番。倘若你不在场,我说的话,他们是一定不会相信的。"

"他们去了东北人大做了你的教授?"

"教授还分什么你的,我的?你们都是学生们的老师。我那学校老师缺得很,不但是你这历史系,物理、化学,哪个不是我到处去找老师来的。蔡馏生和余瑞璜都是我请去的,他们还经常念叨你啊!"

蔡馏生是化学家,余瑞璜是物理学家。匡亚明也很清楚于省吾对他们是极为看重的,在北京的时候,他们就经常在一起天南地北地讨论问题。

匡亚明接着说:"既然他们也都有意在吉林继续教书了,于老,您何不今天就和我一同去会会朋友?"

于省吾有些犹豫。此刻,他心中的五味瓶才算是真的打翻在地。一时之间,酸甜苦辣真是涌上了心间,有太多的话要对匡亚明说。

"他们一个化学,一个物理,那是真正的国家栋梁啊。我一个懂历史的怕只会在你那里冷冷清清哟。"

匡亚明扶着于省吾坐下。于老接着说:"学科学,追欧美,那是现在最重要的事情了。他们的学生一毕业就能在东北干出一番大事来。你再看我这里,整天和古书、古物为伴。"

于省吾越说越激动,他从最里面的一个书架上拿来了他的"宝贝",是一个被丝绸包裹着的木盒,两侧有精美的纹饰。匡亚明看不懂是什么纹饰,但图腾图案活灵活现,足可见雕刻者工艺的精湛。

于老打开了木盒,拿出了里面的书,对匡亚明介绍说:"这是陕西出土的《甲骨文字》拓本,这是《商周金文录》部分的残篇。还有这本,这可是我辗转各地得来的古文、古器的复印典籍。我只期待在我活着的时候能多整理一些,多翻译一些,也不枉费了国家的信任,对得起毛主席。"

匡亚明见于省吾的眼眶竟已有些湿润了。他对于省吾说:"正是因为这样,你才更应该重新站上讲台,把你的智慧传递给年轻人,让他们去继承我们的事业,继续整理这个国家的珍贵宝藏啊。"

"继承?我们这行的人,拿着锤子去考古,捧着史书读春秋。学这个的孩子苦哦!热爱这行的人是越来越少了。谁还会继续?蔡馏生和余瑞璜是不用担心,学化学和物理的后生们能从德胜门排到宣武门。谁还会来挖古器,译古籍呢?"

"东北人民大学里有,"匡亚明如洪钟般的声音掷地有声,"世上岂无千里马,人中难得九方皋。我们历史系近百位师生都盼着你来啊!"

于省吾说:"匡校长,我知道你爱惜人才,对教育也是一片热忱,可是你改变不了人心,考古的人会越来越少啊。"

"于老,您就放心,学历史的人一定不会少。长春找不到,我替您在东北找,东北没人学了,我就在全中国找。您的教室里永远缺不了热爱历史、热爱这个国家古物的年轻人。"

最终,于省吾被匡亚明的真诚打动,毅然来到了冰天雪地的长春,成为吉林大学考古学科的奠基人。尽管吉林大学考古学科的发展比国内其他大学至少要晚几十年,但现在却在全国排行第二,敢于向北大叫板。学校还建成了具有国际水准的边疆考古研究中心,于省吾功不可没。

匡亚明聘请古文字学家于省吾"出山",被高教界誉为"三顾茅庐聘贤才",至今仍传为美谈。后世作诗点赞:

    于老学识名满天,莘莘学子心生愿。
    三顾之情聘贤才,尊师重教美名传。

汤斐根据《与太阳的对话》中《三顾茅庐聘英才》改编。

不拘一格降人才

匡亚明任吉大校长期间有一个嗜好,就是没事喜欢在教室间穿梭,随时会从教室的后门走进去听课。

1985年7月,高清海教授在"匡亚明教育学术研讨会"上发言

一次,他转到一个教室前,看到教室里学生一个个聚精会神地听一位年轻教师讲课,连他走过都没有发觉。匡亚明不禁好奇起来:这个青年人的课上得这么精彩?于是他悄悄地从教室后门走了进去,坐在了教室的最后一排。听着听着,匡亚明也不由得被这位年轻教师的讲课吸引住了,连下课铃响了他都没发觉。

走出教室,匡亚明甚是兴奋,心里不断地念叨:"这个青年人不简单!"回到办公室,他立即找人了解了那个青年人的情况,原来那个青年人是刚到学校工作没几年的高清海。匡亚明随即找到当时该系主任刘丹岩。刘丹岩一到,匡亚明就问:"高清海有没有当教授的水平?"

"高清海,当教授?"刘丹岩一下子愣住了,有点丈二金刚摸不着头脑。思忖了片刻,他终于开口:"要说高清海当教授的水平,可以说有,也可以说没有。"

"这是什么话?有就是有,没有就是没有,你实话实说。"

"匡校长,您别急。说他有,是因为他的学术水平确实达到了教授的水平；说他没有，是因为他太年轻了，才26岁。"

"有能力就行了。别的你不用说了，明天就让高清海去填评职称的表格吧。"匡亚明果断地打断了刘丹岩的话。

高清海破格评职称的消息很快在东北人民大学传开来，引起了轩然大波。一大早，一群教师来到刘丹岩的办公室抱怨："凭什么他这样一个年轻小伙子就能直接评副教授啊？想当初我们可都是一级一级熬上来的，这是不是太不公平了。"

"刘主任，他是不是和你是亲戚啊，要不然你怎么会这么照顾？我们当时想提前一个月，可都是没有通过的呀。"

"就是呀，这个事情一定有问题。他要是能破格，我们为什么不能破格？我们也要破格！"

……

正当大家你一言我一语地抱怨时，匡亚明突然来了，大家立刻停住了。"看来大家对这件事情还是很关注的嘛。这样吧，刘主任，你赶紧通知一下，马上请全系教师开个会。"很明显，匡亚明也关注到了这些议论。

很快，全系教师就聚集在了会议室，匡亚明一进门就说："我今天就讲两件事：第一件，高清海评副教授这件事是我特批的，如果大家有意见，可以直接和我谈，不要在私下议论。第二件，我平时工作官僚，不知道谁有他那样的学术水平，在座各位如果有，回去马上写，写好了评教授，如果没有，散会。"

听着匡校长的话，高清海不禁感动得泪流满面，他在心底暗暗发誓，一定要认真工作，决不能辜负匡校长的信任。

后来，高清海成了吉林大学"四大高人"之一的哲学界泰斗级人物。按中国人的逻辑，一般能够称上"家"的起码要等到70多岁，而高海清70岁之前就成了中国哲学界无可争议的大师级人物。从那时起，吉林大学就有了"不拘一格降人才"的传统。

马玉玲根据《与太阳的对话》中《这个青年人不简单》改编。

身正为范

一幢幢古朴陈旧的教学楼,一条条清幽整洁的林阴大道,一座座古色古香的亭台画阁……金黄的迎春花,粉红的杏花,雪白的梨花,嫩绿的草坪……全都沐浴在和煦明媚的春光里。吉林大学的校园,一切都是那么的美好。

午餐后,吉大学生有的匆匆走进教室,有的边走边讨论着课堂里没有解决的疑难问题,有的闲庭信步……这时,有两位年轻小伙子一会儿埋头走路,一会儿激烈争论。突然,瘦高个的小伙无意间看到匡老迎面走来,出于对匡老的敬畏,想绕道走开。就在他们回头走另一条道的时候,耳边传来了匡老洪亮的声音:"别回头啊,这边的杏花开得正旺,快过来看看吧。"两个年轻人忐忑不安地停了下来,心里不停埋怨自己,为什么要避开呢?这下可好,校长肯定要批评自己没有礼貌了。他们咬咬牙抬起了头,当他们用恐慌的眼神投向匡老时,匡老正向他们亲切地招手呢。顿时,两个年轻人不再那么紧张。

1959年5月,匡亚明校长参加理化楼建筑工地劳动

他们走到匡老面前,腼腆地说:"校长,您在赏花啊!""瞧,这杏花开得多芬芳,多有活力,我们一起赏花吧。"匡老一边兴奋地说,一边激动地用手比画着,"和你们年轻人一起赏花,我也精神抖擞,仿佛自己年轻了几十岁。"与其说这是匡老在和学生交谈,不如说是一位慈父在和自己的孩子畅谈自己感兴趣的事。两个年轻的学生为匡老的热情和平易近人深深感动,刚才的不安和紧张荡然无存。他们两个和匡老一边欣赏着芳香朴素的杏花,一边开怀畅谈——从传统礼仪谈到现代文明,从崇尚国学谈到弘扬开放,从尊师重教到有教无类、因材施教……他们滔滔不绝,无所不谈。

乍一看,他们根本不像是大校长和普通学生在交谈,而像是同龄人在讨论有争议的学术问题。在谈到现代文明的时候,匡老语重心长地说:"现代文明固然要崇尚,但传统的礼仪我们坚决不能丢。近阶段,我们学校要大力开展尊师重教的活动,要让我们的学生人人知道——一日为师,终生为父的道理……"他娓娓道来,脸色是那么的平静而神圣。两个年轻学生听着听着,脸上露出了惭愧的神色。

他们羞愧地对匡老说:"校长,我们错了,见到老师要主动恭敬地行礼。""知道错了就好。你们知道,古时候学生该怎样向老师行礼吗?"两个年轻人笑着摇摇头。于是,匡老认真地给他们示范。只见匡老恭敬地双手抱握在胸前,弯腰90度,亲切而谦恭地喊道:"先生好!"两位同学亲眼目睹他们的老校长虔诚地以身示教,百感交集。他们郑重地跨前一步,来到匡老面前,恭恭敬敬地向他们一向崇敬、爱戴的匡亚明校长行了一个礼。匡老回敬了一个礼后满意地点点头……

匡老的率先垂范,以身立教,如丝丝春雨滋润着吉大学生的心田。从此,尊师重教的种子在吉大的校园里生根、发芽、开花、结果……

蒋红娣根据《与太阳对话》中《路是这么走的》改编。

匡亚明与金景芳

吉林大学历史系曾有一位教授叫金景芳,是我国著名的历史学家、文献学家、国学大师。金教授一生教书育人,潜心学问,学开一派。这位九九归一的老教授一生道德文章出众(金老99岁去世),从不依草附木,学术人格的独立,在吉大无人不晓,学术圈外的人很难成为他的朋友,但他却把匡老视为这一辈子最知心、最令其佩服的朋友。

1959年7月,匡亚明校长与著名化学家唐敖庆(左)、著名历史学家金景芳教授(右)合影

上世纪50年代,匡亚明校长和金教授都在吉大工作,金教授年长匡亚明四岁,一个是学校最高行政领导,一个是教授,平时两人接触不是很多,相互了解也不是很多。但有一件事却让金教授对匡老佩服得五体投地。

匡校长破格把26岁的高清海从助教直接评为副教授的事使得金教授对这位重学识、不论资排辈的校长连连称赞:"好校长!好校长!"

1991年,金教授到南京参加匡老主办的"中国传统思想文化与21世纪国际学术研讨会"时,曾与匡亚明"私下有约":"我们要活到21世纪,你完成你的《中国思想家评传丛书》,我干完我的事情,不把事情做完不走。"

1996年12月16日,当匡老病逝的噩耗传至长春时,这位中国史学界"金派"的开山祖师、年过九旬的金老潸然泪下,并一直在执拗地喃喃自语:"这不是真的!他怎么能毁约,不辞而别呢!"哀痛不已,金老拟就一副挽联,请吉大党委书记带赴南京,此联为:"是老革命,早岁与恽代英邓中夏相交,九死一生,恨未睹中国腾飞廿一世纪;亦大学者,终身共马列书孔孟文为伴,朝乾夕惕,已预见丛书耀眼百五十篇。"

蔡建良根据《与太阳对话》中相关内容改编。

那块屏风修好了吗

　　这事发生在匡亚明先生担任吉林大学校长的第二个年头。

　　由于匡校长从严治校,校内的各项工作秩序井然。有时无大事可抓,匡校长就从细微处入手,每天都会去学校的各个教学楼转转,看看哪个教室的玻璃碎了,哪个教室的黑板坏了,哪个教室的桌椅不好了,他就用本子全都记下来,等到月末的时候,他会再去那些教室察看,如果有没有及时修缮到位的话,那么后勤的负责人肯定是要挨批评的。

1960年9月,匡亚明校长同江剑秋副书记组织学校相关部门和师生代表研究《搞好伙食工作整改意见》

　　这天,匡校长像往常一样转到数学系的大楼里面,发现一楼一间教室北面的窗户上裂了一条缝,冬日的风从缝隙里钻进教室,冷飕飕的,于是匡校长掏出本子记下了这间教室的这块玻璃。过了一个多星期,又到月底了,匡校长带着他的记录本又一次来到了数学系大楼的这间教室,发现那块有裂缝的玻璃依然立在那扇窗户上,匡校长神色严峻,只见他在记录本上轻轻画了个圈,然后就快步离开了教室。

匡校长立即来到了学校的后勤处,后勤处的老师们看到匡校长来了,心里都有些纳闷。这时,只听匡校长严肃地问:"负责数学系教室门窗维护的是哪一位老师呀?"大家你看看我,我看看你,都不吱声,只见一位个子较矮的男老师站了出来,轻声地说:"校长,是我负责的……"匡校长环顾了一下在场的老师,又盯着这位老师看了一会,直看得大家都心虚不安地低下了头。

他说:"作为学校的后勤部门,应该要时刻关心学校各项教学设施的使用情况,虽然只是一面小小的窗户玻璃,但是在里面上课的老师和学生们会怎么想我们学校的后勤,怎么想我们学校的管理者们?怎么能因为一面小小玻璃的更换不及时而影响了后勤乃至整个管理层在我们吉大师生心目中的形象!再者,小事都不能及时做好,你们又拿什么保证在大事上也不出纰漏!"一席话说的大家都无言以对,惭愧地把头垂得更低了……

自此,在吉大后勤老师心中都深深地印上了一句话:务实地做好每一件细微的事情!学校的各项事务也都井井有条,这也是匡校长从严治校、从细微处着眼的成果。

匡老"文革"时从南京被押回吉大受批,那时押着他在解放大路游行。匡老岁数已大,再加上一路弯着腰,已经累得够呛了。但是路过理化楼时,他抬起头,对旁边押着他的同学说:"同学,理化楼一楼大厅那块屏风修好了吗?"当时这个同学就哭了。这个同学后来说,这件事情一辈子都忘不了,他没想到在那种情况下,匡校长还记挂着学校一件微不足道的小事。

王锦、王亚明根据吉林大学牡丹园 BBS 中《那块屏风修好了吗》改编。

几度披肝沥胆人

1963年，匡亚明要离开吉林大学，南下任南京大学党委书记兼校长。吉林大学为匡亚明举行了欢送会，会上教职员工们非常舍不得匡亚明离开，大家和匡亚明依依惜别。中文系一位副教授径直走到匡亚明身边，恭恭敬敬地弯腰向匡亚明行了一个礼后，双手端起酒杯一饮而尽。他面朝大家当场深情地吟诵起送别诗："八年细雨和风里，几度披肝沥胆人。"在座的教授们听后，想起和匡老一次次真诚的交往，匡老对他们一次次无微不至的关心和照顾，一个个哽咽着，眼睛里噙着泪花。

1962年10月，匡亚明校长离开吉大前与学校领导合影
（左起为蔡运时、佟冬、江剑秋、匡亚明、刘静、陈静波）

匡亚明在南京大学工作期间，也同样用他的真心赢得了南大教授和学者们的尊敬与爱戴，成为他们的知音、良师和益友。他还和原本并无交往的物理系教授、声学专家魏荣爵成了生死之交。这还得从他在南大就任后和魏荣爵的第一次相遇说起。

有一天,匡亚明路过汉口路71号门前,看到了魏荣爵。魏荣爵抬头看了看匡亚明,觉得对面的这个人似曾相识,可怎么也想不起来他是谁。正在疑惑间,匡亚明已经满面笑容赶紧迎了上来:"哎呀,这不是魏教授吗!"说完紧紧地握住他的手。一时间,魏荣爵错愕不已,匡校长竟然一见面就认出了他。"您可是物理学、声学上的杰出人才呀,我是久仰大名呀!"匡亚明对这次和魏荣爵的相遇喜不自胜。接下来,两个人找了个僻静处侃侃而谈,越谈越投机,真是相见恨晚,就像一对亲密无间的老朋友。

1962年10月,匡亚明校长在即将调离吉大时与党委副书记江剑秋(左)、副书记陈静波(右)合影

不久,匡亚明事先没通知就到声学楼实验室了解情况,魏教授和其他教师感到很惊愕。匡亚明却微笑着打趣道:"怎么,不欢迎我这个不速之客吗?我可是特别想听听不同声学处理下音乐和戏曲播放的效果呀,不知各位能不能满足我这个愿望?"大家赶忙把他引到五楼试听室中,大家陪着匡亚明边听边聊天,谈笑风生,忘了来者是一位校长。

匡亚明还经常带着夫人到魏教授的居所串门。当时不到50岁的魏教授患有失眠症,非常苦恼。匡亚明知道后,真诚地对他说:"你现在是人生最佳年龄,有足够的生活和工作经历,精力又充沛,千万要抓住这最好的时光做一番事业。"他动员魏荣爵丢开一切,外出休养以解决失眠问

题。魏荣爵为难地说："工作上这么多事,我放心不下呀。""这个你放心,我会帮你安排好的,只管静心养病就是,磨刀不误砍柴工嘛!"匡亚明这一番话完全打消了魏荣爵的顾虑,紧接着匡亚明亲自与在省委工作的彭冲同志打招呼,安排魏荣爵到广州疗养数月。

　　1992年深秋,魏教授在北京参加国际学术会议时不小心跌跤,造成右足骨折,需要在家静养。匡亚明夫妇知道后,不顾年迈体弱,在寒风凛冽、大雪纷飞的日子里,几次登门探望。

　　在匡亚明的一次次关心下,魏荣爵教授在学术和教学上均取得了令人瞩目的成绩。匡老病逝后,年过八旬的魏荣爵院士捶胸顿足,悲伤不已。他以"人亡国瘁,痛失良师"表达他的哀痛之情,他还说:"人生本如白驹过隙,可自我认识匡老以来,情谊深厚,岂桃花潭水深千尺可喻!"

　　历史学家茅家琦教授与匡亚明也有一段鲜为人知的交往。茅家琦是研究中国近代史,尤其是研究太平天国史的专家。1964年秋,关于李秀成评价的学术争论逐步升级,并在极"左"思潮的影响下不断上纲上线。大家都诬陷茅家琦是江苏地区"吹捧李秀成投降变节"的"一号代表人物",连省报都用两个整版组织文章点名批判他,各种批判会也相继召开,大家都对他冷眼相待,很多人见到他都唯恐避之不及。这一切让茅家琦觉得紧张而慌乱。一天,他与前来参加批判会的匡亚明在历史系办公室门口不期而遇,茅家琦见是匡校长,无可奈何地苦笑一下想回避。"茅教授,请等一等。"未料匡校长轻声把他喊住,一边握着他的手,一边拍着他的肩膀柔声安慰他说:"不要紧张,不要难过,再写好文章!"茅家琦听了,嘴角嗫嚅着,眼睛湿润了,他用力地点了点头。在当时"左"的思潮不断蔓延、山雨欲来风满楼的情况下,匡校长的这几句轻声安慰和鼓励,无疑是对青年知识分子的最大爱护和关怀。

李红霞根据《与太阳对话》中《几度披肝沥胆人》改编。

"陋室生辉"留佳话

20世纪60年代,我国与原法属非洲国家的交往日益频繁。1964年中法正式建交,我国对法语人才的需求量激增,而当时能扩大法语专业招生的,只有北大、北外和南大三所院校。

匡亚明校长急国家之所急,想国家所想,应教育部要求,决定将法语本科的招生数由20人扩大为30人,并着手筹建法语专科,当年招生200人。可当时学校既无教室,又缺师资,所有的人都是一筹莫展。

1992年6月,匡亚明名誉校长观看南大浦口校区规划模型

再三思考之后,匡亚明终于做了决定。他首先召开了后勤成员会议,在会议上,他推心置腹地把相关情况一一说明,恳请后勤组人员克难奋进,最后,他甚至毫不客气地对后勤人员下了死命令:在暑期中不管多热,一定要搭起三栋简易平房,并且决定在一个月内,将校部机关从所住的庚字楼等三栋楼房中全部迁至平房,把庚字楼等改造为"法专教室"。

消息传出之后,在教职员工中立即引起了很大反响,有些干部觉得难以理解,私下嘀咕,议论纷纷。

"为什么要让我们迁到平房里去?那里的条件那么差。"

"就是呀,生活、工作条件没有改观,反而越来越倒退了。难道就没有其他办法了吗?非得我们搬?那还怎么让人安心工作?"

……

听到大家的议论之后,匡亚明没有畏缩,他立刻把干部们召集起来开会。

在会议上,匡亚明严肃地说:"同志们,培养法语人才是国家发展的需要啊!生活上、工作上艰苦点,那又算得了什么呢!我会第一个搬到简易平房内去办公。为什么我能到简易房办公,你们就不能去?我有言在先,只要我当一天校长,就要把好房子供教学科研第一线使用。"听了他的话,那些私下不满的干部们惭愧地低下了头。

匡亚明说到就做到,从1964年至"文革"骤起,从复出至1982年辞去校长职务,校部机关一直在三排平房办公,而他的校长"官邸",是只有十平方的简易旧房。而在他之后出任代校长、校长的郭令智、曲钦岳等,也都在陋室办公,直至90年代,才搬入了北大楼。可以说,一届又一届的南大掌舵人,用实际行动诠释了"桃李不言,下自成蹊"的教育真谛。

张忠泽根据《与太阳对话》中《"陋室生辉"留佳话》改编。

破格重用程千帆

1984年,南京大学诞生了新中国第一个古代文学博士莫砺锋,他的导师是谁呢?是程千帆教授;而程千帆原是武汉大学教授,他怎么会来到南京大学呢?这里还有一个匡亚明破格重用程千帆的故事。

程千帆

"文革"时,武汉大学教授程千帆被无端打成了右派,受尽了非人的虐待,被剥夺了一切权利和尊严,学术报国无门长达18年之久。1975年才被"摘帽",而几乎同时,就被迫"自愿退休,安度晚年",每月领着区区49元的退休金。而当时一个大学毕业生的最低工资是每月70元。他的夫人、词学家沈祖棻又不幸遭遇车祸身亡,真是屋漏偏遭连夜雨啊!

程千帆的厄运,引起在苏州参加学术会议的"同门好友"的关注。他们公推南大洪诚教授向匡亚明校长汇报。匡校长了解到程千帆确有真才实学,当即做出决定:这样的人才,别人不用我们要用。如果调动手续办不成,南大就包吃包住,一定要让他英雄有用武之地。于是匡校长立即派出南大中文系副主任叶子铭专程去了武汉。叶子铭花了两个多小时,才在东湖边一个小渔村的破屋里找到了满头白发的程千帆。叶子铭向程先生转达了匡校长的意见,并问他有什么条件。程先生激动地说:"我要工作,我要有为人民服务的机会,什么条件?这就是条件。"于是,程先生来到了南大,也便翻开了他的人生和南大古代文学专业新的一页。

要让程千帆安心工作，匡校长觉得先要解除他生活上的后顾之忧。

首先是工资待遇问题。程先生被错划右派后，工资大大降低，仅够糊口，后虽已"摘帽"，待遇却一直没有恢复。发工资时，南大财务处不知按哪一级职称发。匡校长吩咐：每月暂发150元，送到他家里去。财务科很为难，问道："这笔钱从哪里来？又以什么名目支出？"匡校长毫不犹豫地答道："我匡某人不管你们怎么去想办法，就是卖破烂、卖旧报纸凑钱，也要从程老先生到校之日起，按月给他付足教授级工资，一块钱也不能欠！"程先生心中充满阵阵暖意，更加安心工作了！

其次是政治待遇问题。1979年初，中央下达甄别错划右派的决定，匡校长马上派人飞到武汉，磋商为之平反的手续，却无果而返。匡校长心急如焚！这怎么行呢！程先生本来就是被错划成右派的，一定要尽快解决此事。他立即呈请江苏省省长惠浴宇，由他写信给当时的湖北省委书记陈丕显，才圆满解决了问题。匡校长这才舒了一口气，程先生更是浑身轻松。

匡校长在任时，还经常看望程先生，甚至把程先生关于人才培养的意见书发至各系教研室组织学习讨论。这种非同寻常的举措，充分体现了他对程先生的特别器重。后来，匡亚明调任省人大，仍对程先生记挂在心，时时过问。

滴水之恩，当涌泉相报。程千帆曾动情地说，"不遇明公，荆州老从事耳"，"是匡老给了我二十年的学术生命，我终生感谢他老人家"。是的，程先生在他人生的暮年，发愤忘食，乐以忘忧，不知老之将至，终成一代大师，文学大儒。同时，他为南大带出了十名博士和近二十名硕士，对南大及中国传统文化做出了重大贡献。

人事有代谢，往来成古今。匡亚明校长虽已驾鹤西去，但他慧眼识珠于风尘之中，伯乐相骥于困厄之境的故事，将永远被后人铭记！

尹林华根据《与太阳对话》中《伯乐相骥于困厄》改编

教授治校

匡亚明先生提出"标志一所大学水平的,是教授的数量和水平"。他认为学校必须是内行来管理,充分发挥教授的作用。无论是在吉林大学还是在南京大学,他都推行"教授治校"的办学理念。

匡校长来吉大之前,学校领导在治学上比较松散,崇尚的不是学问研究,学术研究正在衰退。匡亚明认为要改变教师的态度,首先要改变体制,要让大家一心追求学术的卓越。匡校长来到吉林大学后很快使学校形成了两支主力队伍:干部队伍和教师队伍。匡校长精心安排这两支队伍分工合作,使它们相辅相成地为学校的建设与发展努力工作。在匡校长领导下,这两支队伍和谐而积极、主动地工作着,很快学校的教学工作就取得了长足的进步。

匡亚明尊重人才,把在教学工作中表现优秀的教授提拔为校级领导和系主任,让他们在管理学校的同时又发挥引领教学教研的作用,真正做到了内行治校。有位中文系的系主任,在学生毕业前夕,一直忙于做学生毕业的审核材料,匡亚明得知后,立即找来这位系主任,了解他最近工作的重点后,语气坚定地说:"明天学校就给你配备一名秘书助理,让他帮你处理一些事务,你是系的领头人,主要精力都要用在教学研究上。"

在南京大学,聘请文史学家程千帆、哲学家孙叔平、神学家丁光训等著名学者来校,安排他们上课并担任适当的行政工作,充分发挥他们的积极作用。

一次外出途中,司机实在忍不住心中久久萦绕的疑惑,便问:"匡校长,您对老师这么好,又分房又配秘书,不怕把他们惯坏了吗?"匡老笑而后语:"不会不会,我不会看错人!再说了,学校教育的优劣主要靠教师,学校只有拥有一批德才兼备的教师,才能办出一流的品牌学校、特色学校。教师第一嘛!"

匡亚明教授治校的做法,极大地调动了教授参与学校管理和建设的积极性。

张丹君、严仙花根据《对太阳的对话》相关内容改编。

顺风车也不能搭

"一个人只有无私才能无畏。"匡老是这样说的,也是这样做的。

那年数九隆冬的一天,一夜呼呼的北风,像千万头暴怒的狮子,锲而不舍地怒吼着,吹得窗户发出"砰砰砰"的声响,窗外黑色剪影般的树枝也被这狂风吹得东摇西摆。

早上,匡老准备早早到学校上班。丁老师像往常一样,从衣帽架上拿起匡老的大衣和帽子,唠叨着:"老匡,这两天气温又下降了,你外出可别忘了穿大衣啊!我已经把药片放在你的包里了,工作再忙也别忘了吃药!"丁老师知道,这个工作狂一忙起来就什么也不管不顾了,甚至连难得见一次面的儿女都晾在一边,想到这儿,又不由得抱怨道:"身体可是革命的本钱!"匡老乐呵呵地接过夫人递来的衣物,笑道:"你就放心吧!干过革命的,寒冷、疾病又能算什么!"

推开大门,刺骨的寒风夹杂着片片雪花,向夫妻两人扑面而来,让年近六旬的匡老喘不过气!闪着寒冷银光的厚厚的积雪,像一张厚实而巨大的白色棉被,覆盖在这天地之间,令人望而生畏!来接匡老上班的车子早已等在路边,匡老踩着厚厚的积雪一步一步艰难地朝汽车走去。"老匡,等——等——"丁老师忙走到匡老身边,和匡老商量:"你看,天这么冷,雪这么厚,我骑自行车去上班很不方便,就坐一下你的顺风车吧!"丁老师忐忑地望着匡老,因为她知道,匡老的原则性很强,像这样的要求他肯定不会答应,可是今天的天气这样恶劣,丁老师还是忍不住想要试一试!匡老很严肃地望着丁老师,认真地说:"这个汽车是学校给我配的,虽然我们一起上班,都到南大,如果你坐我的车去上班,就是搞特殊。不过……今天,我也不坐汽车了,我陪你一起走着去学校!"说着,匡老朝司机挥挥手,让司机先走。

茫茫的雪地里,留下了两个渐行渐远的身影,一前一后,一高一矮……正如他们几十年来一样,如影随形,相依相伴,患难与共。是啊,有一种情叫相濡以沫,有一种爱叫大公无私!

匡老对夫人是这样大公无私,对最疼爱的孙女匡燕也是如此。

暑假中的一天,"轰隆隆……轰隆隆……",一阵电闪雷鸣把匡燕从睡梦中惊醒。

平时学习任务重,匡燕不容易见到爷爷。当天是星期天,终于有空和爸爸一起去南大看爷爷,她有好多问题要向爷爷请教。然而,天公不作美,前天晚上还满天星星,第二天说变就变,伴着闪电哗哗地下起了暴雨。

匡燕跑到爸爸跟前说:"从我们住的郊区,到南大路很远,又下着大雨,我们打电话让爷爷派他的司机来接我们吧!"

爸爸一听说:"你还是别有这个念头了,爷爷是从来不让司机接其他人的,包括你奶奶。你还是快吃早饭吧,早点去等公交车!"

"我不信,你不愿意打电话我来打!"匡燕朝爸爸挤挤眼,心想:今天瞧我的,爷爷最喜欢我了,最喜欢我去他那里讨论问题哩!他是南京大学的大校长,派他自己的专车来接我们,还不是小事一桩!

想着,她拨通了爷爷的电话:"爷爷,我是匡燕。今天我要去向您请教有关孔子的一些问题!您有空吗?"

"小燕子啊,你要来,我再忙也要抽时间接待你这个小机灵啊!"

"可是,可是,现在天正下着暴雨,还打着雷。您让您的司机来接我们吧,这样我也好早点见到爷爷啊!"匡燕调皮地说。

"哦,那可不行啊!"

"为什么不行呢?"

"这可是爷爷的专车,不能接其他人的!你奶奶每天和我一起到学校上班,我也让她自己骑自行车去,她也从来不搭我的顺风车啊!"

"可今天是特殊情况啊,您就让司机接我们这一次吧,下不为例,怎么样,爷爷?"匡燕有些不甘心地说。

"一次也不行啊!我的专车是公家的,不能私用啊!爷爷这么多年来一直没有破过例。再说,司机今天也在家休息,也不能打扰他啊。小燕子,你也长大了,应该明白这个道理,是不是啊?"

"那……,好吧!"匡燕只好无奈地答应着,"不过,爷爷,今天您可要多抽些时间陪陪我,多和我说说孔子的故事啊!我还有好多问题向您请教哩!"

"行,今天我一定和你这个'小夫子'探讨探讨'孔夫子'!哈哈!"

匡燕放下电话,来到厨房。爸爸正在准备着早餐,见匡燕进来,调侃着说:"怎么样,今天我们可以沾匡燕的光,第一次坐爷爷的专车喽!"

匡燕嗔怒地捶了一下爸爸的背:"爸爸,您还笑我!"

爸爸停下手中的活,笑道:"尽管我和你爷爷一起生活的时间不长,但是你爷爷经常教育我,为人要诚实,要好好工作,心中要装着人民,更不能借手中的权力为自己谋利。"

匡燕专心地听着,若有所思。

爸爸接着说:"你爷爷就是这么大公无私的人。有一次我厂里的一位领导为了孩子上学的事,让我转交一封信给你爷爷,我对我的领导说,信可以帮你转交,但是还不如你自己直接寄到校长办公室,再由校长办公室转交给他,他一定会马上帮你办理。假如我转交给他,他可能连看都不看一眼。"

"那我以后再也不去麻烦爷爷了。我也要像爷爷一样做个大公无私的人!"爷爷在匡燕心中的形象更加高大起来。

何雯、孙志杰根据匡亚明先生长子匡力和长媳马仁馨夫妇口述改编。

真理标准大讨论

"文化大革命"期间，南京大学有少数学生贴出大字报，批判校长匡亚明犯修正主义错误。1966年6月，胡福明因支持匡亚明而被打成"匡亚明黑帮"的一分子。两人被打倒后一同被批斗、游街、抄家、挂牌子、扫厕所等，正常的生活被彻底破坏。但在那段艰苦的岁月中，两人相互扶持，建立了坚定的革命感情。

1978年5月11日，《光明日报》以"特约评论员"名义发表了《实践是检验真理的唯一标准》一文

1977年8月"文革"结束后，胡福明写成题为《实践是检验真理的标准》的八千字长文。9月初，他将文章寄到了北京《光明日报》哲学组编辑王强华处。整整四个月，胡福明没有收到关于文章的一点儿消息。直至1978年1月19日，胡福明突然收到一封北京的来信，寄信者正是王强华。王在信中说："《实》一文，已粗粗编一下，文章提的问题比较尖锐，分寸上请仔细掌握，不要使人有马列主义'过时'论之感。"胡福明感觉还有戏，便将文章再次修改后寄出。其后，在当年二三月，文章多次修改，诸如"为使文章更具战斗性，适当增加了联系实际部分"等，胡福明都

按编辑意思照办。奇怪的是,这篇文章虽经反复修改,但迟迟未予发表。

1978年4月,胡福明回宁后,他将写稿、改稿情况告诉复出不久的匡亚明校长。5月11日,《光明日报》以"特约评论员"名义发表了《实践是检验真理的唯一标准》一文。当日,新华社转发了这篇文章。12日,《人民日报》和《解放军报》同时转载。数日之内,该文传遍全国。该文全文七千余字,主张只能依靠社会实践检验真理;马克思主义最基本的原则之一就是理论与实践的统一;马恩列斯毛诸位革命导师都坚持用实践检验真理;任何理论都要不断接受实践的检验。

胡福明

当时,社会上一度还有"五胡乱华"的说法,将撰写《实践是检验真理的唯一标准》的胡福明与胡耀邦同志等一起列为"五胡"。"凡是派"强势反弹,批判该文章理论上是荒谬的,思想上是反动的,行动上是砍旗的。不仅一些领导人勃然大怒,在不少思想较为保守的省市,讨伐之声也是不绝于耳。胡福明承受的政治压力非常大,很多人心有余悸,毕竟这是"太岁"头上动土。

文章发表的几天后,胡福明向校长请示工作,匡亚明见面就赞许说:"你的文章在《光明日报》发表了,我祝贺你,我看了,写得很好嘛。"在如此情况之下,匡亚明的鼓励言语无疑给了胡福明莫大的勇气。

随后经匡亚明批示同意,南大率先组织了关于真理标准讨论的座谈

会，匡亚明亲自到会并首先发言，旗帜鲜明地赞成实践是检验真理的唯一标准，批判"两个凡是"的谬论，公开支持胡福明。匡亚明十分明确地在学校里进行表态：无论出现什么样的情况，都坚决支持胡福明，同他站在一起。同样，匡亚明也成为胡福明的坚强后盾，成为否定两个"凡是"的中坚力量，成为"实践是检验真理的唯一标准"这一真理的实践者和捍卫者。

在匡亚明的带领下，支持者如雨后春笋般接连出现。胡福明的《实践是检验真理的唯一标准》被认为是当代中国一个重要的"政治宣言"，是思想解放和时代转折的先声。有人称它为"春风第一枝"。此后，一个关于真理标准问题的大讨论迅速展开，并由此发展成为一场遍及全国的马克思主义思想解放运动。

后来，江苏省委推选匡亚明出席对林彪集团和"四人帮"的公审活动，匡校长热情推荐胡福明参加，"因为他在解放思想和拨乱反正中有突出贡献"。匡亚明的推举、支持很大程度上成就了胡福明。

匡亚明就是这样一位在实践中检验真理的追求者和捍卫者。

王亚明根据《与太阳对话》中相关内容改编。

要办一流大学

1983年5月7日至19日,教育部在湖北武汉召开了全国教育工作会议。

春暖花开,武汉的天空格外的蓝,空气中荡漾着樱花独特的芳香。这天是个特别重要的日子,360余位来自全国各地的高校负责人会集此处,共同聆听国家高等教育发展与规划,共同商榷、谋划高等教育的方向与未来。

会上,教育部部长何东昌做了题为《关于调整改革和加速发展高等教育的若干问题》的讲

给邓小平83建言的信

话,强调高等教育要坚决地有秩序地进行改革,逐步形成具有中国特色的社会主义高校特色。他的讲话激发了大家对高等教育空前高涨的热情,更让时任南大名誉校长的匡亚明兴奋不已。

匡老时而领首称许,时而奋笔疾书,时而凝眉深思,时而笑逐颜开,他似乎已经胸有成竹,准备迎接并沐浴高等教育的春风。

会议期间,匡亚明和浙江大学名誉校长刘丹、天津大学名誉校长李曙森、大连理工学院名誉院长屈伯川相识相知,对高等教育的共同关注与期盼,让他们相见恨晚。因为志同道合,四人经常在一起促膝谈心。

这天深夜,他们围着一张小圆桌,还在热烈地交谈,看来又将度过一个快乐的不眠之夜了。匡亚明眼镜片后的双眸分外明亮,他顾不上喝一

人学与做人

口水,仰起头,紧盯着刘甲,斩钉截铁地说:"我有个想法,你们看行不行?"

"你快说。"其他三人迫不及待。

"要办就办一流的大学!"匡亚明掷地有声,"既然我们对高校的建设和发展有这么多想法,不如我们整理一下,撰写成文,向党和国家领导人反映我们的合理建议,说不定会被采纳呢!你们说是不是?"匡亚明言辞恳切。

"好!这个主意好!"

"我赞成!就这么办!"

房间里的温度仿佛一下子上升了好几度,大家的热情再次被点燃。

在彻夜斟酌、反复讨论的基础上,四人联名向中共中央书记处及国务院提出《关于将50所左右高等学校列为国家重大建设项目的建议》。建议指出,我国高校出现的"综合化、多科性发展"的趋向,"是符合科学技术和高教发展规律的,应予肯定并加以提倡"。为了国家的长远发展,建议从全国700余所高校中,遴选50所基础好、力量强、教学和科研水平高的院校,"作为高等教育建设的战略重点,列为国家重点建设项目,重点投资"。

5月19日,会议的最后一天,思虑再三的匡亚明,又单独起草了一封《给邓小平的信》。信中直接指出:目前我国整个教育投资和经济建设投资很不适应,尤其是高等教育上不去,满足不了经济建设、文化建设对科学技术力量特别是高级科技骨干力量的需要。这种情况如不采取紧急措施加以解决,到90年代势必更加突出。

匡亚明在信中重申了"像抓重点经济建设项目那样抓重点大学建设"的设想和建议,认为这一举措将"从根本上改变现在各大学经常不安定的状态,建立稳定的教学和科研秩序(两个中心),以带动整个高教战线稳步发展,培养后十年乃至2000年后经济和文化建设所需要的各类高级人才"。

四位老校长的"835建言"和匡亚明5月19日的信,受到邓小平及其他中央领导的高度重视。5月24日,邓小平作了批示:"这是一个很重要的问题。"他请当时主持国务院工作的赵紫阳考虑并"提出意见在书记处讨论"。在邓小平的亲自过问下，从80年代至90年代，重点学科的评审、国家重点实验室的遴选与建设，"七五"期间"重中之重"的建设以及"211工程"等先后启动。1998年，在党中央关心下，又启动了旨在建设若干所世界一流大学的"985工程"。

匡亚明，高等教育思想的引路人，他与其他三位老校长高屋建瓴的"835建言"，与王大珩等四位院士联名建议"863计划"相映成辉，堪称中国80年代专家学者影响中央决策之"双璧"，共同为祖国高等教育的发展掀开了崭新的篇章，奠定了基础，指明了方向，并注入了无限的活力，从而树立了高等教育的里程碑。匡亚明先生为此做出的努力，功不可没，永载史册！

张小芳根据《给邓小平的一封信》有关内容改编。

孔学泰斗

匡亚明著《孔子评传》

1982年，匡亚明主动辞去南京大学党委书记、校长职务。这一年，他已76岁了，本可以颐养天年，可这位老人心中深藏着一个宏大的愿望，每当想起这个愿望，匡老就会深情地望着远方，好像又回到了在延安和毛主席促膝长谈的情景中。匡老对身边的工作人员说："中华民族历史悠久，创造并积累了博大精深的思想文化。要对它进行研究总结，去粗取精，古为今用，应从何处着手呢？对此问题，那年，毛主席曾对我做过明确的回答。毛主席说：'从孔夫子到孙中山，我们应当给以总结，承继这一份珍贵的遗产。'现在，我终于有时间来实现这个夙愿了。我要完成毛主席对我的嘱托，组织编纂《中国思想家评传丛书》。"

说干就干。匡老先给胡耀邦打了书面报告，阐述了心中的愿望。随即中央就批准成立"中国思想家研究中心"，由匡老亲自担任"中心"主任。古稀之年的匡老马上全身心投入到这一浩大的文化工程。他有一种时不我待、只争朝夕的紧迫感，跑上海，上北京，四处筹措经费，聘请一流的学者。

万事开头难。"中心"副主任潘群一直在思考着这样一个问题：谁来写中国第一位享誉世界的思想家、教育家孔子的评传呢？当他把这个问题和匡老商量时，匡老斩钉截铁地说："我来写《孔子评传》，我来开个头。我们编纂思想家评传，要坚持三个原则，一是坚持实事求是的原则，二是坚持批判继承的原则,三是坚持百花齐放、百家争鸣的原则。我要让孔子的思想,让中华民族传统思想文化激励人心,增强民族自尊心和爱国心,促进社会主义现代化建设。同时,我更希望有一大批优秀的中青年学者能深入挖掘中华民族几千年涌现出来的思想家的先进思想,让这些思想发出熠熠之光,照亮我们中华民族快速发展的道路。"

1992年5月25日,匡亚明在第三次全国古籍整理出版规划会议主席台上(右起第六位)

匡老一边领导运作着"中心"的工作,一边深入到对孔子的研究之中,他既注重社会历史的研究,又对商周社会经济有深入探讨,常常工作到深夜。一天,匡老的夫人丁老师一觉醒来,一看时钟已过12点,匡老还没有休息。丁老师来到书房,看到匡老还坐在台灯下全神贯注地工作着。丁老师心疼地对匡老说:"老头子啊,时间不早了,快休息吧!累坏了身子的话,你的书就写不成啦!"

匡老见夫人来了,像见到救星:"老太婆,你来得正好,我们来探讨一下孔夫子。你说说看,孔子思想中有哪些消极的东西必须批判,必须与之决裂,有哪些积极的东西……"

"停停停,我看你啊,写孔子走火入魔了,饭吃不安稳,觉睡不踏实,

见人就说孔子。半夜三更的我可没精力和你探讨这些深奥的理论,我还要睡觉哩!你有精力,你自己慢慢琢磨吧!"丁老师打断匡老的话,无奈地摇摇头,回房睡觉去了。

匡老工作得正在兴头上,见夫人不愿和他讨论,也笑着摇了摇头,继续埋头工作了。

就这样,匡老没日没夜地研究着孔子,思考着孔子。见人就说孔子,逢人就从"三分法"剖析孔子思想的二重性。他说:"孔子思想是两千多年来中国历代封建王朝统治阶级的思想支柱,要实事求是地批判和继承。凡是孔子思想中直接为维护封建社会统治阶级特殊利益服务的东西,必须加以彻底批判,并彻底和它决裂;凡孔子思想中在一定程度上带有远见的智慧或这种智慧萌芽的东西,都必须加以批判地继承,做到'古为今用';凡孔子思想中至今仍葆有生命力而具有现实意义的东西,都应予以继承和发展。"

匡老更是对孔子教育思想进行了独特的阐释:"因材施教是教育学中一条重要的规律。孔子很早就注意到人的才智高下有别,性格刚柔各异。他深入了解学生们不同的志趣、智慧和能力,掌握每个人的特点,施以不同的教育,收到了极佳的效果。孔子教学工作的一个鲜明的特点是教书育人。孔子认为,学识渊博,多才多艺,品德高尚的人,不是天生的,而是教育出来的。在孔子的全部教育工作中,把知识传授、品德修养、体育锻炼和美育陶冶融为一炉。"

匡老对孔子教育思想的评述,是他对教育的理想和追求,更是指引他教育实践的明灯。无论在吉大还是南大,匡老都认为:学校的一切是为了学生,校长是学校的灵魂,要以教学为中心,以教师为主导,要实行民主的教授治校与严明的行政管理并重,要办一流卓越的大学并营造良好的校园文化。匡老以一位特殊年代高等教育规律的坚守者,以一个革命家的无私无畏的胸怀和意境,在大学教育中践行着一个知识分子的大学精神。

1985年,三十余万字的《孔子评传》出版了,匡老运用历史唯物主义观点,提出了一些新认识,新概念,对孔子的生平、时代背景,孔子的哲学思想、伦理思想、政治思想和教育思想以及对后世的影响,进行了深入浅出的系统论述,创造性地提出了对孔子研究的三分法,产生了轰动效应。

1996年5月,匡亚明以90高龄的羸弱之躯,带着业已出版的《中国思想家评传丛书》50部赴京,在人民大会堂召开新闻发布会,见之者无不惊叹、钦佩。匡老壮心不已,他计划在1998年出版100部,到香港向海内外举行新闻发布会,争取在2000年前后出齐200部评传。匡老说:"我现在唯一的希望是能够再活十年,让我能够亲自看到这套书出版。"

然而天不假年,1996年12月16日,匡亚明溘然长逝。文化部长孙家正痛惜地说:"匡老为《中国思想家评传丛书》耗尽了最后的心血。如果不是这套丛书,他的晚年也许会活得更安逸一点,更长久一点;然而,如果不是这套丛书,他的晚年也不会如此充实,如此有意义。"

孙志杰根据《与太阳的对话》相关内容改编。

潘群眼中的匡老

中国思想家研究中心成立后,匡亚明把潘群从山东大学调来任副主任,主持中心日常工作。他跟潘群说:"把你调来,就是为《丛书》做服务工作的。你不要想自己的学问怎么样,只要全心全意为《丛书》服务,我充分信任你!"

后来,匡亚明又用心物色了几个副主编,让潘群代表他一一把认真书写的聘书亲自送上门,并且提醒一定要当面恭恭敬敬地双手递上。这些举动感动着大家,也激励着大家。繁杂的工作在匡亚明的精心安排下有条不紊地展开了。

因为这是学术大事,所以刚开始工作的时候,匡亚明坚持:"《丛书》一定要请一流的学者进行撰写,不能有丝毫的马虎和懈怠。"卢央当时曾经笑说:"匡老要求高,要把全国一流的学者都拢过来,请他们认真地写。为此,他四处奔波,跑上海,跑北京,跑了好多地方,一位位去拜访,直至说动对方,这种以诚待人的态度,还有谁忍心回绝呢?"他说得一点也不夸张。

匡亚明要网罗一流的学者来写《丛书》,倒不是不要年轻人,他要的是一流的学术水平。卢央当时50多岁,跟老先生比,算是"年轻人"了,但匡亚明交给他两项写作任务——《葛洪评传》《京房评传》。随着工作的不断深入,匡老几经思虑之后,又提出了一个更具发展意义的思想:《丛书》不仅要出书,还要出人。也就是说,通过编撰《丛书》,从而更好地发现人才,更好地培养人才。

在忙碌而紧张的工作中,匡老和潘群结下了深厚的同志情谊,匡亚明甚至送过很多东西给潘群,但潘群从来没有回赠过。"你这人怎么一点不懂回报?"同事们笑谑潘群。"他会骂的!"潘群边说边无奈地摇摇头。是啊,同事们都知道,匡老对于他人的馈赠,哪怕是一针一线,都是决然拒绝的。

在匡亚明逝世的时候,潘群热泪盈眶地说:"匡老在世的时候,我没有给他送过任何东西,现在他走了,这次我一定要送!"最后,他悲痛地送了挽幛,写了"伯乐千古"四个字。旁边的人悄悄地问是什么意思,潘群告诉大家,匡亚明生前跟自己说过一段往事,一直不让潘群向外传说。

那是江泽民当选总书记后,第一次到南大视察,接见匡亚明的时候,迎面伸手一指,第一句话就是:"你是伯乐!"匡亚明一愣,江泽民看出他的疑惑不解,马上说:"你忘啦,在吉林的时候……"原来匡亚明任吉林大学党委书记、校长的时候,一位副校长生病,匡亚明去医院探望。闲聊之中,副校长对匡亚明说:"隔壁有位年轻人,很有才华,很有抱负。"他说的就是留苏归来在长春汽车制造厂工作的江泽民。爱才如命的匡亚明听了立即说:"那我得去拜访一下。"他主动来到江泽民的病房慰问,细细询问了江泽民的身体、生活、工作情况,热情勉励他:"你是一个有德有才有志的青年,一定要在岗位上勤学技术,早日成为国家专才。"德高望重的匡亚明情深义重的那番话,一直被江泽民牢牢记在心里,也成了他不断前行的动力。如今,江总书记只要一提到匡老,总是激动地说:"匡老对我的鼓励和影响,我万分感激,永远铭记。"

说到这里,周围的人不禁颔首称是,连连赞许。平静了好一会儿,潘群的情绪才逐渐平静下来。他又开腔了,声音沉重而深情:"匡老总是鼓励人成才。我女婿在公安系统工作,匡老到我家来,见到我女婿,就鼓励我女婿一定要成为大侦探!我儿子喜欢篆刻,匡老和他夫人就请我儿子给他们刻章。这对年轻人是一种怎样的鼓励啊!你们说,他不是伯乐吗?可惜,这伯乐,此时……"潘群说到这儿,不禁哽咽起来,大家的眼中也噙满了泪水。

千古伯乐,伯乐千古!

张小芳根据《求贤若渴的匡亚明》有关内容改编。

拖板车的大学问家

匡亚明先生的晚年，一直致力于《中国思想家评传丛书》的编撰。那几年，匡亚明逢人必谈《评传》，在病榻上亦然。

1958年11月，匡亚明校长和吉林大学下放干部一起劳动

"文革"结束后的一天，匡亚明午睡醒来，从事历史研究的朋友潘群来看望他。见了面，潘群一反倾听的常态，抢先对他说："匡老，我们约法三章，今天不谈工作，只谈轶事。"匡亚明笑着答应了。

潘群好奇地问说："匡老，我只在'文革'中被关了45天，已经感觉到很受罪。你是老革命了，坐过四次国民党的监狱，受尽酷刑，'文革'中也一直受迫害。在监狱呆这么久，你觉得最受不了的是什么？"

匡亚明想了想，说："最受不了的是'文革'中被关，坐着动都不能动。"

"是啊是啊，最难受的就是坐着不能动！"潘群深有感触地连声说道，

"但是后来看管我的人不在的时候,我可以自由活动一会儿了!"

匡亚明疑惑地望着他。潘群得意地告诉匡亚明,当时他和一个小偷关在一起,看守不在的时候,小偷从耳朵里掏出一个小铁钩,轻轻一拨,就把自己的手铐打开了,看守来了,他再把自己铐起来。处得熟了,潘群给小偷一支烟,小偷就帮他打开手铐,再给他一支烟,他再帮潘群铐起来。

匡亚明听了很惊奇,连连感叹:"我坐过那么多的牢,怎么就没碰到这样的'高手'呢?"他顿了顿,羡慕地对潘群说:"我坐过那么多的监狱,数'文革'中最不自由,如果当时遇到这样一个能帮助自己的人,倒是值得回忆的!你比我幸运!"

潘群讲得高兴了,继续说:"我被关了45天后,每天拖板车,从挹江门拖到石门坎,拖了3年。你拖过板车吗?"

匡亚明望着他,笑着点了点头。

潘群有点不信,他"考"匡亚明:"拖板车有什么诀窍?"

匡亚明微笑着说:"拖板车,东西要摆好,不要前沉,不要后沉。这样拖板车,既省力,又安全!"

潘群一竖大拇指:"行家!"

匡亚明大笑,打趣说:"遇不到你那位小偷朋友,我只有自食其力去把事情做好了!"

胡楠根据《拖板车的大学问家》有关内容改编。

没有困难，还有什么意思

匡老主持《中国思想家评传丛书》编撰工作后，开始协调方方面面的工作。首先遇到的是经费困难。匡老测算了一下成本，每部需要1万元。当时《丛书》计划不是出200部，而是2000部，2000万元的经费一时还无着落。但是匡老没有退缩，一边领导大家认真编撰，一边到处奔波，亲自筹措经费。

1988年11月，匡亚明教授在德国波恩"孔子儒学国际学术讨论会"上做报告

在匡老的带领下，潘群、卢央二位也都做着"化缘"的事情。

澳门基金会全职委员吴志良是南大历史系茅家琦教授的博士研究生。1994年，吴志良邀请潘群和周群（现为中心副主任、博士生导师）去澳门讲学。中心经费紧张，当时他们的家庭经济也不那么宽裕，两人买了两张硬座车票，坐了几天几夜的火车到了珠海，在一家破旧的小旅馆的阳台上凑合了一夜，第二天，换一身干净衣服进入澳门。

一日，新华社澳门分社一位领导请客。潘群道谢，领导说别谢他，因为旁边一位先生给他们买了单，他是一位慈善家。潘群再次致谢，出门，"坐在吴志良的车子里，心里开始'打算盘'"。周群也悄悄碰碰潘群，潘群会意,但总不好意思提。这当儿,吴志良说:"潘老师你们也是,我让你们坐飞机过来,你们还是坐了火车!"潘群顺势开口:"不瞒你说,中心经费紧张,你能不能请那位慈善家给我们捐点钱?"潘群问过办公室,中心一年的办公费大约需要5万元,预计搞10年要50万。吴志良听了,说:"50万太少了,我不好去跟他讲。这样吧,我们基金会给50万。"

在潘群的印象中,当年中心用公款请客只有一次,就是吴志良来南京。匡老说请客请客,潘群说只能用公款了,匡老笑笑,说:"人家给了50万,我们还不请客!"

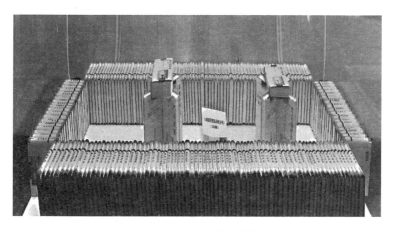

《中国思想家评传丛书》

还有一次,匡老代表中国思想家研究中心去德国进行学术交流。一行人在小镇美丽的暮色中边走边谈,往入住的宾馆走去。

就在他们兴致勃勃的交谈中,随行的秘书忽然发现匡老的神情有点异样,脚步走得越来越急,几乎是三步并作两步,大家都要跟不上了。于是,他紧走两步,上前拉住匡老的胳膊说:"匡老,您走得这么快干嘛?德国人都享受慢节奏的生活,我们也要入乡随俗啊!"匡老苦笑着说:"我也想好好欣赏路边的风景,不过人有三急,我得赶紧回宾馆解决一下。"秘书听了,恍然大悟,连忙四下打量:"路边肯定有公共厕所的,我帮您找找。""算了,上个公共厕所还得付钱,反正宾馆应该不远了,我还是上免费的厕所吧!你知道,我们最大困难是经费啊!"说完,匡老就头也不回,大步流星地往前赶去。望着他急匆匆的背影,秘书摇了摇头,忍不住嘀咕："上个公共厕所也花不了几个钱啊，您对自己可真抠门！"

在匡老坚持不懈的努力之下，《丛书》由南大出版社陆续出版，江苏省新闻出版局对《丛书》的出版给予了大力支持。

2006年9月2日，在《丛书》整体出版座谈会上，文化部部长孙家正说："匡老当年做这件事是遇到很大困难的。"

"这句话别人听了也就听了，我当时坐在下面，是深有感触的。"潘群说完，眼角湿润了。

卢央介绍："匡老是老革命，从不怕苦。他常说：没有困难，还有什么意思！"

是呀，在困难中前行，人生才更有意义。

杨腊仙、宗勋根据《匡亚明的故事》有关内容改编。

为母校题字

"勤奋学习,不断进步"的牌匾,至今还挂在百年老校丹阳市吕城中心小学的校园里,这块匾是86岁高龄的匡亚明先生亲自为母校题写的。每次说起这块牌匾,吕城中心小学的周健老师都很激动。

那是1992年秋天,天气微凉。周健受学校领导委托前往南京高云岭匡老家中求字。

周健走在南京的大街上,不知不觉来到了匡老家门前,匡老已经在门口等候了。周健很不好意思,怎能叫年近九旬的二外公等自己呢?周健扶着匡老坐下,只见二外公比上次见面又瘦削了几分,不禁有些心疼。"外公,您身体还好吗?""还好,还好,我要活到100岁。"说着,匡老爽朗地笑了。周健也笑了:"外公,您一定能长命百岁的。""哈哈哈……"

匡老见侄孙女大老远从家乡来见他,非常兴奋,迫不及待地想知道家乡的变化,周健一一地向外公介绍:"这几年家乡的变化很大啊,很多乡镇企业办得红红火火,老百姓的日子越过越好。"匡老听了很高兴,就这样不知不觉唠了一晚上的嗑。见二外公这么高兴,周健都不好意思提题字的事。

周健说:"外公,您还记得当年您到吕城上学的事情吗?""嗯,这哪能忘啊。我在那儿读书时,可不叫吕城中心小学,叫丹阳县第三高等小学校。以前上学可不容易啊,我们导墅只有初小,上高小就得到吕城,要走几个小时的路呢,我是住在学校里的,当年能读高小的人不多啊……"

匡老非常关心家乡的教育。"侄孙女阿,你也做老师啦,好好干,就当替我为家乡的教育尽一份力。一定要嘱咐我们家乡的孩子勤奋学习,我们农家孩子,只有勤奋,才能增长才干为国出力……"

就这样,匡老和侄孙女聊着当年求学的事。这时,周健才支支吾吾地说:"外公,这次来,除了看望你们,还想请求外公为我们吕城中心小

学题幅字。"匡老一听,马上说道:"这么重要的事你怎么不早说啊!我年纪大了,为家乡人民已经做不了多大贡献,能够为家乡的学校写幅字是应该的,也算是为家乡的教育事业出了点力。我马上就写!今天也不早了,你先休息吧,明天早上来取字!"

第二天早上,周健来到匡老家中,匡老已经坐在藤椅上等候了。周健看着满屋子几十幅带着墨香的"勤奋学习 不断进步"的字迹,就知道匡老昨晚可能是一夜未睡,眼泪都要掉下来了。这时,匡老依旧很兴奋地挑出几幅自己满意的字放在周健手里,嘱咐她交给校方,希望家乡的学子们都好好学习,长大为国做贡献。周健使劲地点了点头,这是匡老对家乡、对母校的殷切期望啊。周健捧着外公的墨宝,聆听着外公的谆谆教诲,不禁热泪盈眶。

时间已经过去二十几年,匡老留给母校丹阳市吕城中心小学的"勤奋学习 不断进步"的珍贵墨宝,激励了无数学子不断进取,也将永远激励着吕城中心小学的后来人。

孙丽、袁花根据周健老人口述整理。

高风亮节

匡亚明是美丽的江南水乡、清澈的鹤溪河畔的文化古镇——导墅人。1906年，他出生在江苏省丹阳市导墅镇匡村一个贫苦的塾师家庭。提起他，家乡人无不引以为豪，因为他不仅是一位坚强的革命战士和出色的新闻工作者，更是一位功高德劭的教育家。

匡亚明和夫人丁莹如教授

追寻大师的足迹，拜读大师的文集，与大师的心灵深入交流，我对匡亚明大师的精神和思想有了更深刻细致的了解与感悟。尤其是我得知了他的两件事后，更增加了对大师的尊敬与仰慕，从中领悟到"做人"的根本内涵。

这是一个真实的故事。上世纪90年代初期，改革开放进行得如火如荼，经济发展迅猛。下海、出国、找项目、搞投资……遍地是商机，到处欣欣向荣。当时，我的叔叔任社办厂供销员，他一心想找个机会搞"第三产业"，发家致富。作为匡亚明的家乡人，又有点沾亲带故，叔叔心想找他弄个项目做做，就能很快兴旺发达。于是他就备好一些名烟名酒，满怀希望地去拜访匡老。来到匡亚明先生南京的家，一进家门，简直太令人惊讶了。叔叔回来告诉我们，他原以为像他那样曾经身居高位的人，

家中一定是富丽堂皇的,没想到的是匡亚明先生家除了收拾得一尘不染之外,看不到一件像样的家具,非常简朴。

叔叔恭敬地送上礼物说明来意,希望匡老先生成全。在当时,对匡老先生来说这应该是件很容易的事情。匡老沉思了一下,便示意我叔叔坐下,和叔叔拉起了家常:从家乡的经济发展情况、人民生活水平,一直聊到以后的发展前景等。只见他语重心长地说:"家乡搞经济建设是件很好的事。只要是家乡搞集体大项目,为民生发展服务,致富一方,造福子孙的事,我举双手赞成哇。但是你只想着个人致富,个人出名,想借我的名气是不行的。"他便一五一十地讲道理,举实例。随后,他招呼叔叔吃饭,临走时特别关照:"以后来我家,不许带礼物。告诉老家的乡亲邻里,做事要凭真才实学,要实事求是,不要拉关系、走后门。实实在在为家乡人民服务的事情,我会义不容辞出力的。"然后,他便把叔叔带给他的礼物悉数退还,还叫叔叔以后常常去跟他说说家乡的事,让他能够多了解家乡的人民和家乡的发展变化。回来后,叔叔还听说匡亚明先生的亲侄子去找他办私事,他亦如此。

原来匡亚明先生曾有规定:不可能有求必应,但要做到有信必答,要给人家一个回音。虽然无法满足人家的要求,也要讲清楚利弊得失,不要让人寒心。

我还听老人们说在"文革"时期,家乡人也曾参与过揪斗匡亚明。但他胸怀博大,不计前嫌,只重事理,完全超越个人恩怨。难怪他对曹操"宁可我负天下人,不可天下人负我"的理念不予认同,他曾郑重其事地说:"我则反其道,宁可天下人负我,我不负天下人,有人对不起我,我不计较,他们知道错了,自己会改的。"

从这两件事中,匡亚明先生的高风亮节可见一斑,从中我真是受益匪浅,对匡亚明大师晚年常说的"中国学问的精髓就是'人学',做学问就是学'做人'"有了更深刻的领悟。作为他的家乡人,更应该以他为榜样,践行社会主义价值观,书写自己的美丽人生。

匡洪浩根据家人口述改编。

最甜家乡水

"匡亚明回来了,匡亚明回来了……"村头田间,村民激动地奔走相告着。

1996年9月27日下午一点多钟,秋高气爽,晴空万里。果园里的果实成熟了,飘散出甜甜的香气,清澈的小河在流淌着,带着片片落叶随波逐流,一幅美丽的乡村美景!在这收获的季节,著名教育家、孔学泰斗匡亚明先生和夫人丁莹如教授,在有关人员的陪同下,回到了阔别47年的家乡——匡村,一个坐落于江苏省丹阳市导墅镇的美丽小村庄。

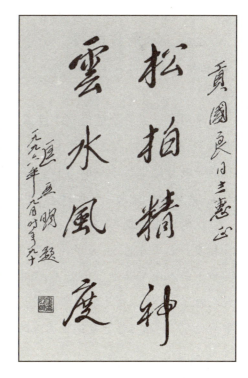

匡老给家乡题字

车子刚刚停下,九十高龄的匡老就急急地下了车,与在路边等待的乡亲们一一握手,他环顾着陌生的环境说:"四十多年没回来了,今天看到你们,我很开心啊!"

在乡亲们的簇拥下,匡老站在村头宽阔的公路边,欣赏着家乡的美景,追寻着儿时的记忆,深情地说:"还是家乡好啊!家乡变化太大了!我都认不出来了。"这时,匡老的侄子在一旁向他介绍起家庭成员以及家乡几十年来的变迁。

边谈边看边走,不知不觉,匡老一行来到了自己孩提时代居住过的房子前,匡老心头久久不能平静,他说:"我15岁外出读书前一直住在这

里,那时我们匡村老百姓穷啊!现在条件好了,大家都住上了楼房,不愁吃不愁穿,这是共产党带领我们改革开放、共同致富的结果,取得这样的成就真的了不起啊,我们要感谢共产党!走,带我到你们每家每户的楼房里看看,让我也感受感受农村楼上楼下、电灯电话的富裕生活吧!"匡老的侄子将匡老一行领进了家中,大家在宽敞明亮的厅堂前坐了下来。

这时,有人端上了茶水。匡老慢慢地端起来喝了一口,深情地说:"我在外走南闯北工作了几十年,今天又喝到了家乡的水,家乡的水真甜啊!"

陪同在一旁的导墅镇党委贡国良书记说:"是啊,匡老十多岁就外出求学,参加革命,经历了重重危险和考验。革命成功后,又为国家建设和高等教育做出了卓越的贡献。可以说将自己的一生都献给了国家和人民,真是功劳太大了!"

匡老谦虚地说:"不,不,功劳谈不上,我只是做了自己该做的。许多和我一起工作的人,为了革命被国民党抓去枪毙了,他们才是国家的英雄。就在南京革命烈士陵园,里面的很多人都是我的同事,他们早早就牺牲了,应该说我是幸福的。因此,每到有困难的时候,我就会去陵园看看他们,是他们给了我克服困难的动力!"

匡亚明故居

匡亚明墓碑

贡书记说:"是啊,匡老为人无私无畏,办学是高等教育的一面旗帜。现在这么大的年龄,还担任《中国思想家评传丛书》的主编,亲自编写《孔子评传》。您是每一个共产党人学习的楷模啊!"

匡老笑笑说:"谈不上,谈不上楷模!我们国家改革开放,日新月异,我们要做的事太多了!"匡老又喝了口水说:"要说成绩和功劳,都是共产党的功劳。我们共产党是一心为了人民过上幸福生活的!在这个过程中,难免会走些弯路!但是,共产党领导大家共同致富的愿望是一直没有改变的。我也是共产党的一员,至少我是一心一意为人民服务的,我心中永远装着我们的人民,回顾我这么多年走过的路程,我问心无愧!"他又拉起贡书记的手说:"这么多年来,我一直想回家乡来看看,也一直想为家乡人民做点贡献。可是我感到惭愧啊!今天看到家乡建设得这么好,我也感到很欣慰。贡书记啊,你们要把导墅镇建设得更好,让我们老百姓的日子一天比一天好!"

"匡老,您放心,我们一定努力工作,不辜负匡老的期望,把导墅建设得更美好,让导墅人民的生活水平更上一个新的台阶!"贡书记和大家一起说。

匡老一边满意地微笑着,一边对聚拢在周围的乡亲们说:"来,来,来,我们一起合个影留念吧!"

大家纷纷在匡老和丁教授身边围拢,匡老开心地笑着。摄像师按下快门,留下了一张张珍贵的照片!

夕阳西下,匡老恋恋不舍地拉着乡亲们的手一一道别!临上车前,匡老带着深深的眷恋,再次环视着故乡的一草一木,向大家挥着手,挥着手……

离开家乡不到三个月,1996年12月16日,匡老溘然长逝,永远离开了一生牵挂的家乡人民,离开了心爱的教育事业。

吴伟珍根据《匡亚明回家乡》录像内容整理。

戴伯韬——

科学的教育与教育的科学

戴伯韬生平简介

戴伯韬

戴伯韬(1907—1981年),江苏丹阳河阳戴家湖村人,著名教育家,出版家,科普作家。1927年师从陶行知先生,是晓庄师范首期13名学员之一。1931年在上海创办《儿童》半月刊、《师范》杂志。先后创办儿童"自然科学园",编写、出版"儿童科学丛书",创办"儿童科学通讯学校",担任《生活教育》编辑。抗日战争爆发后,主编《战时教育》,同年加入中国共产党,兼任重庆育才学校负责人。1941年起,任华中局宣传部国民教育科科长,华中建设大学副校长,山东省教育厅厅长。1949年任上海市教育局局长兼党组书记。1954年调人民教育出版社,任第一副社长兼总编辑。1962年至1966年间,任中央教育部党组成员,兼中央教育科学研究所所长。他是中共八大代表,第三届全国人大代表,第一、五届全国政协委员。

戴伯韬长期致力于教育管理、课程教材研究和中小学教材建设。从1954年到1966年的十二年内,他主持编写了十二年制和十年制两套全国通用的中小学教材;编著《小学教师工作手册》《调查研究入门》《陶行知生平及其学说》等;编有少年儿童科普读物9种11本。论著辑为《戴伯韬教育文选》《戴伯韬科技教育文集》。

从教育救国到教育兴国,戴伯韬坚守其一生的教育情怀。从凭借一己之力办杂志、办学校的奋斗,到组织力量编写全国通用的中小学教材,构建教育学理论体系,戴伯韬毕生致力于实践"生活即教育"的教育理想。他倡导的"科学教育、实践教育、人本教育"这一教育理想,至今闪烁着穿越时空的思想光辉。戴伯韬的教育人生无愧于"科学的教育,教育的科学"的称誉。

这个"小老夫子"不一般

1907年7月，戴伯韬出生在江苏省丹阳县一个农民家庭。幼年上私塾时，先生教过的课文，他总是最先背会。小戴伯韬不仅聪明，而且勤奋，当别的小朋友在玩耍时，他总是能静下来专心学习。

1907年7月15日，戴伯韬出生在江苏丹阳开发区戴家湖村

有一次，先生有事要处理，布置了作业，早早就放学了。同学们大多都非常高兴，天光还早，可以自由自在地玩一玩，真是难得。听到老师放学的口令，大家都背着书袋跳着跑着出了学堂。只有戴伯韬没有收拾书本，他疾步来到老师面前，用求助的眼神望着老师。老师感到十分诧异："放学了，你怎么还不走呢？"戴伯韬眨着明亮有神的眼睛，问了老师一连串的问题。老师开始似乎惦记着自己的事情，回答得有些匆忙，但是慢慢地，老师被戴伯韬的问题所吸引，被他好学的精神所打动，热情而又耐心地解答了他的所有问题。从此以后，老师更喜欢这个勤于思考，勇于探索的戴伯韬，认为他真是一个不可多得的好苗子。当然，他也为自己赢得了一个"小老夫子"的绰号。

1918年11岁那年，戴伯韬考入丹阳县第二高等小学。那时的他考试常得第一名。1922年秋，他考上了江苏镇江省立第六中学。戴伯韬学

习更用功了,他发现了一个学习的好方法——去图书馆。在那里,他可以在知识的海洋里遨游。当然,更多时候,他是带着问题来这里寻求答案。

戴伯韬爱好广泛,除了爱看书,他还喜好音乐,爱吹箫,拉胡琴等。因为音乐才华出众,他还被选入了学校国乐队。

青少年时期的戴伯韬每当听到乐音,便沉静下来,似乎在倾听,又好像在思索。老师了解到他很喜爱音乐,对他说:音乐是治疗人生伤痛和绝望的最佳良药,你是一个能从音乐中获取智慧和力量的人。戴伯韬在老师的鼓励下,开始自学乐器演奏。很快,他的音乐才能充分显现,胡琴拉得十分出色,并经常登台表演。戴伯韬在校园里成了一个知名人物,同学们的夸奖之词扑面而来。他便又多了一个绰号:喜欢音乐的"小老夫子"。

一次,当这个"小老夫子"在路边听到一个乞讨的老者用破旧的二胡演奏起阿炳的《二泉映月》时,他被那如泣如诉的旋律打动,默默流下了眼泪。他同情阿炳,同情像阿炳一样生活在社会底层的劳动人民。他爱这样的音乐,因为这样的音乐直指人心,唤起人们的忧患情怀。

善思让他有着敏锐的洞察力,读书使他的思想更深刻,音乐陶冶了他的性情,他对理想的追求执着而深沉。难怪老师们见到他都会由衷赞叹:这个"小老夫子"真是不一般啊!

孙建根据李隆庚《著名教育家戴伯韬》中的《第一次参加反帝爱国斗争》改编。

第一次参加反帝爱国斗争

戴伯韬家乡丹阳戴家水湖村,是个河湖纵横,鱼米丰登,人文荟萃之地。古往今来,这块土地孕育了众多的名人大家。戴伯韬从小就喜欢老师讲名人爱国的历史故事,崇拜那些为了国家不惜牺牲个人利益甚至生命的民族英雄。潜移默化中,爱国情怀在他心里深深地扎下根来。

20世纪20年代的各地学校深受五四"新文化运动"的影响,各种思潮广泛传播,中共早期青年运动领导人恽代英在各个学校宣传科学与民主,批判封建专制文化。作为热血青年的伯韬先生深受其进步思想影响。那时的中国,被列强欺凌,民不聊生。有志之士早就义愤填膺,想要振兴中华。满腔怒火也早已在戴伯韬的心中燃烧,只有投入斗争,才是最好的爱国!至今他还清晰地记得第一次参加这种斗争的场景。

1925年5月30日,上海学生两千余人在租界内散发传单,发表演说,抗议日本纱厂资本家镇压工人大罢工,打死工人顾正红。学生们声援工人,并号召收回租界,被英国巡捕逮捕一百余人。下午,万余群众聚集在英租界南京路老闸巡捕房门前,高呼"打倒帝国主义"等口号,并强烈要求释放被捕学生。英国巡捕竟开枪射击,当场打死十三人,重伤数十人,逮捕一百五十余人,制造了震惊中外的"五卅"惨案。

"五卅"惨案的消息传到镇江后,镇江的工人、学生掀起了开展反帝爱国斗争的热潮。这天,戴伯韬和几个爱国青年联系到了他们的同学、朋友,大家聚在一起,激愤的心情不能自已。戴伯韬十分悲痛,大声说道:"'五卅'惨案是帝国主义对我同胞的凶残屠杀,我们国家到了最危险的时候,我们的人民饱受欺凌,到了要起来反抗的时候!作为国家的一分子,我们必须站出来!用我们的行动和气势压倒帝国主义!为死去的同胞报仇!为我们国人讨回公道!……"

"我们要将列强赶出中国!"

"我们要废除不平等条约！"

戴伯韬饱含激情的演讲感染了大家。他们簇拥着戴伯韬一起来到街头。只见戴伯韬神色严峻，一边高呼反对帝国主义的口号，一边积极散发反帝传单，呼吁市民抵制日货。反帝示威游行的队伍越来越壮大，声势也越来越浩大。他们无视帝国主义的威胁，无视自己面临的危险，又来到了江边租界一带。所有的人高举握紧的拳头，表达他们的愤怒、悲痛和强烈的爱国之情。此外，他还到镇江街头、沪宁铁路火车上进行募捐，支援上海罢工工人。"支持上海罢工工人""打倒帝国主义"这些高亢的口号此起彼伏，人们群情激昂，气势震天！

从那次参加反帝爱国斗争开始，戴伯韬深刻地明白了：一个国家、一个民族，落后就要挨打。当下的中国，要强大，就需要每一个国人自强不息。此时此刻，他在心中立下了誓言：一定要为苦难的民族做点什么！

孙建根据李隆庚《著名教育家戴伯韬》中的《第一次参加反帝爱国斗争》改编。

我要去晓庄

1925年秋,戴伯韬在父亲的劝告下,为毕业后便于就业,考入了商业专科学校。

坐在教室里,经历过反帝爱国斗争锤炼的他忧心忡忡。我们的家乡为什么如此贫困?这么大个国家为什么屡屡遭受别国欺凌?人民为什么一直生活在水深火热中?作为一个中国人,作为一个有志青年,我却贪图享受,呆在这样的学校,我的誓言如何实现?出路在何处呢?

1926年的一天,阳光透过了窗户,暖暖地洒在江苏省商业专科学校教室里。

"……征集100万位同志,建立100万所学校,改造100万个乡村,"年方19岁的戴伯韬动情地说着,"这是多大的气魄,我要去晓庄!"同学们都被吸引过来,小声交流着。原来,戴伯韬在读《乡教丛讯月刊》上刊载的陶行知创办试验乡村师范(简称"晓庄师范")的招生广告,血气方刚的他被深深震撼了。陶先生教育救国的方法就是我们的出路啊,太好了!抑制不住内心的激动,他想一人偷偷去南京拜访一下陶行知先生。

1926年12月,寒气袭人。戴伯韬却怀着一颗敬慕之心,来到了南京和平门外燕子矶一所乡村小学,拜见革命教育家陶行知,表示自己要考晓庄师范。陶先生微笑着说:"好极了,你来参加,我们竭诚欢迎。我们试办这所学校是来尝试改造中国的道路。"他没想到鼎鼎大名的陶先生是如此平易近人,竟然对一个从未谋面的小伙子如此和善与热情,而且张开了臂膀欢迎自己!戴伯韬使劲地点点头说:"好!我就跟着先生一起来改造中国!"

从南京回到学校后的半年来,戴伯韬的愿望愈发强烈:上晓庄师范,

搞乡村教育,改造旧中国。他坚信家人会同意他的决定。当他终于鼓起勇气把自己的想法告诉家人时,却迎来了一场家庭风暴。

"什么?上师范学校?你疯啦?"一阵咆哮声飘出窗外,如闷雷,惊飞了停栖在树枝上的麻雀。

"放着好好的商科学校不上,既有前途,又可以出人头地。像我们这样的穷家庭,底子薄,养活家人,使家人过上好日子才是正道,非要折腾上什么师范!你想气死我啊!"一脸愠怒的父亲一只手指着站在一边的戴伯韬,另一只手按住胸口,费力地喘着气。

"上师范有啥不好,可以改造中国,使国家富强!这才是改变国家的根本途径!我相信伟大的教育家陶行知先生!他从事的事业是神圣的!"戴伯韬的话语掷地有声!

"改变国家的事要你出什么头?这个家必须由你来接手!"

"天下兴亡,匹夫有责!"

"好一个匹夫,你长本事了!随你去吧,就算我白养了你这个儿子!"暴怒的父亲拂袖而去,重重的关门声吞噬了所有的绝望,只留下满脸倔强的戴伯韬独自在风中伫立。

都说从来忠孝难以两全,戴伯韬就面临着这样的抉择。老父亲的想法没错,但终究自私了些。国难当头,国家需要我们的时候,岂能退缩?没大家哪有小家?陶先生都可以为了伟大的理想,为了伟大的祖国,放弃优厚的教授生活,告别繁华的城市,舒适的生活,脱去西装革履,穿上布衣草鞋,在南京晓庄创办了这所学校;我一个穷学生,还有什么理由可以停滞不前?就算前路迷雾重重,也改变不了我那颗献身教育的拳拳之心!不管父亲如何反对,只要是正确的道路,就问心无愧。

经过几番思索,他终于下定决心,到学校办理退学手续。老师和同学虽也有表示理解的,但更多的是深表惋惜。有同学劝道:"教育可以救国,经商也可以救国啊。晓庄师范在乡村,你会吃很多苦的。"戴伯韬坚定地说:"只有千千万万的乡村改造了,中国才能改变。吃苦算什么,我要去晓庄!"

1927年8月,戴伯韬毅然离开了正在就读的商业专科学校,冒着当时北伐军正进攻南京的战争风险,考取了晓庄师范学校,成为晓庄学校第一期的13名学员之一。

从此,戴伯韬走过了半个世纪的教育救国、强国之路,成为中国近现代著名的教育家。

马良生根据丹阳市戴伯韬教育思想研究会编著的《走近戴伯韬》第13页《晓庄的锻炼》第1、2、3自然段改编。

别样的入学考试

春天的阳光照耀着幕府山下一溜烟的树木,发出青灰色的光,空气显得特别新鲜。戴伯韬和十几个有着共同理想的年轻人踏着薄冰向着劳山下的晓庄进发。

经过一段时间的跋涉,戴伯韬一行到达了晓庄。这是一个只有三五家茅棚人家的小村子,村子前后都是一大块一大块的荒地,长满了野草。

"晓庄师范"旧址

陶行知先生早已在那儿等候了,同学们惊奇地发现他穿上了草鞋。陶校长笑容满面地走到同学们面前,亲切地说:"你们看到这块荒地了吗?这就是这次'考试'的试卷,考试工具呢,就是每人一把镰刀和一把铁锹,每人要开垦两分田荒地,在规定的时间内完成就被录取了。"

这是什么考试啊?戴伯韬傻眼了。虽然出身农村,可是自己没干过多少农活,整天忙着读书,父母也只让他读书。因为他个小,力气小,父母心疼都来不及。"这样的考试我能通过么?"正在他烦恼迟疑之时,其他人早已脱下了长衫大袍,穿上了草鞋,拿起工具下地了。

陶先生拍拍他的肩膀,带着怜惜的眼神看得他面红耳赤。"有困难吗?要帮忙吗?"陶先生的话激起了戴伯韬内心强烈的自尊,辛苦跑到这里什么也没做就被淘汰了,回去如何面对父老乡亲?自己的誓言如何实现?不行,人家能做的事凭什么我就不能做!戴伯韬不甘示弱,只见他挥动镰刀,"唰唰唰",一排排荒草应声倒下;挥舞着铁锹,"嚓嚓嚓",一块块荒地翻了身……还真是有劳动人民的潜质啊。

没过多久,同学们都汗流浃背、疲惫不堪了,一个个"呼哧呼哧"地喘着粗气,放下了手中的工具稍事休息。落在后面的戴伯韬看着自己的手心,都磨出了血泡,一握镰刀就有一阵钻心的疼痛,再抬头望着前方,与同学们的距离也越来越大,不禁为自己捏了一把汗。有人见状笑了:"你能坚持下去么?看看你,书生一样,连脚都包着,怎么干活?"他低头一看,白袜黑鞋,人家都是草鞋,难怪做不过他们!他连忙脱下鞋袜,光脚踩在了荒地上。"好凉啊。"初春的空气略带寒意,还有咯脚的疼痛,让戴伯韬举步维艰。

"我不能停下来,我不能放弃,我一定要通过这场考试。"戴伯韬咬紧牙关,忍住疼痛,默默鼓励着自己,没做丝毫停留。差距越来越小了,任务越来越轻了,直到把这一片荒地都翻了个遍,他发现自己还赶在了前三名。"太好了!"戴伯韬腼腆地一笑,转身去呵护那双备受煎熬的脚。陶行知先生和主考老师巡视着"考场",看着大家的劳动成果,满意地点了点头,笑着对同学们说:"今天的考试,是破天荒第一次,你们的成绩,足足够一百分!"他走到戴伯韬身边,轻轻拍了拍他的肩膀,并竖起了大拇指:"小伙子,前途无量。"简单的七个字,让浑身疲乏的戴伯韬顿时充满了力量。

就这样,戴伯韬和他的同学们一起考入了晓庄师范,成为晓庄师范的第一批学生。

贡华军根据《戴伯韬教育文选》有关内容改编。

晓庄取"真经"

戴伯韬在师从陶行知的日子里,跟先生一起"和牛大哥同睡","向农民学习","从野人生活出发"……陶行知先生的治学和治事,言传身教,深深地影响着戴伯韬。

戴伯韬与同学在"晓庄师范"合影

一天,陶行知带着众学生来到上海,发动自然科学大众化运动。他和戴伯韬等人一起坐在了小学生的课堂内,课堂就在实验室,他们玩起了科学把戏。

戴伯韬在实验器材室里拿了许多干电池和湿电池,做起了电磁感应实验,这是发电机原理的发明家法拉第早已玩过的。陶行知看了觉得很有趣,便一个人立在那里玩了半天。他时而串串干电池,时而摆摆湿电池,时而绕绕细铜丝,在那儿摆弄了老半天,可专注了!第二天一早,只见他欣喜若狂,朝着同学们大呼道:"我有了新发现!我有了新发现!"

大家都惊喜地望着陶行知。陶行知不慌不忙,做着手势说道:"我刚才在做电磁感应实验,把铜丝从阴极接到阳极上去,然后电子流从阴极射出,通过铜丝,流到阳极上去了。"

这很平常啊,有什么新发现呢?同学们一脸的疑惑。

陶行知一脸激动地说:"大家知道,如果没有用铜丝把电池上的阴电极和阳电极接连起来,就发不出电流,也就发不出光和热了。由此联系到'教学做合一'的教学思想,就很容易贯通了。教学做合一的整个过程是:行动生困难,困难生疑问,疑问生假设,假设生试验,试验生断悟,断悟生行动,由此反复,直到问题搞清楚为止。"

话音刚落,教室里就响起了一阵热烈的掌声,大家怎么也想不到陶行知能从这么简单的试验中感悟出如此深刻的道理。

1947年戴伯韬所著
《陶行知的生平及其学说》

原来晓庄师生以为"教学做"分成教的方面,学的方面,做的方面。这一次,他们从陶行知那儿弄明白了:教学做是一件事的三个方面。事怎么做,就怎么学,怎么学就怎么教;教的法子根据学的法子,学的法子根据做的法子。一件事情,对己说是学,对人说是教,对事说是做。

跟随陶先生的日子令戴伯韬受益匪浅。戴伯韬追随陶行知先生十五年之久,先生的许多重要活动和著名学说都成就于那个时期。戴伯韬在晓庄,见证了陶先生"生活教育"思想的形成过程,领悟了其"教学做合一"的思想内涵,秉承了先生教育思想的精髓。他在晓庄取得的"真经"为今后的教育人生奠定了坚实的基础。

史香兰、贡华军根据戴伯韬《陶行知的生平及其学说》有关内容改编。

爱玩科学小把戏

1931年2月,戴伯韬来到上海,以全新的方式从事教育工作:他创办儿童半月刊、师范生杂志,撰写童话、故事、散文,揭露社会的黑暗,引导孩子向往光明,为理想而斗争。

那年春天,他的老师陶行知先生悄悄从日本回到上海,约见了戴伯韬和科学家丁柱中。三人秉烛夜谈。

陶行知先生满脸兴奋,侃侃而谈:"日本之所以强大,强大在科学昌明;就一个国家的进步而言,从农业文明过渡到工业文明,自然科学是唯一的桥梁。不过,现在科学已经被屠夫用作杀人的利器,我们应当从屠夫的手里把科学夺过来……科学的中国要靠孩子们去创造,我们可以为中国造就科学的孩子。"

老师的一席话让戴伯韬他们意识到国家有救了,自己最初的誓言也可以实现了!戴伯韬他们对未来充满了无限遐想。

"可是,我们该怎么做呢?"戴伯韬问道。

陶行知微笑着说:"我们是不是可以倡导一个科学下嫁运动?""科学下嫁",多新鲜的名词,大家兴奋地不住点头。

陶先生的远见卓识,为戴伯韬开启了教育的另一扇大门。戴伯韬和留学归来的科学家丁柱中、高士其,晓庄的学生方与严、董纯才,陶行知的大儿子陶宏等,开办了"自然科学园"。根据陶行知"教学做合一"的教育理论,他们计划出版三百到五百本儿童科学丛书,重点指导儿童"玩科学把戏",也就是"科学小实验"。

要教给孩子们一杯水,自己首先要有一桶水。戴伯韬把自己关在图书馆,认真钻研自然科学,吸收前人的科学成果,然后自己在小小的实验室里"玩科学把戏"。每一个科学小实验,他都认认真真地钻研不同的玩法,每种玩法都一遍又一遍地尝试。等到他自己玩熟了,就领着孩子们玩,手把手教给孩子们,让他们自由玩耍,想玩什么就玩什么,想怎么玩就怎么玩。而他呢,就在一旁仔细地观察。如果看到孩子们对哪一个玩法没有兴趣,他就继续扎进实验室里改进玩法;如果看到孩子们玩得很有兴趣,他就高兴得直拍手叫好,并把小实验的玩法详细地写下来,不但写得准确,还写得通俗易懂,让老妈子和小孩子们都能明白。

当时,民族工业凋零,经费特别困难,戴伯韬他们搬到了租金便宜的法华寺居住。夏天,天气闷热得喘不过气来。到了晚上,更是难受,嗡嗡嗡的蚊虫在耳边吵个不停。戴伯韬只好用被单从脚蒙到头,把自己裹得严严实实像个蚕茧一样,才能勉强睡着一会儿。

就在这极端艰苦的条件下,戴伯韬还是不断地看书、编书、做实验,不断地实践,不断地创新。从1934年6月到1936年4月,他以"白桃"这个笔名,出版了《水的科学把戏》《显微镜》《望远镜》等儿童科学丛书9种11本,编写了《小学教师手册》,在陶行知创办的《生活教育》杂志上发表了60多篇供儿童阅读的自然科学作品。

就这样,戴伯韬以真挚的爱国情怀,积极的态度,辛勤的笔耕,成为我国早期优秀的科普作家。

季晓芬根据李玉非、周毅《为教育奠基石——记教育科学家戴伯韬》改编。

"豆粒跳舞"的把戏

1931年春天,陶行知先生发动了"科学下嫁运动",提出"科学要下嫁给大众,下嫁给儿童"的主张。戴伯韬结合中外教学之长,深深感到要改变当时读死书、死读书的落后教育方式,用趣味盎然的游戏让孩子懂得科学的知识和道理。

儿童的世界总是充满了一个个神秘的问号。

一天,一个学生好奇地问:"戴先生,台风为什么会把重的东西卷入空中?还有,那么大的冰雹怎么逗留在空中的呢?"

"是呀,是呀,为什么呢?"一群小朋友围在戴伯韬身边叽叽喳喳地问起来。

为了让孩子们明白其中的奥妙,戴伯韬跟孩子们玩了一个"豆粒跳舞"的游戏。

他找来了细竹管、少许面粉,津津有味地玩起了把戏。孩子们目不转睛地看着,不知道戴先生葫芦里卖的什么药。只见戴伯韬把细竹管切断,一端开口,另一端封口。在靠封口这一端不远的地方,开个圆孔。然后用面粉搓成一个十分圆的小圆球,放在孔口上。

戴先生用力在管的另一端吹,圆球便飞腾到空中,非常好玩。他吹多久,球就在空中耽搁多久。

"真好玩,真好玩!戴先生,我们也想玩。"孩子们喊道。

"好,好,我们都来玩把戏,看谁的面粉停留的时间长。"戴先生和颜悦色地说。

孩子们开心地玩起了把戏。有的小朋友因为头没有向后仰,竹管就成了斜形,圆球就掉了下来;有的小朋友不知道连续不断地吹,所以圆球团刚被吹动的时候就停了下来。但是他们不气馁,一次失败不成玩第二次、第三次,终于,每个孩子都成功地玩起了"豆粒跳舞"的把戏,教室里充满了欢声笑语。

"孩子们,我来考考你们,圆球为什么会停留在空中呢?"

一个大眼睛的小男孩立刻站起来说:"老师,那是因为我们嘴里吹出去的气,可以把这个小圆球托在空中。"

戴先生亲切地说:"你真爱动脑筋。我们嘴里吹出来的也是空气,空气一流动起来便是风。我们在竹管的一端吹,风便从另一端的孔里流出来。向上吹的风,有很大的力量,它能把小面粉球托在空中。"

孩子们点点头,恍然大悟。

戴先生微笑着看着孩子们:"那你们想想,为什么台风会把重的东西卷入空中?为什么巨大的冰雹会在空中逗留?"

"我知道,我知道!"

孩子们争先恐后地抢着说:"因为向上或者向前吹的风,有很大的力量,这个力量托住冰雹或其他东西,就不会掉下来了。"

就这样,戴伯韬把深奥的科学大道理变成一个个简单生动的小游戏,带着孩子们一起做了许多有趣的科学小把戏,培养了孩子们的科学精神。

史香兰根据《戴伯韬科技教育文集》有关内容改编。

陪伴"打不倒的病号"

戴伯韬先生在为我国各个时期的基础教育事业忘我奋斗的这50余年中,结交了许多志同道合的好友。早期,他从事科普事业活动时与著名科学家、科普作家高士其的友情更是传为美谈。

30年代,戴伯韬先生正积极响应陶行知的"科学大众化运动",为了更深入地研究少年儿童的科学启蒙教育,他想编写一套包含近代生物、化学、物理、天文、地质、数学、农业、生理卫生等各方面知识的儿童科学丛书。可编写一套丛书谈何容易?先生白天写,晚上写,夜以继日地奋战着。他满脑子都是写书、编书、审书和出书,废寝忘食,不分昼夜。一个人的科普创作之路是孤寂苦闷的,他多渴望这条路上能多一个知音,多一个同行者。上天仿佛听到了他的祈祷,把从美国芝加哥大学毕业回国的高士其带到了他的身边,高士其加入了他的编写大军。共同的爱好和志向,使他俩迅速建立起深厚的友谊。

戴伯韬先生很欣赏高士其用轻松愉快的文学笔调撰写的一些浅显易懂、富有情趣的科学短文,很愿意和他一起探讨科普创作。相较于先生的热情,其他人对待高士其的态度却截然相反,他们都说高士其患的是传染病,不要说和他处在一块儿交谈了,连远远看上他一眼都觉得浑身不自在。原来高士其在芝加哥大学医学研究院攻读细菌学时,在一次研究脑炎病毒的过程中,瓶子破裂,不幸感染,患上了甲型脑炎,留下严重的后遗症:他如几岁的孩童般,口角常常流口水不止,头颈都发硬,讲话很吃力;他的手指僵直地并拢在一起,仿佛一直抓着一撮盐似的,抓笔写字也发抖……大家是能躲多远躲多远,可先生不怕,他看到了高士其对科普事业的热爱,和他成了并肩作战的战友;还看到了高士其与病魔搏斗的顽强精神,和他成了无话不谈的朋友。为了更好地照顾高士其,先生还做出了一个重要决定,和这个"打不倒的病号"住在一起,细心地照料高士其的生活起居。

在一个大雪纷飞的日子,高士其出门去了。天一点一点黑下来,高士其仍没有回来。戴伯韬先生急了,跑到门口张望。眼看着天色越来越黑,大雪也没有停的迹象,先生更加坐立不安。他想,这些天路上都结了冰,天一黑就更难走了,高士其行动不便,会不会摔倒?会不会是出什么事了呢?他越想越着急,不禁埋怨起自己来,明知他行动不太方便,应该随他一块儿出门的,也好有个照应啊!

刺骨的寒风拼命钻进他的夹袄,戴先生冻得浑身发抖,嘴唇都发紫了。旁人劝他回屋等也是一样的,他摇摇头,仍然撑伞立在雪地里,实在冷得受不了了,就跺跺脚,给手哈口气继续等。都快10点钟了,旁人又来劝他,说今天高士其肯定不会回来了,别等了先睡吧。他摆摆手,让别人先睡,坚持要等高士其回来才放心。就在他一筹莫展,准备雇辆车四处寻找时,他看到高士其坐了一辆人力车回来了。戴伯韬先生高兴地迎上去,一边问高士其冷不冷,一边赶紧把脖子上御寒的围巾给他戴上。高士其一见先生这时候还在门口等他,有点儿难为情,艰难地嘟囔着:"今天去城里挑书,买了一大堆,没曾想把回家的时间给忘了,让你受累了。"先生不忍心责怪,连忙握住他的手:"平安回来就好,平安回来就好!"进了屋,高士其不顾满身的雪花,兴冲冲地赶紧让先生看他买回的宝贝。先生一看就入了迷,不由地称赞:"实乃好书!好书!"当夜,两个好朋友点起了煤油灯,专注地捧书阅读。夜更深了,天更冷了,他们浑然不觉,边看还边评说一番。

戴伯韬先生陪伴"打不倒的病号"高士其的故事,已成为一段佳话,永远弥漫着馨香,值得我们感怀。

贺红霞根据《名流侧影网》中的《足迹》有关内容改编。

从《战时教育》到育才学校

1938年9月,伯韬同志来到了重庆,根据陶行知的意见,为适应抗战的形势,把"国难教育运动"改为"战时教育运动"。同时,他又按照指示将《抗战教育》改为《战时教育》,并在重庆出版。他努力通过《战时教育》在广大师生中宣传抗日民主运动,开展针对国民党顽固派的反对倒退、反对投降、反对分裂的斗争。

在那个十分特殊的年代,国民党顽固派对报刊的出版控制很严,因而每期《战时教育》都要送国民党报刊杂志审查委员会审查。由于伯韬等同志的努力,党的抗日主张仍然通过《生活教育》宣传出去,陕甘宁边区及敌后抗日根据地的情况被大量报道,极大鼓舞了大后方人民的抗日斗志。同时,伯韬同志还编印出版了《战时课本》《战时儿童》等书刊,从而落实并践行了陶行知提出来的"把学堂变成战场,把战场变成学堂"的指导思想,卓有成效地开创了《战时教育》的新局面。但是,由于国民党政府的一再破坏,1940年夏,《战时教育》被迫停刊。

《战时教育》停刊后,党组织准备派伯韬同志到延安大学工作。此时,陶行知等建并创办育才学校,急需人才,于是向党组织提议,让戴伯韬留下来任育才学校副校长。在育才学校,伯韬同志认真贯彻执行党的指示,认真做好党的一些工作。按照党的指示,他在育才学校安插一批各地来重庆的进步人士。当时,抗战条件十分艰苦,他和这些进步人士一起克服重重困难,践行陶行知的生活教育和全面发展教育思想,除选拔具有特殊才能的儿童学习文化课之外,还让他们学习音乐、戏剧、绘画、舞蹈、文学、社会、自然科学等,因材施教,培育人才幼苗。他协助陶行知编写了《育才十二要》《育才学校教育纲要》等。此外,他还从繁忙的学校工作中抽出时间,为生活书店编写了妇女教材、儿童教材和民众识字课本,宣传抗日、民主和科学知识。他还通过史良、李德全等有影响力的人士的社会关系,以儿童教育专家的身份,为"儿童保育院"编辑了一套保育院教材。当时育才学校办得有声有色,名震中外,为国家培养造就了不少专门人才。

　　育才学校——一所有别于传统学校的试验学校,这里有了戴伯韬和他的导师陶行知,在生活教育理论指导下进行了创造性的实践,而随着这一创造性实践的渐进过程,戴伯韬又一次受到了陶行知教育思想的洗礼。

　　壮雅琴、束晓燕根据《戴伯韬教育文选》有关内容改编。

临危不惧

1941年年初,国民党反动派掀起了第二次反共高潮,制造了震惊中外的"皖南事变",杀害了新四军将士8000多人,并在大后方大肆逮捕共产党员和进步人士。为了保护更多的进步力量,周恩来把伯韬同志找去,要他把聚集在育才学校中的一批进步文化人迅速疏散。伯韬同志接受重任后,立即返回学校,与王洞若同志一起,在最短的时间内转移疏散了这批同志,圆满完成了党交给的任务。不久,因"皖南事变"中新四军干部受到重大损失,中共中央南方局通知伯韬同志,要他带一批干部去苏北补充突围后的新四军队伍。

然而,敌人的搜捕活动越来越密集,戴伯韬等人站在住所的阳台上,经常能看到搜捕军队在街道上穿行而过,连街上的行人也都战战兢兢。空气里弥漫着血腥的味道,耳旁总隐隐响着警笛和破门而入的声音。不断有同志被捕被杀,戴伯韬等人的神经一天比一天紧张。此时,特务们不知从哪里得到消息,正四处寻找戴伯韬的踪迹,情况十分危急。

陶行知先生十分关注戴伯韬的处境。在戴伯韬同志的住所,陶先生扶着戴伯韬的肩膀,欲言又止。戴伯韬只是微笑着:"先生,放心。"陶行知深知戴伯韬已经准备牺牲自己,怎能让这样一位正义之士白白牺牲?思前想后,陶行知想到了一个人——冯玉祥。虽然冯玉祥与国民政府有着千丝万缕的关系,但却因一颗爱国之心获得进步人士的肯定。陶行知准备求助冯玉祥,戴伯韬也同意了。

这天晚上,化了装的戴伯韬跟随陶行知悄悄来到冯玉祥公馆。三人在地下室会面了。冯玉祥一见到陶行知,便握拳表示歉意:"先生,委屈您了。"陶行知连忙接话:"将军客气了,还要多谢将军。"随即简单说明了来意。冯玉祥心知陶行知的为人,对戴伯韬也有了一半的信任,转而对戴伯韬说:"戴先生,我敬佩陶先生的为人,他引荐的人,自是不会错,你可安心住下。"戴伯韬神色自然,正声道:"将军为国之心,我也敬佩的很,今天得陶先生的人情,实在叨扰了将军的清净。"冯玉祥见戴伯韬为人正直,说话不卑不亢,也会心地伸手与之握了一握。戴伯韬安顿好后,便与陶行知道别。戴伯韬眼神坚定地望着陶行知,说:"感谢先生的帮助,等我到了解放区,一定会加紧努力,继续我们的学校创建工作,先生保重!后会有期!"一个月后,在冯玉祥的帮助下,经历过无数次被捕的危机后,戴伯韬终于辗转到达了苏北解放区。

到达苏北解放区后,戴伯韬临危受命,主持盐阜区的教育工作,主要负责恢复发展当地中小学教育。在他的领导下,盐阜区办起了联立中学(高中),各县成立了县立中学,恢复了原有的小学,同时还团结了一批教育界人士,为根据地培养了一批干部。

紧急转移到苏北解放区后,戴伯韬同志对盐阜地区文教事业的贡献是多方面的,广阔的苏北平原到处都印着他的足迹。盐阜区学校的改造和发展、教学的改革、教材的编写、冬学的举办、群众文艺活动的开展以及《盐阜法令汇编》《盐阜教育》的编印等,无不浸透着他的汗水,凝聚着他的心血。

袁肖静根据季平的《盐阜区根据地时期的戴伯韬同志》和丰县陶行知研究会的《陶行知教育故事》改编。

科学的教育与教育的科学

一批"季亭"在成长

（一）

1941年，苏北盐阜地区公署内。

一群干部正围坐在会议桌前，脸色凝重。尤其是戴伯韬同志，眉头紧锁，望着窗外阴沉的天空，一言不发。

皖南事变后，伯韬同志服从组织派遣，辗转来到苏北抗日根据地。原本指望在这里可以大展身手，继续编写教材，宣传抗日、民主和科学知识，把教育工作进行到底。没承想反动派十分猖獗，日本鬼子的战机时不时瞄准根据地，来一番大扫荡。这不，盐阜地区被分割成许多小块，筹备已久的苏北地区教育会议被迫停止召开。这让作为盐阜行署文教处长、主持教育工作的伯韬同志情何以堪！

1982年人民教育出版社出版戴伯韬的《解放战争时期苏皖地区教育》一书

"皖南事变残害了多少共产党员和进步人士，如果我们再不办好学校，办好教育，估计人才流失或埋没的将越来越多啊，我们根据地的人才将青黄不接！

"令人担忧的还有教师群体素质良莠不齐，很多只是停留在教教书而已。

"同志们，陶行知先生教育我们越是在这样非一般的生活里，越是要发挥出教育的特殊力量。在重庆我们都可以编教材，搞宣传，如今在自己的地盘上难道还做不好？赶紧招兵买马！没有条件也要创造条件办起联立中学！再大的困难都不能阻止我们办教育！"

说着伯韬同志"腾"地一下站起来，狠命摁灭烟头，目光坚定地走出了会议室！

（二）

"我们盐阜地区要开办联立中学，各县成立县立中学，恢复原有的小学……"

第二天清晨，一群人挤在行署门口张贴的告示前，小声交谈着。

"那真是太好啦！以前的学校都改成了干部学校，哪有我们贫苦子弟的一席之地？"他们衣着朴素，略带稚气的脸上分明流露着对知识的渴求，还有几许兴奋和彷徨。

"听说这里面的文教处长戴先生挺关心我们这些青年人的，我们可以找找他么？"

"是的，听说他为了我们根据地的文教建设，为了恢复我们这里的中小学教育，费了很多心血，度过了多少不眠之夜呀！"

这些对话都被一位叫季亭的小伙子清晰地听在了耳朵里。别看他已踏上工作岗位两月有余，正在一所小学当老师，可是自己年纪还小，没接受过专业训练，本身还需要学习的啊。他想：国民党反动派、日本鬼子把国家糟蹋得乌烟瘴气，如果不趁现在创办新学校、招收学员之际多学一点革命道理和文化科学知识，又如何为抗日救国、振兴中华出力呢？我可以去找戴先生么？

内心呼之欲出的强烈愿望，驱使他迈开步子，到行署文教处找戴伯韬同志，要求批准去联中读书。

真没想到戴先生是一个如此平易近人的领导，见到有人来访，戴先生竟立即放下手头的工作，端茶递水，热情地接待了他。季亭有些受宠若惊，面红耳赤地低声说出了自己的想法后，就不知所措地立在一边。

只见伯韬同志爽朗一笑，转身坐在书桌前，挥毫写就一封信，装进信封，连同两本书放到了他的手里："你带着这封信，到学校找这位林汪同志，他就是该校的党组织负责人，我已经跟他推荐你了，他会为你安排的。"戴伯韬拍了拍季亭的肩膀,真诚地说:"小同志,是你对教师这个职业的热情和积极进取的精神感动了我,我们这个时代需要你这样的有为青年。但你还要记住:做教师不仅要懂得学习,更要提高专业素质!这是专业书籍,我自己编的,把它送给你,希望你把握好机会,好好学习,不断进步。"

季亭都不记得是如何走出办公室的,只知道自己当时机械地点了几下头,转身就离开了,连声谢谢都忘了说。他实在想把这个天大的好消息告诉全世界的人,告诉大家戴先生就是鲁迅笔下的"孺子牛",自己太幸运了!

很快,季亭就坐在了新教室里,从老师又做回了学生。每天与同学不放过点滴时间,钻研教材,给大脑充电;课余时间,他就捧着戴先生的书,如饥似渴地把专业知识吸进大脑,转化成专业素质。陡然间,他发现自己在教师专业发展的路上越走越顺,眼界高了,思路开阔了,能力提升了。

(三)

开办联立中学以来,像季亭这样的教师逐渐成长并成熟起来,戴伯韬同志打心眼里高兴。"一定要好好传播陶先生的生活教育的理念!"因为经受革命洗礼的他实在有太多的话想要跟他们分享。现身说法,才更有教育意义,向来做事认真的伯韬同志决定亲自给这些可爱的后生们传播知识,传播能量。

第二天,讲台上多了一位特殊的人物,教室里挤满了人,大家都被戴先生铿锵有力的话语迷住了。伯韬同志给这些进步青年分析形势,宣传党的政策,教育他们刻苦学习,使自己成为抗战建国的有用人才。教室里掌声雷动,经久不息……伯韬同志还把党的抗日主张,毛泽东同志论持久战的思想编成识字课本进行教学,大大提高了季亭等人的政治思想觉悟。

（四）

没想到戴先生会亲自走上讲台！戴先生每一次慷慨激昂的讲话，都如醍醐灌顶，让季亭感觉周身注满了力量，同时潜移默化中思想上受到了无比深刻的教育。伯韬同志鼓励、期盼的眼神深深刻在了季亭的脑海里。"唉，戴先生是一个很忙的人，很多事情等着他去做。可是，为了我们这些青年的成长，他还要奔波劳碌，真可谓殚精竭虑了。"季亭无比疼惜地望着戴先生，每次来都发现先生又瘦了！他的心头一阵酸涩。

识字课本上的知识，无疑成了黑暗海面上的灯塔，迷雾中的路标，让季亭他们咬定目标，坚定前行，最终为盐阜地区教育事业的恢复和发展做出了贡献。

"我们唯有好好读书，增长才干，才是对他最好的报答。"在学校党组织的培养和戴先生的教诲下，像季亭一样追求真理、向往入党的同学，开始逐步认识社会发展的必然规律，对党的性质、任务有了了解，初步确立了共产主义信念。进校几个月后，季亭等人被第一批吸收入党。从此，他们便生活在党的怀抱中，走上了终身为共产主义事业奋斗的革命征途。

陈晖根据1982年《江苏教育》刊载的《盐阜区根据地时期的戴伯韬同志》改编。

战时教育　如火如荼

日本法西斯发动的侵华战争,给中国人民带来了巨大的灾难,山河破碎,生灵涂炭。怀着满腔爱国热情的戴伯韬振臂呐喊:"提高民族意识,发扬民族气节,激励全国人民一致奋起抗战,才能挽救国家的危亡。"

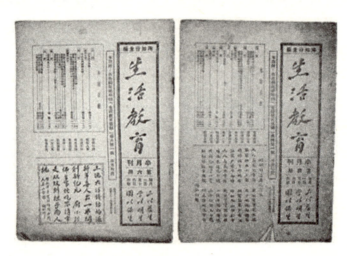

戴伯韬编辑出版的《生活教育》半月刊杂志,1937年以后改为《战时教育》

民族救亡,必须实施战时教育。群众的力量是巨大的。戴伯韬强烈地意识到了群众教育的重要性,他语重心长地说:"要把我们同群众坚固地结合起来,就要在群众中进行深入的教育。教育好比是一座桥梁,可以把我们同群众从思想上结合起来;又好比是结合剂,能把二者融合为一。"

为此,他写稿、编辑、出版、组织发行《战时教育》。他孜孜不倦辛勤笔耕,为中国的战时教育增添了光辉的一页。在编写教材中,戴伯韬嘱咐身边一起工作的同志:"教材内容要密切结合中国实际,结合生产实际,结合学生实际。一切从实际需要出发。"戴伯韬在盐阜区主持编写的这套中小学课本,到1945年2月就全部完成了。这套教材的优点和特点是:第一,各科教材都贯穿了丰富的思想政治内容。第二,各科教材都能生动地联系实际。既有联系抗日民主、政治斗争的,也有联系破除迷信的,还有联系生产劳动的。第三,各科教材都能贯彻"少而精"的原则。课文简明扼要,文字通俗易懂。毫无疑问,戴伯韬在盐阜区和苏皖边区主持编写中小学教材的经历为他在新中国成立后主持全国中小学教材的编写工作做了很好的铺垫。

一切从实际需要出发!戴伯韬把陈旧的教育内容改为以抗日为重心的教育活动,让教育为抗战服务。每次活动,他乐此不疲,夜以继日。他还发起"抗战教育研究会",办工人夜校、游击训练班等。他把大批知识分子团结在党的周围,不断地教育和争取青少年,不断地为根据地培养一批又一批干部。

一切从实际需要出发!在戴伯韬的督导下,许多地方是办了冬学以后又办夏学。有些村庄在晚上利用空闲时间举办乘凉讲座,一到晚上,村里就锣声四起,全村男女老少齐集广场听演讲,村民人心振奋,抗日士气高涨。老百姓学文化,学唱歌,场面非常热烈,激起人民的拳拳爱国心,浓浓爱国情。天下兴亡,匹夫有责!祖国如有难,汝应作前锋!打倒日本侵略者,振我国威!这像一把熊熊燃烧的烈火,在祖国大地星火燎原。

据统计,仅盐城县在1943年就有74个乡、490个村办了乘凉讲座,参加活动的群众有29000人。同时,在苏北地区,农村俱乐部、农村剧团以及座谈会、读报组等也像雨后春笋般生长起来。新的农村文化娱乐生活迅速在苏北各地蔓延,极大提高了广大群众的抗日士气。

邵卫平根据《戴伯韬教育文选》有关内容改编。

马兰飘香沁心脾

江南三月，烟雾弥漫，杨柳依依，然而1949年的局势还是没有半点诗意。华东局调戴伯韬同志到华东局宣传部任国民教育科科长。他到职后，积极组训干部，准备南下上海接管文化教育事业。不久，他率一批干部随第三野战军准备过江。

当时大军尚未渡江，沿途常要停下来等前方消息决定行程。伯韬同志充分利用等待时间，组织大家认真学习城市政策，进行入城纪律的教育，以便进入上海后各项工作能很快步入正轨。他还特别强调，作为从事文化教育事业的干部，去大上海这个繁华的城市，就需要守住根，留住魂，始终保持党员干部艰苦朴素的优良作风，把精力投入到革命的教育事业中。

当然，工作起来认真投入的伯韬同志也会在黄昏和大家一起去散散步，聊聊家常，和同事们建立了深厚的工作情谊。

这一日，他们驻扎在淮安城郊，这里紧邻大运河。夕阳西下，他们漫步运河堤畔，早春的气息萦绕四周，淡淡春草经一场春雨滋润都蓬蓬勃发，尤其是马兰头，一丛丛，一簇簇，长满堤岸，透着嫩绿而诱人的光泽。同志们不禁想起在最艰苦的年代，还有充满着清香的马兰头，这可是大家曾经的救命稻草啊。

良久不语的伯韬同志一语惊人：明天全部出动，带上剪子，挑马兰头！同志们面面相觑，转念莞尔，便雀跃起来。沿途辗转奔波，好久没有尝到新鲜蔬菜的味道了。革命形势逐渐明朗，紧绷的神经也该松弛一下了。靠自己动手采掘，既懂得了收获不易，还减轻了炊事班的压力，好主意！

第二天，壮观的场景出现了：一群人，有这批干部，也有不属于这批听到消息赶来加入的，浩浩荡荡，拎着篮子，握着剪子，哼着调子，和着清风,衬着阳光蓝天,伴着青山绿水,三五成群,开始了挑马兰头的"战斗"。

都是劳动的好手,右手一剪子下去,左手轻轻一提,几棵马兰头躺入篮中,青翠欲滴,一股特有的清香已钻入鼻腔。越挑越鲜嫩,越干越带劲,伯韬同志与同志们并肩作战,动作娴熟,一会儿工夫就"战果赫赫"。真是谈笑风生间,马兰头轻松拿下,尽收篮中。

"砰!"一声清脆的枪响,划破了宁静的天空,打破了快乐的氛围。同志们惊呆了,不好!有敌情!继而全部跳起,拿起随身佩带的手枪,掩护着伯韬同志,朝着枪响的方向移动。

"这只斑鸠不错,挺肥的,当一顿佐餐,定是美味。"旁边树林里传来一阵喜悦声。侦查员跑上去定睛一看,原来也是一个南下的干部,只是不是一个队的。只见他手里端着卡宾枪,枪筒还冒着烟,他喜滋滋地把斑鸠挑在枪头,离开了。刚才的惊魂一枪就是他的杰作啊。

听到有人开枪是为了打下一只斑鸠当佐餐,而且是南下干部,竟然用的是威力较大的卡宾枪,伯韬同志的脸色一下凝重起来。"要打的敌人这么多,过江战役必将是激战,他居然这样浪费子弹!三令五申要保持艰苦朴素的优良作风,这还没到上海,革命还没成功,就先懂得享受了!吃马兰头难道就活不了啦!我看他就是资产阶级的做派,如此下去,教育事业还如何去做!"他本想把那位干部揪出来示众,但最终强忍住怒火,想着挑选干部自己负有很大一份责任,就慢慢转身回屋,没再出来。窗户里飘出一圈圈烟雾,伯韬同志陷入了沉思。

傍晚时分,整个住所飘着马兰头的清香,今天收获颇丰,大家喜气洋洋,享受着美味,全然忘了白天的不快。警卫员请出伯韬同志,只见他脸色已经平和,端起一大碗,瞬间进肚。他让警卫员盛上满满一碗,送给那位打下斑鸠的同志。"请你转告他:甘于清苦的人才能创出伟业。马兰头的味道才是最朴实的,才是适合我们贫苦百姓的味道。必须吃完,才能适应大上海的生活!"

伯韬同志的话掷地有声,既是说给那位干部听的,更是说给每位在场的同志听的。是的,守得住寂寞,耐得住贫困,才能创出一番成绩来。只顾享受,哪里还有精力和心思去钻研、去工作!

据说,当那位干部看到那碗散发清香的马兰头,听到伯韬同志的那番语重心长的教诲后,顿时羞愧难当,吃完马兰头,把斑鸠送给附近的村民,当晚就到伯韬同志屋里负"枪"请罪去了……

荆国琴根据陈怀白《永远是我学习的榜样——怀念戴伯韬同志》改编。

倾心尽力改造旧学校

解放初期,上海学校的情况十分复杂,除了地下党所办的学校外,大多数是私立学校,只有少数学校是有进步力量的。有些学校是民族资产阶级办的,有些是外资津贴学校并直接为帝国主义分子所利用,有的被国民党骨干分子把持。但是较多的是以学校为谋生谋利的所谓学店。党又把接管、改造这些旧学校的任务交给戴伯韬。接到重任的戴伯韬同志深知情况的复杂,他利用短暂的时间带领所有的接管人员先了解情况,从调查研究入手,分工制订接管计划。那时,伯韬同志的身体非常虚弱,又容易失眠,经常整夜整夜睡不着,但他始终以旺盛的精力,一丝不苟、夜以继日地工作着。

时任上海市教育局局长的戴伯韬(前排左二)参加上海职工第一届体育运动大会

要抓好改造,首先要抓好教育工作。虽然接管工作头绪纷繁,但伯韬同志忙而不乱,工作开展得有板有眼。首先他用了较多的精力,花了大量的时间听取视导员的汇报,研究确定私校的方针、政策,逐校研究对策。对于个别直接由国民党反动骨干分子创办的学校,宣布解散;对少数与国民党反动分子有牵连或负责人已逃离的学校,派员整理;对少数严重迫害师生,劣迹多端的,或与帝国主义勾结、与国民党反动骨干有联系的学校负责人,经教育后仍无改进的,宣布撤职;对外资津贴学校,宣布一律不准设宗教课,不得进行宗教活动,不得迫害师生,不再接受外资津贴。正是因为他前期做了充分的调查研究,采取了区别对待的方针政策,私立学校很快稳定下来。而在私立学习的改造上,他采取了一系列有效的措施:(1)一律成立校务委员会,吸收进步的教师员工参加,同时吸收学生代表参加。(2)学校经费一律公开,设一定比例的学生减免费额。(3)学校均设政治课,各校可自聘政治教员,政治教师的名单要报批。(4)每学期招生要报批。这些措施的实施对私立学校的整顿改造和此后上海教育事业的发展都起了很好的作用,也使上海私立学校接管任务进行得相当顺利。

然而,时任上海教育局局长的伯韬同志并不满足于现状,他为上海教育的发展呕心沥血,绞尽脑汁。他说:"接管、改造旧学校,核心问题是贯彻新教育政策,改造师生的思想观点,用理论与实际一致的辩证唯物论的观点和方法去教育学生。"于是,他在接管改造初期就非常重视教师的教学研究工作。在他的主持下,上海市教育局很早就成立教学研究室,并聘请了一批有名气、有经验的教师做教学研究员。

在接管改造工作基本就绪后,他又马不停蹄地创办了《新教育》月刊,积极组织教师阅读学习,鼓励教师在月刊上"百家争鸣",各抒己见。在当时的上海,《新教育》月刊成了教师成长的平台。而后他又积极响应教育部的号召,把学校教育工作转移到以教学为中心上来。伯韬同志亲自蹲点,不顾工作的繁杂,不顾身体的虚弱,为学校工作转移到以教学为中心、提高教育质量上做出了新的成就。

在伯韬同志的努力下,上海教育迅速走上了正轨。随着调查和研究的深入,他发现上海工人是社会的主力军,教育应该面向更多的社会主体。于是"向工农开门"成为他在上海的又一项重大的教育政策。他在中小学增招工农成分的学生,规定减免费额,并在劳动人民居住集中的地区增办学校,向一直没有机会学习的工农子弟敞开教育的大门。看到上海的童工因为家庭困难,失去学习的机会,他又大力提倡办儿童晚班,吸收白天做活的失学儿童入学;利用中学师资办夜中学等等。一项项重要的教育举措,就像一滴滴甘甜的雨露。他把党的恩情洒向平民老百姓,开创了上海教育的新辉煌。

　　从接管到改造,伯韬同志在上海教育工作期间,做了大量的工作,耗费了大量的心血,从而为上海教育事业的发展奠定了坚实的基础。

　　壮雅琴、束晓燕根据杭苇《怀念老战友、老领导——伯韬同志》改编。

到群众中去不能摆架子

1963年春天,作为中央干部的戴伯韬同志,带领一个调查组到丹阳市珥陵镇,进行教育工作调研。以前,只要上面有领导来检查工作,一定是横幅标语,铜鼓铜号,热烈欢迎,何况来的是中央干部。可是这次却大大破例,什么活动也没有准备,原来这是戴老的特别关照。

十点左右,阳光正好,路边油菜花金黄,一辆由丹阳开至珥陵的公共汽车缓缓地停在了车站边,几个珥陵散客慢慢下车后,徐徐跟在后面的是几个提着拎包的人。一位中等身材,穿着朴素,五十多岁的中年人,微笑地看着负责接待的同志,一副平易近人的样子。简单介绍后,才知道他就是戴老,他用柔和的语气对大家说:"我们是来向珥陵人民学习的,来搞一些调查研究。"说话简洁明了,没有丝毫的官腔。接待的同志们一起笑着说:"欢迎欢迎。"欢迎仪式就这么简单而又愉快地结束了。

调查组一行到公社办公室,戴老简单了解了公社周围的环境,发现公社对面就有一个小旅馆,公社里面有个小食堂,就直截了当地说:"我们吃饭在公社,休息在旅馆。"珥陵中学的一位领导提出邀请:"您还是到珥陵中学食宿吧?那里环境要好一点。"戴老依然坚持自己的观点:"在公社,工作、休息都很好,你们都有各自的工作,大家还是以工作为重吧,有事我会到学校找你们的。"初次见面,戴老朴素的工作作风给大家留下了深刻的印象。

公社领导看到小旅馆内潮湿昏暗,墙上灰痕斑驳,而且都是通铺,条件太差了,多次请他单独住在公社办公室,戴老都没有答应。直到随行的人员看不过了,劝了多次,他老人家才勉强答应。

戴老入住公社后,党委领导担心戴老的安全问题,每天晚上派人在院子里巡逻。一天晚上,一直坐在窗前看书的戴老起身时发现树下有人影晃动,还隐约听到说话的声音。戴老纳闷了,这么晚还有人在外溜达?

还是有人想找我反映事情？为了更多地了解珥陵的情况，他打开门走出了房间："这么晚还没休息吗？你们是哪个部门的？找我有事吗？"两位同志看到戴老出来了，有点不好意思，一时不知说什么好。戴老看他们不像找他有事的样子，不觉提高了警惕："难道你们是有什么不可告人的目的？"两位同志看戴老误会了，只得实话实说："千万别误会，戴老，是我们领导担心您的安全，派我们晚上来为您做保卫工作的。"戴老看这两位同志这么认真，天又很晚了，便嘱咐他们早点回去睡觉。

第二天一大早，戴老来到公社领导办公室，严肃地说："你们是要我犯错误啊，我一个普通共产党员住在这样好的房子里面还怕出事情，那老百姓怎么办？"还没等办公室领导回答，他又接着说："你们派专人来做我的保卫工作，是为我好？群众要是知道了，他们会怎么想，以后我还怎么到群众中去呀！"公社领导看戴老说得这么认真，忙赔不是："是我们欠考虑，但您毕竟从大城市来，难免会有人来滋事，我们会重新考虑的。"戴老一听，他们这还是要继续派人来保护他呀，立即起身要走，并表示要搬到旅馆去住。后来经过公社党委领导检讨、解释，并表示撤走保卫人员，戴老才答应继续住在公社里面。一位负责接待戴老的公社领导，紧紧握住戴老的手说："戴老难得到珥陵来，我们珥陵的发展还要请戴老多多谋划。为了能经常与戴老交流汇报，您住在里室，我住在外室，这样我可以多向你反映点农村情况，你也给我一个向老前辈学习的机会。"戴老听了觉得这个办法好，便欣然同意了。

正是怀着"到群众中去"这样朴素的思想，走进基层调查的戴伯韬影响着身边的每一位同志。

曹敏娟、张国民根据珥陵中学原校长符景春口述材料整理改编。

要听真课,真听课

到珥陵的第三天,戴老一行人早上八点就到珥陵中学,学校领导陪同戴老察看了校容校貌,校长介绍说:"我们学校是1956年建起来的,全省几十所初中都是按照同样的图纸,在苏联专家指导下设计的,形同飞机,群众非常爱护这所学校。"戴老看了非常欣慰地说:"一所农村初中,现在有这样的条件,已经不错了,听说这里的群众很关心学校,外因条件很不错。"后来,戴老与另一位同志找学校几位校领导谈心,有些问题问得很细,对学校老师的情况,从学历到工作简历,从教学到工作水平,从年龄层次到出生地点,特别是教师对各科教材的看法,边听边记,一丝不苟。

1964年,戴伯韬副社长(左三)率队在江苏丹阳调研时与当地中学教师合影。

谈话结束后,学校领导走出会议室,他们发现调查组其他五六位同志竟然坐在教室外面的平台上听课,甚至有人在屁股下垫一张纸坐在地上听。他们专注地听,边听边记。这真是一个别开生面的"听课"场面。调查组员"听课"的环节,出乎学校领导的意料。因为学校并没有接到上级部门的有关通知,所以学校没有让教师事先准备,讲课者当然也不知道。面对这"小插曲",学校领导很尴尬。学校领导看他们在外听课挺辛苦,就想准备板凳让他们坐到教室后面去听课。他们婉言谢绝,坚持自由、随意听课。后来才知道,这种听课是真听课,听"真课",讲课者不知有人在听课,就谈不上有什么压力,听课者能了解到教学的真实情况。这些环节都是戴老在工作安排时特别强调的。学校被调查组意想不到的举动搞得"丈二和尚摸不着头脑",领导几次找听课的调查组成员,要求提出宝贵意见,但他们总是说只是了解一些教学情况,看看教师对教材的把握程度,不肯讲出哪位老师讲课的优缺点,怕学校领导对老师施加压力。

在送行路上,戴老语重心长地教导这位年轻的校长:"你年纪轻,又在基层工作,这是个优势,要好好学习,要经常到工农当中去,做工农的小学生,只有贴近群众,才能全心全意为群众服务。这是毛主席对我们的要求,也是一个年轻人成长的必然要求。"戴老又意味深长地对他说:"另外,你校某年级某班的外语课应该马上停下来,不教要比教好。老师自己对读音都搞不清楚,将来学生的英语怎么学……"

陈虹根据张昌龄《戴伯韬在珥陵》有关内容改编。

穿着草鞋上学比较好

在丹阳珥陵调研期间,戴伯韬先生经常以一个老教育家的风范,热心地帮助学校的基层干部。

记得有一天,戴伯韬先生跟往常一样巡视校园,意外发现学校里有一些学生连续几天都光着脚来上学,在这春寒料峭的季节,长了不少老茧的小脚,都冻得红红的。他心里不禁咯噔一下,孩子光着脚上学万一感染了细菌怎么办?万一脚弄破了怎么办?万一再受点寒怎么办?……这一连串的"怎么办"在戴伯韬先生的脑海扎了根。

事不宜迟,他马上跟学校领导说出了心中的担忧。学校领导认为学生穿鞋问题很小,只要规定明天起不准学生光脚上学,一律要穿鞋进校,班主任加强督促就可以了。戴伯韬先生听了以后没说什么。果真第二天校园里再也没有光脚学生了。

这件看似平常的小事似乎过去了,正在大家想舒一口气时,戴伯韬先生又走进了学校领导的办公室,一脸严肃、默不作声地把这些整天坐在办公室里的领导们领到了学校附近的池塘边。到了池塘边,领导们面面相觑,他们不知道戴老要干什么。正当他们百思不得其解的时候,戴老用严厉的眼光环视了大家一眼,指着塘边上的一块石头,说:"你们看上面的这些泥块,猜猜是谁留下来的?"大家纷纷摇头。"你们天天呆在办公室,自然是不会知道的。这些都是那些光脚的孩子早上上学到这儿,洗完脚穿上鞋留下来的!昨晚我就在想,这些孩子光脚不是这么简单的事。早上我就在附近转悠,无意中发现了孩子们的秘密。这些孩子可能家庭比较困难,路途又难行,一双鞋不知要耗费家人多少工夫,乡下的孩子没法娇养,出于珍惜,他们只有赤脚。又怕被老师批评,只好采取这样的方法。他们真是有苦难言啊。同志们,毛主席常常教导我们,没有调查就没有发言权。这些孩子,都是祖国的花朵,是建设社会主义的接班人。作为学校的老师,学校的领导,我们要善于观察,从关心学生的角度出发,真正为学生服务。还要善于从根本上解决问题,最好是教会学生打草鞋,就地取材,不费成本,既保护学生的脚,又可以御寒,抵制病菌的侵袭。穿着草鞋上学比较好!"

这语重心长的话语令在场的同志们羞愧不已:戴老身为高级干部,工作任务繁重,为了一个穿鞋问题从科学的高度,时时处处关心学生,为后一代的健康着想。而学校领导和老师天天和学生吃喝在一起,却把学生的光脚问题视为小事情,直到把问题提到面前,还是简单从事,这与戴老的差距是何等明显啊!

戴老接着说:"我们要时时刻刻把学生放在心上啊!"在一旁的学校领导们无不点头称道。

殷梅凤根据《戴伯韬同志在珥陵》有关内容改编。

不普通的五分硬币

每当回想起1963年春天戴伯韬同志在珥陵中学开展教育调研工作的情景，时任珥陵中学总务主任、副校长的符景春同志就会想到那一枚普通的五分硬币："这可不是一枚普通的硬币呀！"

那是一个宁静的夜晚，如水的月色静静地洒在校园。

符景春同志正在灯下默默思索，短暂的十多天就将结束，戴老即将离开，想想这么多天的接触，他充分领略了一位伟大的共产党员散发出的人格魅力，他的一言一行都深深地铭刻在自己心上。

窗前晃过一个人影，轻轻的敲门声随即响起。那位中等身材，穿着朴素，五十多岁的老人竟出现在他宿舍的门口，连一个陪同的人都没有。符景春又惊又喜，赶紧迎他入座。

"小符同志啊，明天我们就要走了，有件事我还真不知如何跟你开口……"戴老的脸上竟泛起了一朵红晕。

"您老……尽管吩咐……"听他这么一说，符景春不禁擦了擦额上的汗水。

"你看我真是老了，手脚也不利索，而且忘性越来越大。还记得上次借了你一个小盘子吧？"

符景春点了点头，回忆起那是戴老刚来的第一天，因为常年服中药，他自己买了一个小瓦罐，但没有盖子，自己就把早上盛酱菜的小盘子给了他。想不到区区小事，他却牢牢记在心中，好让人感动。

正当符景春疑惑时，只见戴老从口袋里摸出一枚硬币，拉住他的手，塞在他手里。他急了，本能地把硬币又塞回给了戴老。

戴老拉着符景春的手，说："小符同志，我郑重地向你道歉，你的小盘子被我不小心打碎了，我又不知去哪里买。请你务必收下这五分硬币，自己买一个吧。"

原来是这么回事啊。

"戴老,这点小事何足挂齿,再说盘子已经旧了,破了不碍事的。"符景春无论如何不肯收下这枚硬币。

戴老一脸严肃地说:"硬币价值不高,但这是做人的规矩,无论什么时候都不应该疏忽啊。"就这样,他收下了这枚"贵重的离别礼物",并一直珍藏至今。

诸华平根据《戴伯韬同志在珥陵》有关内容改编。

为了主持统编全国教材的这份责任

1960年1月7日周恩来总理签发的任命书

1953年,党中央毛主席指示,从各地抽调大批干部,加强人民教育出版社的力量,编出一套适合我国社会主义教育的中小学教材。1954年,戴伯韬同志调到人民教育出版社任第一副社长兼总编辑。当时叶圣陶任社长。他们组织研究了我国历年来编写教材的经验,特别是老解放区教材建设的经验,拟定了人民教育出版社教材建设工作规划。这个规划为新中国成立后的中小学教材建设奠定了初步基础。

在讨论会上,戴伯韬同志明确提出:要想编出一流的中小学教材,一定要坚持密切结合中国实际,结合生产实际,结合学生实际的编写原则,要事先深入基层做调查研究,获取第一手资料,闭门造车是不会出精品的。

很快,戴伯韬挑选了几位有经验的编辑深入江苏某县的一个农村,准备开展为期一个多月的调查。千里迢迢下农村,没有充分的准备是万万不可的。伯韬同志提前一周,就召集人员研究党的方针、政策、中央指示,讨论调查目的,商量具体工作要求,安排调查日程等。

他们深入课堂,深入学生,深入社区,深入群众,或走访,或谈心,力求全方位掌握信息,把握根本。"毛主席教导我们:经过调查才能有发言权。我们深入调查研究,就是要了解学校的教学情况,看看师生对教材内容的需求,了解老百姓对知识的期待,以便编教材时有针对性,从而提高教材的质量。你们就要多与师生接触,加强沟通,拉近距离。"他经常提醒身边一起工作的同志,"你们要记住:我们要对我们出版的书负责,我们的中心任务是要提高教材质量。要对党负责,对人民负责!"几位同志连声赞同。伯韬同志是这么说的,更是这么做的。每当夜深人静之时,他总在伏案工作,亲自整理白天调查的情况并形成报告,寄给中宣部、教育部的领导,期待他们能给予指导性的意见。

1956年4月戴伯韬(右一)与访华的苏联教育代表团合影

记得那一天吃早饭时,同志们发现伯韬同志的双眼红肿,脸色蜡黄,一看就知道前一天又熬夜了。"啊,不好了!伯韬同志昏倒了!"大家闻声飞奔出去,只见他躺在厕所旁的路面上,手里还拽着那个小本本。众人手忙脚乱地把他送往医院,经过急救,伯韬同志睡得很安详。"唉,他实在是太累了,让他好好歇息吧。"众人一致同意,并把他专门穿的便于访问的鞋子和本子藏起来,担心他醒来后又不知轻重地忙于工作。

一个多月的时间,戴伯韬和他的助手们最终形成了足足有15万字的调查资料,为编写教材打好了基础。全社同志由衷地赞叹:有这样的社长在前面领路,就算前路迷雾重重,也会守得云开见日出,必将灿烂无比!

要完成"编写全国通用的中小学教材"的任务,戴伯韬心里明白拥有一支强有力的编辑队伍是至关重要的。他强调说:"要提高教材质量,一定要培养人才。要坚持干部的业务进修制度。"人教社创办初期,就办了个不定期刊物《编辑工作》,作为社内同志们的学习参考资料,对编辑队伍的成长起了一定的促进作用;后来下乡调查研究时,为了培养干部、提高调查质量,伯韬同志还组织大家学习列宁和毛泽东同志的有关论著。

入夜时分,人教社办公楼灯火通明。人们早已进入梦乡,而三楼会议室有一场战斗即将打响。会场的气氛仿佛降到冰点,戴伯韬同志端坐在主席台,一脸的严肃,还夹杂着恨铁不成钢的怒意。

1961年12月,人民教育出版社全体中层以上干部合影前排有吴伯箫(左一)、叶圣陶(左三)、戴伯韬(右二)等

"对……对不起大家,因我工作上的疏忽,在审阅课本大样时看漏了几行,造成了无法弥补的政治性错误,导致了教材编写遇到了障碍,受到了上级领导的批评。我做编辑十几年,应该做事很细心,稳重了,但仍然在关键时刻掉链子。因为长期从事审阅课本大样这项工作,做顺手了,就认为这项工作很简单,没有引起足够的重视,一看而过。我这是犯了经验主义错误,我甘愿受罚。"这位犯了错误的老编辑站在座位上,低着头,哽咽着,显得格外痛苦。

"社长,该受罚的是我。作为编辑室主任,我负有主要责任。我们的管理还不到位,存在很大的漏洞,制度执行不严,没有按章办事。"编辑室主任同样低声进行了自我批评。

责任副总编此刻忽地站起来:"不,责任在我,作为责任副总编,我没有把'责任'二字扛在肩上。认为他们都是干这项工作十几年的老同志了,做事踏实认真,不用我再监督管理了。都是我这种工作态度惹的祸啊。"

涉及到的同志纷纷开展自我批评,主持会议的戴伯韬严肃地说:"同志们,你们说我们人教社编辑从事的是项什么样的工作?我们编的是全国通用教材,通过教材传递的是科学知识,接受知识的是我们祖国未来的花朵,是社会主义建设的接班人!哪里容得下我们有半点疏忽啊!"

听到这样的话,那位编辑头更低了,他的眼前不禁浮现起戴伯韬同志做事的一幕幕:自己编辑的每本稿子交到戴总编手上,他都逐字逐句地审阅、修改。即使是改动少数文字,补上一句两句,教材内容便观点鲜明,表达确切。有时还给自己当面指示。从伯韬同志审阅和修改的稿件中,自己得到了很好的教育和启发,并且稿件质量有了很大的提高。如今对伯韬同志的言传身教竟抛之脑后,想到这里,他羞愧难当,恨不得找个地洞钻进去。

"说到底,这件事的主要责任在我。"戴伯韬面对大家也进行了深刻的自我剖析,谈了这件事深刻的教训,并指出了该怎样改正,"同志们,请记住千里之堤,毁于蚁穴。我们人教社能有今天的成绩,就在于编辑在出版过程中,层层把关,各有职责,因而在教材质量上,很难发现有错字、漏字,更不要说严重的政治性错误了。如果说我们人教社编的课本,至今还在教师中有点声誉的话,这和我们严肃、认真的工作作风是分不开的。在编辑工作中,谁对谁的文稿,都可提出意见,谁的道理对,听谁的,谁也不会计较个人得失。所以大浪淘沙,淘出了我们今天这支高素质的教科书编辑队伍。我们更应该时刻保持我们的优良传统,注重从政治、业务、作风几个方面来严格要求自己。今天,我的态度是有点过,我就是这样一个心地坦白,心口如一的人,不宿怨,不藏怒,希望大家吸取教训,有则改之,无则加勉。有不到之处还请各位同志批评指正!"

　　戴老这样严格开展批评和自我批评的作风,总是能产生积极的效果。在以后的工作中,再也没有出现一例这样的错误。经过多年来的内外兼修,一支高水平的编辑队伍成长起来了。

　　正是因为人教社拥有这样一支肯吃苦,讲奉献,自律自强的编辑队伍,从1954年到1966年的12年间,伯韬同志领导编写了两套全国通用的中小学教材。这些教材无不渗透着他的汗水,凝聚着他的心血,无不经得起历史的考验!

荆国琴根据张玺恩《为教材呕心沥血三十年》和《为教育奠基石——记教育科学家戴伯韬》有关内容改编。

在"五七干校"的日子里

1969年8月的一天,戴伯韬和人民教育出版社的同事们正在热火朝天地忙着编写教材。此时的中国社会正酝酿着一场腥风血雨的文化大革命。当时,"四人帮"正横行肆虐,残酷地压迫正直的知识分子。就在这个酷暑难熬的夏季,戴伯韬和人民教育出版社的同事们突然接到通知,他们被下放到安徽凤阳教育部"五七干校"接受"再教育",即劳动改造。

动身离京那天,一早就下起小雨。九点多钟,戴伯韬告别家人,提着简单的旅行袋,前往北京站。站台上挤满了人,不少同事的家属携儿带女前来送行,大家心里都装满辛酸和苦涩。戴伯韬脸上虽然还勉强挂着一丝笑容,但内心却因教材编写中断而深深痛苦着。

怀着复杂的心情,戴伯韬踏进了"五七干校"的大门。当时,在"五七干校"的同志们不仅要参加繁重艰苦的体力劳动,还要参加各种"大批判"和批斗会,整天提心吊胆,战战兢兢,不知过了今晚,明日一早醒来会出什么事,感到极度的恐慌和疲惫。此时的戴伯韬身体一直很不好,最严重的一次因为胃部大出血而生命垂危,灌了半斤云南白药才转危为安。在如此艰苦的日子里,他对党的忠诚却始终如一,从未对党有过一句怨言,从未对批斗他的群众流露出一丝愤懑。

几乎在每天晚上的临睡前,戴伯韬都和他的助手纵谈我党的斗争历程,畅谈自己受到党的优良的传统教育。从南京晓庄师范受陶行知先生的影响,到上海的抗战教育运动,再到周总理派他去盐阜地区参加新四军扩建根据地的工作,一直到跟随陈毅同志进驻上海……他谈的那些经历,都把重点放在党的三大作风的优良传统上,很少谈到他自己波澜壮阔的经历。他的谈话是那样谦逊而平静,体现了对党的进一步理解和信赖,深深地留在了同志们的记忆之中。戴伯韬就是这样一个忠贞不渝、爱国爱党的人。

在"干校",戴伯韬负责养鸡。在那个阴冷潮湿的恶劣环境中,本来就很虚弱的他身体每况愈下,但他没有忘记导师陶行知先生的话:"要把科学变得和日光、空气一样普遍。"他在"干校"提倡科学养鸡。为了节约粮食,他经常收集枯黄的菜叶子和剩下的饭菜喂养这些鸡。每次喂食都不放太多食物,让鸡在半小时内全吃光。每次放食之前他都要把放食盆的地方打扫干净,这样掉在地上的粮食,鸡也会吃干净,就又可以节约粮食了。有时,这些鸡也会发瘟疫,他还仔细查阅书籍,寻找有关治疗鸡瘟的方法或向有经验的人请教,把酵素加在水里喂鸡以防病、治病。

1972年1月,人教社被撤销,大批干部从"五七干校"被分配到全国11个省、自治区工作。当时,在一间大茅草房里开欢送大会,伯韬同志的临别赠言至今仍让老同志动情。他说:"你们下去以后,有人问你们是从哪里来的,你们可以理直气壮地说是从北京人民教育出版社来的;有人问你们是不是编了不好的书,犯了错误,才分配到这里来的,你们可以回答说,那里有个领导叫戴伯韬,是他犯了错误,与我们是没有关系的。"伯韬同志这番话让大家很受感动,许多同志放下了思想包袱,走向了新的工作岗位。戴伯韬就是这样一个舍己为人、无私无畏的人。

正如苏霍姆林斯基所说:"教育者的个性、思想信念及其精神生活的财富,是一种能激发每个受教育者检点自己、反省自己和控制自己的力量。"对党负责,对人民负责,无怨无悔,初衷不改,这始终是戴伯韬——一个共产党员的可贵品质。

壮雅琴、束晓燕根据政协凤阳县委编撰的《教育部凤阳"五七干校"生活片段》、陈国清《戴伯韬半个世纪的教育情怀》、人教社孝文材《忆人民教育出版社第二任社长戴伯韬先生》改编。

敢骂迟群是"混蛋"

记得至1966年10月底,"文化大革命"已进行了五个多月,教育部、人教社的领导机构已经瘫痪。那时候书的命运和一些人的命运一样,都经历了一场史无前例的浩劫,或被毁,或被弃。

看着发生了"翻天覆地"变化的人教社,伯韬先生心如刀绞,夜不能寐,多少人的努力毁于一旦!多少年的心血涂炭瞬间!"人教社的明天在哪里?人教社的出路在哪里?……"伯韬同志犹如行走在黑暗中的船只,无力改变现实,只得在1969年随全社工作人员被下放到安徽凤阳教育部"五七干校"。由于伯韬同志是人教社的领导,那些魑魅魍魉恣意横行,对他横加指责,经常批斗,残酷迫害,不久他就得了冠心病。

戴伯韬工作过的人民教育出版社

1972年人教社被宣布撤销,编辑队伍被打乱。伯韬同志面对这种残酷的现实,非常痛苦。他看到十几年呕心沥血培养起来的编辑队伍即将解体,一批多年积累起来的宝贵的图书资料、文书档案将被毁掉,常得强忍巨大的痛苦。而强烈的责任感、使命感和对党的教育事业的无比忠

科学的教育与教育的科学

诚,又驱促使他不顾"四人帮"一伙的迫害和阻挠,毅然决然地与反动势力作斗争。伯韬先生虽年近七旬,身患重病,但他依然拖着病体在险恶的政治环境中不断奔走呼号。他奋笔疾书,直接给敬爱的周恩来总理写信,痛陈衷情,陈述中国不能没有一家国家级的教科书研究、编写机构,不能没有一套由国家统一组织编写的教科书。在周荣鑫同志的帮助下,信被送到了周总理的手里。周总理接到信后,十分重视,亲自批示,让伯韬同志迅速返京,领导重建人民教育出版社。伯韬同志喜极而泣!多日的阴霾一扫而空,所有的冤屈随风而去!伯韬同志看到了人教社的未来!看到了人教社的希望!真是拳拳爱国心,悠悠报国情啊!

此时,伯韬同志心脏病经常发作,但他仍毅然挑起这副重担,废寝忘食,忘我工作。他为抽调编辑干部、物色领导干部四处奔走。从六七个人到二三十个,再到一百多个,逐步扩展,终于成为一支初具规模的编辑队伍。人民教育出版社在伯韬同志的努力下重获新生。但在筹建人教社的过程中,为确定人教社的方针任务、组织机构、人员配备等问题,他与"四人帮"在科教组的骨干迟群进行了坚决的斗争。迟群对筹建人教社百般刁难、阻挠,他对人教社的方针任务不定,对人员编制不给,使人教社无法开展工作。伯韬同志在万分气愤之下骂迟群是个"混蛋"。

1975年11月初,形势发生了变化,毛泽东同志对邓小平转送刘冰(时任清华大学党委书记)的信严厉批评,一场以"反击右倾翻案风"为特征的"教育大革命大辩论"骤然掀起。张春桥策划、批准成立教育部临时领导小组,篡夺了教育部的领导权,周荣鑫部长被批斗达五十多次,最后被批斗致死,伯韬同志深感悲痛。

这时,迟群神气起来,人教社竟然有人骂自己是"混蛋",那还了得,简直找死。于是派人来人教社领导"反击右倾翻案风"。于是,办公楼挂满了大字报,人教社再一次处于风雨飘摇之中。伯韬同志又一次遭到"四人帮"的残酷迫害,不幸落入了迟群的魔爪之中。屡遭批斗,他的心脏病频频发作,愈来愈严重。

他的病情每次发作,都是袁微子去急救缓解。袁微子是中医世家,擅长中医医道。一次,徐姓军代表要召开全社大会批斗伯韬同志,袁微子利用他的中医医术告诉他,伯韬同志心脏病如此严重,在全社批斗会上万一有个三长两短,他要负全部责任,并要他写下字据,签字画押。他不签,批斗会就不开。徐姓军代表退缩了。这次全社批斗大会就没有开成。1976年10月,"四人帮"被推翻,伯韬同志才真正获得了解放。

在人教社惨遭摧残的日子里,伯韬同志为实现党的崇高事业,与反动派进行了无私无畏、艰苦卓绝的斗争。这是一个已将教育的血液流淌在责任的肌体之中的革命者,这是一个有着崇高革命理想与坚定信念的领导者。只要一息尚存,必赴汤蹈火,在所不辞。

其心可鉴,其志可扬,人们心存敬畏,永远仰望之,追寻之……

高金霞、吴春和根据李隆庚《著名教育家戴伯韬》中的《顶妖风重建人教社》改编。

实验是科学之父

1978年,党中央召开了全国科学大会,戴伯韬先生感到科学的春天到来了。他满怀希冀地写道:科学是从实验中发展起来的,没有对自然界的观察和实验,就没有科学,就不能发展科学。

1980年12月1日,戴伯韬在人民教育出版社成立30周年纪念会上讲话

当时,自然科学教育虽然在学校里越来越被重视,在青少年中越来越受青睐,但因为条件差,底子薄,教育效果和普及推广还不尽如人意。

1979年11月,《中学科技》杂志社邀请时任人民教育出版社副社长兼总编的戴伯韬为广大青少年朋友作一次关于自然科学教育方面的报告。戴伯韬欣然答应,并决定以"实验是科学之父"为题。一想到要把自己深入基层调查研究的成果跟广大青少年朋友分享,他的心里总是十分激动。

他的报告轰动了整个教育界。针对当时自然科学教育的现状,戴伯韬旗帜鲜明地提出了反对两种做法:一种是完全抛开前人积累的系统科学知识,只做零碎的个人观察或实验,认为这些才是真知灼见,这是实用主义的教育观念。因为自然科学是人类经过几千年的实践证明后积累起来的系统知识,不学习它,一切都要个人从头做起,不但不可能,而且是反历史唯物主义的。一种是只学习书本上的系统科学知识,不重视实验,不培养学生做理、化、生实验的操作技能,这是比较常见的。

不仅如此,他还向大家分析了其中的原因:一是十年浩劫,实验的仪器设备几乎损失殆尽,一下子把所有学校的理、化、生实验室都装备起来很困难;二是人们主观上认识不足。为了让大家提高主观认识,他便耐心地跟大家说起道理来:"你们应该了解,科学离开实验的证明就不称其为科学,就是前人证明了的。在初学的学生看来,科学是一堆概念,天天从概念到概念地念下去,有什么用?学生学了概念,还是不懂,更不会用,要你们用科学去实现四个现代化,可能吗?不可能。那怎么办?教师演示实验,学生袖手旁观,不行。要真正明白,把知识学到手,非亲自动手不可。比如学生都会背白色的日光是七色组成的,但究竟如何,就不大说得上来,你如果要他像当年牛顿那样用三棱镜分析一下日光,他就恍然大悟,不但概念清楚了,而且对紫外线、红外线也就明白了。"

接着,他语重心长地告诫大家:"自然科学不仅有其自己的语言,而且除数学外,都应该实验。有了实验才能攀登科学高峰,才能打开自然界的奥秘,才能把人的聪明才智发挥出来,科学才能向前发展,不接触自然,不做实验,又怎么能认识自然,推动科学向前发展呢?"

戴伯韬的讲话,使与会者豁然开朗。一切真正的科学家都是通过观察和实验获得真理的。要鼓励学生像世界大科学家、发明家那样,通过实验和观察寻求真理,从小培养科学精神。他说:"我国明代大医学家、大科学家李时珍在儿童时期就跟随父亲上山采药,认识了不少药材。为了认清白花蛇,曾亲自到龙峰山实地观察了好多次。意大利的伽利略用他自制的望远镜观察了月亮,才知道月亮的表面不是光滑晶莹,而是跟地球一样崎岖不平的。一百多年前的爱迪生为了发明能炽热发光的灯丝,就做了一千多次电流通过电灯泡灯丝的实验。发明放射性镭的居里夫人为了发现镭,在一间破漏的实验室里,从数以吨计的沥青铀矿里提炼出了新元素——镭。"他这么举例子说明道理,在场的青少年学生一下子被吸引,有的还现场与戴老互动起来。

教师和学生纷纷举手,戴伯韬指名让他们发言。有人说:做实验,需要实验室,我们连实验室都没有怎么做啊?有人说:做实验,需要实验器材,我们买不起,怎么办?

戴伯韬为此提出了中肯建议:各地区可以从实际出发,建立实验站,供附近学校的学生轮流做实验。至于仪器设备,行政上应供给一些,并拨发一些经费去购置,各校也可以把已有的仪器修复、整理完备供学生使用。仪器设备可以土洋并举,新旧并举,自制与购买并举。有些实验或活动的器材可以发动师生动手自制。

同时,戴伯韬非常赞成《中学科技》杂志为青少年传播科技知识,提供购买科技活动资料和器材,提倡搞课外科技活动的做法。他肯定了杂志社为培养新一代科学力量做出的努力。

报告结束时,戴伯韬当场为青少年朋友赋诗歌一首:
    动手又动脑,思想就开窍。
    科学不神秘,实验见分晓。
    你若不明白,动手试试瞧。
    伟大科学家,来自手和脑。

戴伯韬的报告,让广大青少年学生和老师从中明白了:学习、实验、思考、判断,再学习、再实验、再思考、再判断,如此循序前进,是学习自然科学的应有程序。

这真是一次具有深远意义的科学教育报告啊!

郦荣昌根据《戴伯韬科技教育文选》有关内容改编。

情未了　志未酬

1977年,我国的教育事业春意盎然。邓小平同志亲自抓教育工作,确定重新编辑出版统编教材,戴伯韬兴奋地承担了这一任务。在短短的四年时间里,他为教育事业的拨乱反正,为开展教育科学研究,为加强课程、教材、教法建设的研究,无时不在大声疾呼,先后写了36篇文章。这四年对伯韬同志而言,真是累

戴伯韬先生在家伏案工作

并快乐着,辛苦却幸福着,十年的压抑得以舒展,十年的折磨得以完结,英雄有了用武之地,还有什么比这更大快人心的呢?

可是,每到夜深人静时分,他总是端坐在书房里,为一个想法苦恼着,思索着,寻求着解决问题的突破口。这个想法已经跟随了他多年,每每想到我们泱泱大国,而教育理论这块田地却异常贫瘠,他就痛心疾首,辗转难眠。我们缺少的不是人才,而是理论的引领啊。

当时中国人编著的教育学,是货真价实"照抄"赫尔巴特及其学派的教育学,"照搬"杜威及其学派的教育学。记得伯韬同志不无幽默地说:"中国教育界抓住杜威的话实行起来,大喊'教育生活化''学校社会化'。但化来化去,仍旧是一个行不通的口号。"戴伯韬曾经称赞:"陶行知认为杜威之错误在没有把教育与生活、学校与社会统一起来……于是他把杜威的话翻了半个筋斗! 成了'生活即教育''社会即学校',大大地把教育思潮推入一个新的阶段,把'生活'和'教育'、'社会'和'学校'统一起来了。"戴伯韬还大声疾呼:"生活教育者是要钻到社会生活里去

追求真理。追求哪一样真理呢？合于自然法则的，合于人类历史实践和社会发展规律的。"

新中国成立以后，我国引进了苏联凯洛夫主编的《教育学》。在50年代上半期，它成为衡量与评价我国教育理论和教育实践的主要依据，甚至是唯一标尺。而随后的"教育大革命"中，凯洛夫主编的《教育学》开始受到内部公开的口诛笔伐，说它是社会主义其名，资本主义其实的教育学。

从那时起，国人已经意识到中国教育学要走自己的道路。当时走上的是一条政策法令汇编的道路，成为即所谓政策法令教育学。

60年代初，提出中国教育学要讲理论和规律，要讲共同规律和特殊规律等等。教育学界还在消化、实践的过程中，史无前例的"文化大革命"就开始了。十年"文化大革命"，是"大革文化命"的十年，哪里还有教育可言！

回顾新中国成立这二三十年，中国教育学的曲折、坎坷，犹如一幅悲壮的画卷，一幅幅展现在伯韬同志的脑海里；又犹如一把刀，在割裂着他的心。多年的探索，多年的实践总结，他越来越感到时光的紧迫：中国的教育，一定要从中国的实际出发，在中国教育的实际工作中，提出问题，做出自己的结论，不要从本本出发，从抽象概念出发，不要只是解说书上的东西，也不要满足已有的经验，要探索新领域，提出新见解，解决新问题。也就是说，建构中国教育理论时，总是要走"一方面吸收输入外来之学说，一方面不忘本来民族之地位"的道路。

最终，他下定决心：我们一定要编中国自己的教育学！

下一个决心容易，要去践行这个诺言谈何容易！由于十年浩劫的折磨，他的心脏病日益严重，写字的时候，手都发抖，用圆珠笔写一个字，要花好几分钟的时间。但他从不草草了事，许多重要文件，他还是常常自己动手；很多实践资料，他还是常常亲自寻找。他说："心脏病要锻炼，你怕它不行，病总是要锻炼才能战胜它的。"他每天早晨七点前坚持锻炼身体，同时兼听广播。他说："八点以后，上午是我最好的工作时间，不能动。"就这样，每天的工作依然安排得满满当当，坚持带病工作，有时甚至还废寝忘食、夜以继日地奋战。

　　直至逝世前的一天,他还与一位年轻的助手绘制了教育学的蓝图,并准备着手拟出一个较为详细的提纲。他说:"但愿能活到80岁,组织上已答应给我腾出时间,让我摆脱现在的职务,配给我助手,把教育学的初稿写出来,也就是我为党尽了最后的一份力,做出的一点绵薄的贡献。"

　　戴伯韬先生因操劳过度,1981年3月6日凌晨,在去景山公园晨练的路上突发心肌梗塞,跌倒在地,不幸去世。编写《教育学》一书成为他未了的事业……

荆国琴根据张玺恩《为教材建设呕心沥血三十年》有关内容改编。

难忘的回忆
——追忆我的父亲戴伯韬

虽然父亲已经离开我们30多年,如今我也是耄耋老人,但他的音容笑貌依然历历在目,那些刻骨铭心的往事依然难以忘却。

白色恐怖　死里逃生

1977年的戴伯韬

我生于上世纪30年代的上海,自从记事儿开始就感觉父亲总在外面忙,和家人团聚的时间很少。

1937年日本侵华战争开始,父亲在重庆做地下工作,为打掩护带着我住在一间平房,我就睡在父亲旁边的一张小床上。记得一天晚上,在父亲给我讲完一个故事后,我慢慢进入了梦乡。可是第二天天还没亮,就被喊叫声惊醒,睁眼一看,父亲已经不见了,几个气势汹汹的国民党特务在屋里大声叫喊着,把东西翻得乱七八糟,也没有找到他们想要的东西,最后带走了一包书籍和资料便悻悻地走了。

父亲为逃避国民党的追捕走得匆忙,当时母亲也不在身边,举目无亲的我为了生计,只好在街上游荡。后来认识了一些流浪儿,就和他们一起过着流浪的生活。突然有一天,一个穿西装的陌生人找到我,见到我左边额头上的伤疤,确认我是戴伯韬的儿子,就把我带到八路军驻重庆办事处。后来才得知是父亲请组织上帮助找到我,并希望把我送到延安。于是在1941年我九岁时,乘办事处的大卡车来到革命圣地延安。原来父亲在那天夜里通过内线得知国民党特务要来抓捕他,事发紧急,就匆匆离开,不久再度秘密联系上陶行知先生,由陶先生引荐,并亲自带到重庆的冯玉祥公馆。父亲在冯将军公馆暂住些日子后,希望能尽快回到组织中。因为他的身份已经暴露,不便继续留在重庆,经冯将军安排脱离了虎口,绕道香港到达苏北,找到新四军军部,见到了刘少奇和陈毅同志,重新回到组织的怀抱,继续为党工作。

谆谆叮嘱　受益终身

1941年,我来到延安,因为年龄还小,被安排到延安保育院小学学习和生活,接受革命教育,和许多革命家的后代一块过起了艰苦的集体生活。1945年年底,我小学毕业进入延安中学读书,期间,在苏北工作的父亲委托董纯才和邓杰、陈光宇夫妇照顾我,并捎话叮嘱我好好学习,在艰苦的环境中磨练自己,将来做一个对祖国和人民有用的人。

1946年年初的一天,我由丁华同志带领来到杨家岭周恩来副主席住的窑洞,见到周副主席,他拍着我的脑袋,慈祥地看着我,关切地询问我在延安的生活和学习情况,并对我说:"你的母亲想念你,托人捎话过来,希望你能回重庆,你是想回去呢还是留在延安这个革命大家庭?"当时我已经是十四五岁的少年,在革命圣地生活学习了几年,虽然心里一直想念母亲,但一想到父亲,仿佛他的叮嘱就在耳边,于是毅然决定留了下来。周副主席微笑地看着我,拍拍我的肩膀,说:"好吧,既然这样你就留在延安;我让摄影师给你照张相,把照片带给你母亲,告诉她你在延安生活学习都挺好的,请她放心。"最后,周副主席还鼓励我要在延安这一革命大熔炉里自觉锻炼自己,刻苦学习文化知识,掌握过硬本领,长大了像父亲一样服务祖国和人民。于是我就在周副主席家照了张相片,中午吃完饭后回到了延安中学。全国解放后,父亲参加全国政协会议,期间遇见周总理,听说他还记得我,关切地询问我的学习和生活情况。

1985年2月人民教育出版社出版的《戴伯韬教育文选》一书

从延安到北京、从中学到大学,直到最后我把毕生的精力奉献给祖国的国防科技事业,父亲的叮嘱常常回响在耳畔,影响了我一辈子。耄耋之年,我也可以无愧地告诉他,我一生确实对我热爱的航天事业尽了绵薄之力,成为对祖国和人民有用的人。

旧货市场　发现历史

1949年年初,北京和平解放,7月我辗转来到北京,就读于北京师大附中。同年5月,父亲随南下大军接管上海,在陈毅市长的领导下任上海市教育局局长兼党组书记,负责恢复和改造上海市的普通教育并建立工农教育。

9月期间,父亲曾多次来北京开会,10月1日新中国宣布成立那天,还受邀在天安门观礼台上见证中华人民共和国的成立。但由于当时父亲在北京公务繁忙,我还在学校读书,所以和父亲也很少有机会单独交流,坦率地说,对当时父亲在北京开会的情况知之甚少,以后父亲也很少谈及此事。直到父亲去世24年后的2005年,我儿子到北京潘家园旧货市场淘换旧书,偶然间发现了一本由人民出版社出版的"中国人民政治协商会议第一届全体会议纪念刊"的书籍,通过买来翻看当时的历史记录,才从一个侧面了解了当时的一些情况。

于1949年9月21日召开的中国人民政治协商会议第一届全体会议是事关新中国建国立基的重大历史性事件。历时十天的会议中,制定了"中国人民政治协商会议组织法""中华人民共和国中央人民政府组织法""中国人民政治协商会议共同纲领",决定了中华人民共和国的首都、国旗、国徽和国歌,选举了中华人民共和国中央人民政府委员会,这次会议实际上履行了全国人民代表大会的职权,宣告了新中国的诞生,鸣响了新中国巨轮驶向辉煌未来的第一声汽笛。当时在上海工作的父亲由于工作成绩卓著,有幸被推选为会议代表,出席了第一届中国人民政治协商会议。按照会议的安排,父亲和成仿吾、叶圣陶、钱俊瑞、竺可桢、汤用彤、叶企孙等十五名正式代表及两名候补代表编入中华全国教育工作者代表会议筹备委员会组别参会,见证了那一次里程碑式的会议,再一次为新中国的建立和恢复教育事业出谋划策。

教育情怀　春风化雨

1953年,党中央毛主席指示,从各地抽调大批干部,壮大人民教育出版社以编出一套适合我国社会主义教育的中小学教材。1954年,父亲从上海调到北京,任人民教育出版社第一副社长兼总编辑。在全社的共同努力下,仅用两年就编写完成了一套新中国的通用教材并在全国中小学陆续使用,这对统一全国中小学教学内容,提高教学质量,起到了重要作用。之后直至"文革"前,根据实际教学需要,父亲又组织编写了三套全国通用中小学教材。

1981年戴伯韬组织创办的《课程·教材·教法》丛刊

"文化大革命"开始,父亲首当其冲受到残酷迫害,父亲身体受到了极大伤害,人格也受到了很大侮辱,但他没有抱怨,也很少跟我提起。之后人民教育出版社被撤销,编辑队伍解散,统编教材事业中断。父亲心急如焚,不顾个人安危,直书国务院总理周恩来,说明孩子们不能没有教材,请求恢复人民教育出版社。在周恩来总理的亲自干预下,1972年人民教育出版社才得以恢复重建。

1964年戴伯韬与夫人及孙女摄于人民教育出版社旧址

1962年戴伯韬先生与儿子戴晓林合影

1964年戴伯韬先生与孙女在北海公园合影

粉碎"四人帮"以后,我们国家又迎来了科学的春天和教育的春天,父亲也已年届70,逐渐从领导岗位上退了下来,但那时他还有一个未了心愿,就是把"文革"期间耽误的时间夺回来,希望编写一本中国人自己的"教育学"论著,把毕生研究教育、教材、教法的经验记录下来,留给后人。为此他收集了几个书柜的书籍和资料,组织上也给他派去了助手,我周末回去也帮助收集整理,但多数情况还是看到父亲自己撅着屁股亲自整理。不是父亲不放心年轻人,而是几十年来形成的工作习惯,对自己的工作太过认真、太过苛刻。1981年惊蛰那天,父亲积劳成疾,终于离我们而去,编写一本中国自己的"教育学"一书也成为他终生未了的心愿。

提起父亲的往事,很多已经是半个多世纪以前的事情了,但是每每回忆起那些往事,心头都久久不能平静,父亲的一生与党和国家的命运紧紧联系在一起。他一生对民族命运的关注、对党的忠诚、对教育事业的热爱,令我肃然起敬。

选自戴伯韬的儿子戴晓林怀念父亲的回忆录。

立志直与青云齐(后记)

三本书,即将付梓,墨香浓浓。沉浸其中,感慨万千,往事历历在目。

人类文明,薪火相传。大师辈出,星光璀璨。丹阳籍教育家马相伯、吕凤子、吕叔湘、匡亚明、戴伯韬在中国近现代兴学、办学史上创造了辉煌业绩,留下了不朽的佳话,为后人所敬仰,所感怀。马相伯,毁家办学,创建复旦,教育救国,百年呐喊,被誉为"国家之光、人类之瑞";吕凤子,三办"正则",绘画、教书,创造了"永远的正则,永远的美";吕叔湘,求真能贱,龙虫并雕,是我国著名的语言大师;匡亚明,无私无畏,被誉为"大学旗帜""孔学泰斗",成就了一个大写的"人";戴伯韬,毕生实践"生活教育",倾力构建本土的教育理论,可谓"科学的教育,教育的科学"。他们属于丹阳,属于中国;他们成就历史,指引现在,也启迪未来。

最好的继承是发展。《为人类之灵光》《直与青云齐》《开示门径》这三本书,分别记载了丹阳五位教育大师的经典语录、成长故事以及大师故乡的教育后生受大师精神指引做出的努力。它们又是一个整体,表达了丹阳教育人理解大师、追随大师,直与青云齐的鸿鹄之志。

当然,这也是江苏省教育科学"十二五"规划重点资助课题《丹阳教育家教育思想实践与发展研究》的成果之一。课题组成立以来,一批热情致力于五大教育家教育思想研究、实践的丹阳人组成了一个核心小组,他们是李霖、陈留庚、戎年中、笪红梅、董洪宝、张东明、唐志辉;一批热情致力于用教育家的思想和精神引领学校发展的学校自愿组成了一个联盟,它们是马相伯学校、正则小学、正则幼儿园、吕叔湘中学、匡亚明小学、实验学校等25个单位。我们在行动中研究,在研究中行动。丹阳教育家思想的种子,在丹阳教育这块沃土上生根、发芽、茁壮成长。

读大师的书,听大师的教诲,走进教育家的精神世界,我们感悟他们的无私、睿智与豪情以及来自思想深处的力量与自觉;追寻大师足迹,实地考察、寻访,我们回味教育家当年兴学、办学的艰辛与卓越;汇聚五大教育家的梦想,我们编写《与太阳的对话》;研究教育家的教育思想,我们领略他们引领时代教育发展的正能量;结合丹阳教育的实际,我们用本土教育家的精神和思想引领教师专业发展,启迪学子健康成长。一批以教育家名字及其思想命名的学校应运而生,迅速发展,个性纷呈;一批沐浴着教育家情怀的教师,在向上,在奔跑;一批心怀教育家理想的未来教育家,在成长,在孕育。五大教育家的梦想在延续,思想在传承,情怀在滋养,力量在支撑,丹阳教育在蓬勃发展。

丹阳市教育局始终关心、支持本土教育家研究工作。2015年初,教育局研究决定编写一套教育家研究丛书,韦立忠局长亲自勉励我们课题组学习教育家言论,讲述教育家故事,发展教育家思想,让更多的人分享研究教育家的成果。

课题组认真领会编书意图,明确编写目标,制订编书工作方案。我们坚持一条原则:尊重历史,突出个性。梳理精选教育家语录,突出教育家思想;逼真再现教育家故事,体现可读性与教育性;精心汇集研究个案,凸显鉴赏性。我们通过图书馆、网络等平台获得了大量的文献资料;我们走进高校和出版社,搜寻教育家相关文献图像;我们访谈教育家的后人,从他们的回忆和追思中搜集珍贵的素材。

从顶层设计到编写指导,从征稿到筛选,几易其稿,总课题核心组成员付出了大量劳动。我们的研究伙伴们,一路风雨兼程,互相勉励,共同分享,一同成长,为创造丹阳教育的别样风景,砥砺奋进。

为了保质保量,按时完成书稿,五大基地学校付出了大量的时间、精力和智慧。为此,我们特别感谢马相伯学校的徐林鹏,正则小学的张晖萍,吕叔湘中学的王金斌、吕明春,匡亚明小学的孙志杰,实验学校的殷梅凤、马良生等老师。对广大的作者、编者,以及胡伯衡、郦荣昌、荆国琴、袁玉珍、江胜兵等老师参与丛书修改、校对付出的努力,在此一并表示深深谢意。

为了让书多一份真切,少一点虚无,我们征得了五位大师后人的支持。在此,我们特别感谢马相伯的玄孙马天若先生,吕凤子的嫡孙吕存先生,吕叔湘的长女吕霞女士,匡亚明的长子匡力先生及儿媳马仁馨女士,戴伯韬的儿子戴晓林先生及孙女戴毅女士。他们倾情援助,不仅为我们编写组提供了珍贵的文献、图片资料,还帮我们审阅书稿,提出了修改、增删的建议和意见。他们将先贤的遗风和高贵的气质一同倾注在书稿的字里行间,让人难以忘怀。

为了让书能够接受历史的检验,我们得到了广泛的智力支持和精神鼓励。在此,我们特别感谢复旦大学李天纲教授,人民教育出版社韦志榕总编,南京大学匡亚明学院,吉林大学高鸿燕教授,江苏省教育科学研究院的成尚荣、孙孔懿两位专家教授。他们或亲临现场或电话联系指导论证,给予我们极大的支持。是他们的鼎力相助,给了我们坚持的信心、勇气和力量。

丛书的编写,是马相伯教育奖励促进会的又一件大事。感谢丹阳市市委常委开发区工委书记赵立群先生的热情鼓励和支持。丹阳教育家研究总顾问、国家督学、原江苏省教科所所长成尚荣先生和丹阳教育局党委书记、局长韦立忠先生对本套丛书的编写给予了殷切的关心、指导并欣然作序,对此我们深表谢意。

在丛书的编写过程中,我们参阅了大量的文献资料。出于对著作权法的遵守,以及对作者劳动的尊重,我们尽量标明了引用文献的出处以及文献的原作者,对他们的劳动惠及本书,我们心存感激,特别感谢。由于历史久远或工作疏漏没有准确标注的引用文章作者,希望他们能及时与我们取得联系,我们将由衷地感谢。

本套丛书的出版,得到了苏州大学出版社苏秦编辑的大力支持,特别感谢其为丛书付出的劳动,她严谨细致的工作作风、热情坦荡的处事风范令人钦佩,对此,我们心存感激,深表谢意。

阅读是一种交流,更是一种传递。我们希望通过丛书来传递丹阳五大教育家的情怀与精神,传递教育家兴学办学的智慧、勇气和信念。希望把这种正能量传递给更多的人,就像把阳光播撒到人们的心田一样,让人的灵魂从此光明、高洁。

"居身不使白玉玷,立志直与青云齐"是大师马相伯的语录。直与青云齐是大师成长的写照,是大师为我们开启的门径,更是丹阳教育蓬勃发展不断超越的期望。

由于时间仓促,人力有限,水平有限,书中难免有疏漏和不足之处,敬请广大读者不吝赐教,以备再版时更正。

编 者

2016 年 3 月 26 日

于丹阳宁静书斋